A Espada de Salomão A Psicologia e a Disputa de Guarda de Filhos

A Espada de Salomão
A Psicologia e a Disputa de Guarda de Filhos

Sidney Shine

Artesã

A Espada de Salomão. A Psicologia e a Disputa de Guarda de Filhos
3ª edição

COORDENAÇÃO EDITORIAL
Karol Oliveira

DIREÇÃO DE ARTE
Tiago Rabello

CAPA
Karol Oliveira

PROJETO GRÁFICO E DIAGRAMAÇÃO
Renata Vieira Nunes

Dados Internacionais de Catalogação na Publicação (CIP)
(Câmara Brasileira do Livro, SP, Brasil)

Shine, Sidney
A espada de Salomão : a psicologia e a disputa de guarda de filhos / Sidney Shine. -- Belo Horizonte: Artesã, 2021.

3. ed.
Bibliografia.
ISBN 978-65-86140-66-8

1. Avaliação 2. Guarda de filhos 3. Guarda de filhos - Aspectos psicológicos 4. Prova pericial 5. Psicologia forense 6. Testes psicológicos I. Título. II. Título: A psicologia e a disputa de filhos. III. Série.

09-11849 CDD-155.4

Índices para catálogo sistemático:
1. Guarda de filhos : Aspectos psicológicos : Psicologia jurídica 155.4

IMPRESSO NO BRASIL
Printed in Brazil

(31)2511-2040 (31)99403-2227
www.artesaeditora.com.br
Rua Rio Pomba 455, Carlos Prates - Cep: 30720-290 | Belo Horizonte - MG
/artesaeditora

Cita-se com frequência o juízo de Salomão; é psicologia, não é justiça ou, antes, só é justo o segundo juízo, o que devolve o filho à sua verdadeira mãe e renuncia assim à igualdade.

(André Comte-Sponville)

Dedicatória

À MAURA SANO
querida esposa
e companheira de viagem

Agradecimentos

Este livro foi gestado por muito tempo. Seu germe foi o diálogo em torno das questões do dia a dia do trabalho que nasceu da cumplicidade de quem viveu situações semelhantes e da generosidade em compartilhá-las. A todos os meus colegas com quem estive na lanchonete do 7º andar, no café da esquina, no lanche "para viagem", na mesa dos "paladares", nos bufês *self-service* e nas mesas de bar quero reiterar os meus sinceros agradecimentos. Estes encontros foram os contrapontos necessários e bem-vindos à solidão da pesquisa no *psyclit*, à impessoalidade dos balcões de biblioteca, às leituras silenciosas dos artigos xerocopiados, às horas de fichamento e reflexão em frente à tela do computador.

Enquanto esta obra ia crescendo dentro de mim, quando era apenas um vislumbre, inúmeras pessoas passaram por mim. Agradeço àqueles que foram provocados a voltar em uma entrevista devolutiva *não obrigatória* para discutir pontos do laudo. Aos que leram no jornal ou em revista algo que dizia respeito ao que conversávamos e trouxeram para mim. Aos profissionais de outras áreas com quem pude me sentir um colega em torno de um objetivo comum. Aprendi muito com as crianças que me surpreenderam com perguntas, desenhos e histórias de desconcertante franqueza e perspicácia.

Ao longo deste percurso, me casei e tive filhos: dois fatos que me tornaram um homem melhor do que eu era, pessoal e profissionalmente.

E os amigos sempre presentes, quase irmãos, cujo suporte vem de formas e meios tanto afetivos quanto pragmáticos. Na ajuda de toda hora e na compreensão quando estamos mais distantes porque "estamos escrevendo"...

Eu não poderia deixar de agradecer aos meus pais por incentivarem o interesse pelo estudo e terem me dado condições de fazer deste interesse algo próprio.

Quero agradecer ao meu orientador, Professor Paulo Albertini, pelo apoio e acompanhamento durante o mestrado. As reuniões mensais de segunda-feira, com os demais orientandos, eram uma ótima forma de aliar aprendizado e camaradagem. Gostaria de ressaltar também a colaboração das Professoras Sylvia Leser de Mello com sua leitura cuidadosa que me estimulou a escrever mais e melhor; Miriam Debieux Rosa por suas colocações pertinentes e Audrey Setton de Souza pela indicação bibliográfica. As leituras e sugestões dos colegas Patrícia Regina da Matta Silva e Hélio de Miranda Jr. foram fundamentais. A escuta de Mauro Figueiroa foi imprescindível.

São Paulo, 4 de julho de 2003.

A Flecha da Pergunta

E um dia, distantíssimo, os homens começarão a ter vergonha de si mesmos.

(Julio Cortázar)

É incomum ler um trabalho que não se furta a enfrentar desafios. Este nos propõe muitos e variados. Mas o modo como o autor os vai propondo diz algo sobre eles e bastante sobre o próprio autor.

O trabalho do psicólogo traz a marca da ambiguidade que parece constituir o núcleo irredutível dos humanos. Cada um de nós é único, e os sentidos do mundo nos chegam, também, de modo singular. Mas essa singularidade só é possível no seio da mais completa pluralidade. Compartilhamos um mundo, vivemos com os outros humanos, entre eles.

Um profissional, cujo trabalho se dá no âmbito de uma instituição tão puramente humana, como o Judiciário, e o coloca no centro dos sentimentos tumultuosos que acompanham as rupturas familiares, não pode, em momento algum do seu trabalho, deixar de ter presentes, diante de si, os dilemas maiores de sua profissão, reconhecendo aquela ambiguidade que nos faz expressar a singularidade, mesmo quando submetidos às regras sociais mais abstratas. Trabalhar com juízes, peritos, crianças e familiares exige uma formação teórico-prática consistente com os desafios que o psicólogo vai enfrentar, mas exige mais. Esse mais é o que vamos encontrar no trabalho de Sidney. Podemos dizer que é reflexão, sensibilidade ética e atenção redobrada para os personagens e os caminhos que se abrem diante dele. E um grãozinho de paixão.

O maior elogio que posso fazer a este trabalho é dizer que a sua leitura foi evocando sugestões literárias, em especial uma história de Julio Cortázar cujos contos são, em geral, relatos mágicos, no quais os personagens se perdem nos meandros de uma realidade que não possui nenhuma clareza, nenhuma precisão, nenhuma lógica, de modo que quase tudo é possível, mas não provável. Naquela história, uma casa vai sendo tomada, ambivalentemente tomada dos habitantes, dois irmãos, que deixam o seu espaço ser reduzido, interior e exteriormente. São vidas que nada se perguntam, esvaziadas pelo hábito e roídas pela rotina. O que as prende ao mundo humano dos significados é a casa. Esta, portanto, vai sendo tirada deles e conquistada, tomada de assalto por tropas não conhecidas. Não há inimigos, porque não se reage aos invasores – quem são, quem serão? – mas alguma coisa impede a revolta e o protesto dos moradores – por que protestar? Há perigo, mas não se conhece a natureza dele. Assim, pedaços da casa são perdidos e fechados às pressas. Os moradores lembram-se de pequenas coisas, objetos importantes para o quotidiano, que foram abandonados pelos invasores nos aposentos tomados. Mas despem-se das antigas necessidades até não lhes restar mais nada, nem mesmo a casa.

Sidney começa muito simplezinho, dentro da rotina, dispondo os termos que limitam o seu trabalho: "O objetivo deste trabalho é examinar as propostas destinadas à realização de *avaliação psicológica* em Vara de Família para subsidiar processos judiciais de guarda de crianças." Os termos estão dados e parecem claros e inequívocos. Mas, no seguinte parágrafo, a casa começa a ser tomada, a rotina perturbada: "... este levantamento vai contribuir com elementos para a discriminação de uma função que extrapola os casos em Vara de Família, cuja designação é típica do contexto jurídico: a *perícia psicológica*."

Para bem encaminhar essa discussão, o autor nos convida a olhar mais perto o enquadre do trabalho do psicólogo e quais as condições em que desempenha seu papel no contexto jurídico.

O leitor aceita o convite. Vamos lá, diz. Examinar esse contexto parece coisa importante. Mas então, embora as perguntas continuem simples na aparência, a casa vai lentamente sendo tomada, e as certezas se esfumam.

Ele pergunta:

"*Quem?* Saber quem solicita o trabalho. Saber se o trabalho envolve terceiros. Precisar qual é o papel de cada um dos envolvidos.

"*O quê?* Identificar a natureza do serviço que se solicita. Precisar qual é a expectativa do demandante em relação ao trabalho que está sendo solicitado.

"*Por quê?* Conhecer as justificativas e as razões pelas quais se solicita o trabalho.

"*Para quê?* Saber qual é a finalidade pretendida com o trabalho."

Do interior de cada uma das questões surgem entidades esquisitas e o espaço da certeza e da segurança do leitor vai sendo ocupado pelas dúvidas. Parece simples definir quem solicita o trabalho do psicólogo ou a natureza do serviço solicitado, mas Sidney mostra que não é. Cada uma das perguntas, quando se exigem respostas sem ambiguidade, traz ciladas ocultas que podem pôr em risco o trabalho do psicólogo. De surpresa em surpresa, vamos encontrando situações paradoxais, que demandam, do profissional, competências que vão além do saber técnico. E são apenas questões preliminares, mas que já trazem a marca do litígio e do conflito, elementos do solo de onde parte a demanda para a atuação pericial do psicólogo.

E começamos a enfrentar uma enorme dificuldade de saber, à medida que a análise minuciosa do enquadre vai prosseguindo e a literatura examinada vai dando um contorno definido aos problemas, como é possível ter uma atuação consistente sem naufragar. Porque as situações vividas não são mais a rotina cinzenta que tudo cobre e tudo iguala. Com certeza a nossa casa vai sendo tomada pelas perguntas que, de súbito, Sidney faz:

"Contra quem se trabalha?"

O tribunal supõe e dá destaque ao litígio, ao confronto de interesses. Mas não são interesses comuns. É fácil imaginar que quando os conflitos familiares chegam ao tribunal são quase explosivos e a situação nunca é corriqueira para a personagem central: a criança. E, porque se trata de crianças, a quantidade de sentimentos envolvidos e que se cruzam, em torno da questão da guarda, é enorme: desconfiança e raiva, temores, medos, cautelas, inseguranças. Por isso o autor propõe uma questão que parece ser o coração do seu trabalho: quando se fala no melhor para a criança, do que se está falando?

É claro que um autor tão cuidadoso já ofereceu antes, ao leitor, todas as informações, quando trata do enquadre: um tribunal não é um consultório. Mesmo assim a pergunta é perturbadora. É preciso lembrar que há um litígio, há interesses opostos e profissionais, como os advogados, que defendem versões diferentes do litígio.

E Sidney vai fazendo comparecerem todos os atores possíveis que podem ter "parte" no laudo e na perícia, pois se trata de trazer as crianças ao tribunal, disputá-las, mas por meio de interpostas instâncias: o juiz, o procurador, os advogados, os pais, os parentes. E no meio deles o psicólogo, muitas vezes como um árbitro.

Esse papel, decisivo para a vida de pessoas, o psicólogo não o exerce apenas no judiciário. Em muitas situações, em que o futuro de alguém pode ser determinado por um laudo psicológico, o papel de árbitro é parte da atribuição do profissional. Como um juiz. A diferença é que a formação do psicólogo não o prepara para isso. Não o torna consciente desse poder de decidir: de juntar e separar, de condenar.

E a criança? Que papel desempenha no litígio? É mera peça de disputa? Um objeto? Uma coisa? Sidney faz notar que, muito ao contrário dos que imaginam que as crianças são apenas campos nos quais se debatem interesses divergentes, elas também tomam partido, carregam de emoções as relações pressentidas entre os pais, segundo a leitura peculiar que fazem de sua família a partir do seu ponto de vista, que não é o do pai, que não é o da mãe.

A esta altura o leitor já deixou de lado a inércia, e se prepara para o que ainda vem por aí. Se o psicólogo atua como assistente técnico para uma das partes, portanto contra a outra, será que pode afirmar que tem em vista os interesses da criança quando nem mesmo conhece a outra versão do conflito? Como este profissional vai apresentar conclusões – um laudo – contrárias à parte que o solicitou e que paga os seus honorários? E este é apenas um pequeno exemplo dos escolhos que cercam o trabalho do profissional. O valor deste livro é reconhecer o impacto que podem ter sobre a validade da atuação do psicólogo. Dar a estas dificuldades o lugar de destaque que elas merecem deveria ter um efeito salutar sobre as ideias de uma pretensa neutralidade ou presunção de imparcialidade, trágicas ilusões às quais se entregam os profissionais da psicologia. É possível ser neutro? Não seria uma luta permanente a busca da imparcialidade? Pode o psicólogo atuar como um perito em Vara de Família? No conturbado mundo de mudanças aceleradas em todos os modelos de relações familiares, haverá um lugar importante para o psicólogo?

Não posso, numa breve apresentação, seguir, passo a passo, toda a complexidade das questões que o autor vai expondo com cautela. Partindo de perguntas simples ele faz desabrochar, perante um leitor já inquieto, um universo de dúvidas quanto à extensão das dificuldades humanas de relacionamento e de comunicação. Conflitos de interesses, conflitos de papéis e conflitos éticos, tudo se torna mais agudo na esfera do tribunal.

O trabalho não pretende deixar nada ao acaso. Argumentos e contra-argumentos, extraídos de uma farta bibliografia, respaldam as conclusões às quais Sidney chega em todos os pontos problemáticos. Nesse diálogo com os outros, ele vai construindo os seus próprios argumentos, que nem sempre estão de acordo com os demais. Mas é tão bem-construído o trabalho de confronto entre as várias teorias que ele nem mesmo teme ou se intimida com a possibilidade do desacordo.

Afinal, existem pontos claros a nortearem o trabalho do psicólogo: o lugar onde trabalha e as exigências éticas da profissão. Embora admita, com Foucault, que "o problema da verdade na esfera jurídica (...) é que ela é construída pelo próprio discurso jurídico, que convida a Psicologia a dar o seu parecer a partir do lugar de legitimidade científica e não moral" ele sabe que nem sempre é possível ratificar a ideia da legitimidade absoluta da ciência psicológica. O universo dos homens é um universo de moralidade e os problemas que o autor persegue sempre o trazem de volta a essa esfera.

Há um livro de Davi Arrigucci Júnior, sobre a obra de Cortázar, denominado *O escorpião encalacrado*. Esta é uma metáfora espantosa, a evocar enredamentos quase inimagináveis. O trabalho paciente e minucioso de Sidney traz à lembrança, mais uma vez, a literatura. Devagar, parando em cada pequena dobra dos problemas, Sidney desperta os moradores da casa: não há como descansar na rotina quando se trabalha como psicólogo, menos ainda quando há ambiguidades à vista nesse trabalho. Quem é esse agente, qual o seu papel, onde se insere? Para quem trabalha o psicólogo? Como trabalha? Testes? Diligências? Entrevistas? Como enfrentar o conflito de papéis que pode surgir na prática jurídica?

E a ética? Será que o escorpião vai morder seu próprio corpo?

O profissional que sai dos cursos de Psicologia para trabalhar em área cujo objetivo, aparentemente, difere tanto do objetivo do psicólogo – "o tribunal não está interessado na restauração da saúde mental das partes e da criança, mas, sim, em informações que ajudem na tomada de decisão" – pode perder-se na prática rotineira, encalacrar-se: "Decisão, entendida aqui, no âmbito do processo judicial (Com quem deve ficar a guarda da criança em questão?), não se referindo, portanto, a uma decisão extrajudicial de se fazer terapia ou não, o que seria pertinente em relação a um psicodiagnóstico clínico. O que fazer, então, com uma conclusão inócua e inoportuna, de que se todos fizessem terapia não haveria necessidade de processo judicial?".

Algumas das dificuldades que o autor enumera têm muito a ver com fragilidades oriundas do encontro dos dois campos, tão distintos, de atuação: o das leis e o da subjetividade. É possível cruzar esses campos? Pode-se legitimar o trabalho pericial do psicólogo?

Há uma vocação admirável neste livro. Ofereci um pouco dele, aqui, à guisa de isca para fisgar os leitores. Mas é preciso ler e deixar-se tomar pela leitura. O fundamental naquela vocação é a coragem bem-vinda de pôr em questão o que parece muito claro e o autor demonstra que não é. Há uma discussão sobre a verdade, enfrentada com rara disposição para não ser o vencedor, mas o questionador.

Retomamos nossa casa quando saímos da acomodação, quando deixamos para trás o medo das respostas àquelas perguntas que não ousamos fazer. Mas há, ainda, guardado para o fim, um pequeno problema para todos nós, psicólogos ou não, e que o escorpião (Sidney) não se exime de desdobrar, diante do leitor, enfim completamente desperto:

> Apoiam-se as conclusões psicológicas numa gama variada de dados de natureza psíquica e de fontes secundárias (relatórios de escola, de psicoterapeutas, etc.) Ao término e ao final ainda se coloca outra questão polêmica: onde termina a *avaliação* para se iniciar *o julgamento*, nesta zona obscura de áreas contíguas entre a função de avaliar para conhecer (perícia) e conhecer para decidir (juízo).

O que Sidney quer nos dizer, ao longo de todo o trabalho, é que o psicólogo pode ser um elemento de extrema valia, no âmbito do Judiciário, para intervir em processos muito dolorosos, ajudando a aliviar o sofrimento. E só pode fazê-lo estando tomado pela necessidade da mais absoluta competência profissional e ética, mas também pela compaixão.

Os moradores vencidos, no relato de Cortázar, abandonam a casa. Antes de se afastarem, têm piedade. Fecham a porta e jogam a chave. "*No fuese que a álgun pobre diablo se le ocurriera robar y se metiera en la casa, a esa hora y com la casa tomada.*"

Salvos pela humana, tão humana, compaixão.

Sylvia Leser de Mello

Sumário

Apresentação

O objetivo deste trabalho é examinar as propostas destinadas à realização de *avaliação psicológica* em Vara de Família para subsidiar processos judiciais de guarda de crianças. Será apresentada uma sistematização e uma análise crítica dos procedimentos sugeridos na literatura científica, explicitando qual é a posição assumida pelo psicólogo em seu trabalho, quais as técnicas e os métodos preconizados.

Este livro é decorrente de uma dissertação de mestrado de natureza teórica, cuja meta é levantar o estado da arte. Este levantamento visa contribuir com elementos para a discriminação de uma função que extrapola os casos em Vara de Família, cuja designação é típica do contexto jurídico: *a perícia psicológica*.

Este trabalho pode ajudar em um melhor mapeamento de uma prática e de um campo de atuação cujos estudos acadêmicos ainda são incipientes e cuja realidade é pouco conhecida. Não é à toa que o questionamento quanto à adequação de tal prática, ou da forma como ela é realizada, ainda é motivo de polêmica (Keilin; Bloom, 1986; Berry, 1989; Byrne, 1991; Brito, 1993). Este livro não tem a pretensão de resolver tais polêmicas, mas precisar os termos e as críticas em questão. Se muito, iremos contribuir para que certos temas que consideramos importantes superem outros em matéria de exigir polêmica e novas pesquisas e estudos.

Analisaremos a prática de avaliação psicológica para determinação de guarda de criança em dois níveis: como modalidade de intervenção técnica e sua sustentação ética. O primeiro nível diz respeito ao campo de atuação dos psicólogos nas questões relativas ao Direito, portanto dentro da área da *Psicologia Jurídica*. Deve-se esclarecer que quando se trata de avaliações quanto à guarda de crianças, falamos de uma atividade dentro da área jurídica que não é exclusiva dos psicólogos. A mesma pergunta ("com quem deve ficar esta criança?") pode ser dirigida ao assistente social (Pinto, 1993; Clulow; Vincent, 1987; Schindler, 1983) e ao médico psiquiatra (Rebouças, 1987; Fontana-Rosa, 1996; *American Academy of Child and Adolescent Psychiatry*, 1997; *American Psychiatric Association*, 1998).

Existiria, então, alguma especificidade na atuação do psicólogo? O seu trabalho em avaliação para determinação de guarda está respaldado por uma competência reconhecida nestas questões? De que forma o psicólogo tem respondido a tais demandas? São questões que serão circunscritas nesta obra.

Em um outro nível, o questionamento que se dirige ao psicólogo que realiza tais trabalhos é sobre a própria legitimidade do que faz. Será que a prática do psicólogo neste tipo de atuação está de acordo com as exigências técnicas e éticas da profissão? O seu trabalho está comprometido com o sistema jurídico em detrimento das pessoas a quem se atende? As recomendações contidas em um laudo psicológico podem se transformar na própria "sentença" do processo? Esta seria uma forma de atuação legítima em Psicologia? Enfim, quais os dilemas éticos presentes nesta atuação dentro de um processo legal? Ao longo deste livro, vamos esclarecer nosso posicionamento frente às questões técnicas e éticas que serão levantadas.

O livro é dividido em nove capítulos e traz um documento em anexo. O Capítulo 1 expõe a *proposta* da pesquisa e as ferramentas utilizadas. Os demais capítulos foram decorrência das questões e problemáticas levantadas aqui.

O Capítulo 2 traça o contexto histórico e social no qual se insere o nosso foco de interesse. Procuramos levantar a origem e a função de certos *personagens* dentro da instituição jurídica.

O Capítulo 3 aborda, de forma breve, a atuação de dois outros profissionais ligados à prática de avaliação pericial em disputa de guarda: o *assistente social* e o *psiquiatra*. Discriminamos as referências ligadas a estas duas categorias profissionais, embora não nos aprofundemos em sua análise, uma vez que não faz parte da proposta deste livro.

O Capítulo 4 introduz a análise específica do lugar do psicólogo no processo judicial de guarda de filhos. A partir da explicitação dos elementos do *enquadre* de trabalho forense do psicólogo, estabelecemos quem é o *cliente* (demandante de seus serviços), sobre quem recai sua intervenção técnica (*periciandos*) e quais os distintos *papéis* que os psicólogos podem assumir neste contexto.

O Capítulo 5 retoma o percurso logístico que o profissional percorre para realizar a sua incumbência judicial (*perícia*).

Ao longo de tal percurso, apresentamos os *recursos técnicos* mobilizados para tal mister.

O Capítulo 6 detém-se especificamente sobre o uso de *testes psicológicos* dada a sua relevância na atuação enfocada. Levantamos não só quais são os testes utilizados, bem como as críticas quanto ao seu uso e abuso no âmbito técnico e ético.

O Capítulo 7 propõe uma terminologia para diferenciar as possibilidades de atuação do psicólogo como perito judicial. Tal categorização não é excludente (isto é, um mesmo profissional pode ser encontrado desempenhando mais de um papel simultaneamente), nem exclusiva do psicólogo (envolve as outras categorias profissionais citadas no Capítulo 2).

O Capítulo 8 retoma a análise feita nos capítulos anteriores e demonstra a insuficiência do atual Código de Ética Profissional do Psicólogo em contemplar as situações-problemas desta prática. Introduzimos a noção de *questões psicolegais* como uma articulação teórica a orientar a prática.

O Capítulo 9 é uma conclusão geral a partir do que foi apresentado.

Anexa colocamos integralmente a Resolução do Conselho Federal de Psicologia de N.º 30/2001 que institui o Manual de Elaboração de Documentos produzidos pelos psicólogos, decorrentes de avaliação psicológica. O referido documento foi revisado pela Resolução N.º 17/2002. Optamos por manter o documento na sua versão original pelo seu valor histórico e pelo uso que dele fizemos em nossa própria análise à luz de nossa pesquisa.

A dissertação que deu origem a esta obra se impôs dentro da convergência do meu interesse no mundo acadêmico e do exercício da profissão de *psicólogo judiciário* trabalhando há dezesseis anos em casos de Vara de Família no Fórum Central do Tribunal de Justiça de São Paulo. Quando iniciei meu trabalho no Fórum, a demanda por *perícias* em Vara de Família era uma realidade já instalada. Penso que isto não exime nenhum psicólogo de se questionar sobre aquilo que faz. Mas, naquela época, não tão distante, a exiguidade do conhecimento da área era quase que absoluta[1]. Fui aprendendo com os primeiros colegas

---

[1] Para um histórico do psicólogo no Tribunal de Justiça do Estado de São Paulo, ver Bernardi, 1999

que trabalharam nesta instituição a como responder a esta demanda suficientemente "bem". Isto se definia operacionalmente por satisfazer as expectativas do solicitante principal de nosso trabalho: o juiz da Vara de Família. Aos poucos, fomos percebendo que as expectativas dos juízes não eram uniformes, variando extremamente de acordo com cada indivíduo. Como diz o dito popular: "Cada cabeça, uma sentença". Por exemplo, enquanto alguns queriam que o psicólogo se manifestasse claramente sobre com quem deveria ficar a criança disputada, outros achavam que o profissional não deveria fazer tal afirmação, não extrapolando a apresentação objetiva dos dados que obteve em sua avaliação.

Em função de nossa maturidade na instituição, fomos percebendo que não poderíamos ficar à mercê do que outros profissionais pensavam que os psicólogos deveriam fazer, juízes ou não, mesmo sendo eles nossos superiores hierárquicos. Começamos a buscar uma "normatização", uma uniformidade nos procedimentos técnicos por meio de reuniões com os profissionais dos diversos foros. Inicialmente, isto foi feito de maneira espontânea e não reconhecida pela instituição, até o momento que conseguimos a criação de um grupo técnico formado por psicólogos e assistentes sociais no Departamento Pessoal do Tribunal de Justiça (Bernardi, 1999). Uma das primeiras e mais importantes iniciativas orquestradas por este grupo foi planejar, organizar e ministrar um treinamento específico para atuação nos foros aos profissionais recém-admitidos a partir de 1991. O que resultou na publicação do *Manual do curso de iniciação funcional para assistentes sociais e psicólogos judiciários do Tribunal de Justiça do Estado de São Paulo* em 1993. Dei minha contribuição ao projeto produzindo trabalhos para este Manual e atuando como professor dos Cursos de Iniciação, bem como realizando assessoria técnica pelas comarcas do interior.

A interlocução para alimentar a reflexão sobre o trabalho fui buscar nos grupos de pertinência, fora da instituição judiciária. Foi no Curso de Psicanálise do Instituto Sedes Sapientiae que encontrei os primeiros colegas que me ajudaram. A minha primeira monografia do curso se intitulava *Reflexões sobre o trabalho nas varas da família* (1988) e foi apresentada no II Encontro de Assistentes Sociais e Psicólogos do Tribunal de Justiça em novembro de 1988. Procurava, então, as primeiras articulações entre a teoria e técnica psicanalítica e o dia a dia com as famílias e os profissionais do fórum. Percebo que a prática institucional e a formação analítica foram se dando ao mesmo tempo, o que muito me influenciou na forma como trabalho com indivíduos ou famílias, seja no contexto da instituição jurídica ou fora dela, no consultório. Em 1994, tive a possibilidade de tirar um ano sabático e me dedicar ao aperfeiçoamento do estudo, além de efetuar atendimentos de casais e famílias na Clínica de Tavistock (Londres). Tive o privilégio de participar de avaliações forenses compondo a equipe multiprofissional da Tavistock (Bichard; Shine, 1995). A partir da minha estada nesta instituição, conheci o trabalho de Clulow e Vincent (1987) que pretendo analisar neste livro.

Cabe registrar ainda que sempre me interessei pela docência, tendo exercido tal atividade em disciplinas de graduação, especialização e supervisão em várias instituições. Felizmente, o mundo acadêmico me deu a chance de estudar sistematicamente este assunto e poder dar a minha contribuição para que dúvidas e questionamentos semelhantes de outros colegas possam encontrar neste trabalho um outro ponto de referência. Um outro diferencial desta pesquisa é que ela se vale muito da minha própria experiência na área realizando estas avaliações psicológicas. Portanto, não fui e nem pretendi ser um pesquisador "neutro". O que me moveu na busca das fontes que ora analiso foi a necessidade prática de divisar alternativas e sair de certos impasses e dúvidas decorrentes do exercício dessa atividade. Se isto não se tratar de um mérito, pelo menos é, reconhecidamente, um viés a se considerar na seleção e no desenvolvimento do tema.

1. A Abordagem do Problema

Um fenômeno social que tem mobilizado a atenção de psicólogos, assistentes sociais, sociólogos, juristas e religiosos das mais diferentes orientações é o alto índice de casamentos desfeitos nos últimos tempos. A crise desta instituição coloca em xeque a própria estrutura da família contemporânea. Os corolários da separação conjugal não atingem apenas os ex-cônjuges, mas repercutem diretamente na vida dos eventuais filhos. Aos problemas jurídicos se somam os problemas socioeconômicos e os psicológicos.

Nos Estados Unidos, o número de divórcios nos anos 1980 dobrou em relação aos anos 1960 e triplicou em relação aos anos 1950 (Jablonski, 1998). Enquanto o número de casamentos desfeitos aumenta, a opção pelo casamento diminui. Segundo o jornal *O Globo* (*apud* Jablonski, 1998), na França, o número de casamentos caiu 6% de 1992 para 1993 (o maior índice da Europa Ocidental). Na Bélgica, a queda da taxa de casamento foi de 5,7% no mesmo período. Também na Espanha, o número de casamentos diminuiu em contraste com o aumento das separações e divórcios. Na capital argentina, o declínio foi de 40% nos últimos 50 anos. Na Suécia, considerada paradigma da sociedade ocidental moderna e avançada, temos a menor taxa de casamentos do mundo industrializado. Neste país, cuja idade média do primeiro casamento é de 30 anos para os homens e 27 para as mulheres, é onde as pessoas mais demoram para se casar (*apud* Jablonski, 1998). De acordo com uma pesquisa do Instituto Brasileiro de Geografia e Estatística (IBGE), divulgada em matéria da Revista *Isto É* de fevereiro de 2002, o brasileiro também está se casando menos e se separando mais. O estudo revela que, de 1991 a 1998, o número de divórcios e separações judiciais[1] cresceu 32%, enquanto o de casamentos caiu 6%.

[1] A diferença entre divórcio e separação judicial é que, no primeiro caso, a pessoa pode se casar novamente. O termo separação judicial entrou em vigor a partir da promulgação da Lei n.º 6.515, de 26 de dezembro de 1977, que substituiu o termo *desquite*.

Em matéria da Revista *Veja* de março de 1999, divulgou-se que o número de divórcios quase dobrou no Brasil em apenas dez anos (considerando de 1986 a 1995), chegando a 200.000 por ano. Um em cada quatro casamentos termina em separação. Sendo que de cada cinco crianças nascendo em 1999, uma iria viver em família de pais separados antes de atingir a idade madura. Ainda neste ano, para 65% de famílias nucleares compostas por pai, mãe e filhos do primeiro casamento, havia 35% de famílias de *novas configurações* formadas a partir de uniões após separações judiciais e divórcios. Se persistir esta taxa, o número de famílias nucleares se igualará às configurações resultantes de novas uniões em 2020, ultrapassando em 2022. As novas configurações familiares formam o que se tem chamado de "família mosaico", apontada como tendência mundial (Garbar; Theodore, 2000).

Neste cenário, o que não se vê é a crise familiar eclodindo em uma verdadeira "guerra" travada nos tribunais de família, pois ela ocorre em sigilo de justiça[2]. Fica-se sabendo dos casos mais rumorosos que cercam personalidades da mídia como o de Woody Allen que teve seu primeiro filho, Satchel, com Mia Farrow com quem não era casado. Ela o proibiu de vê-lo, acusando-o de abusar sexualmente de seu outro filho, este adotivo, de quem Woody Allen assumiu a paternidade. Sem contar que ao romper com Mia Farrow, Woody Allen trouxe a público seu romance com a filha adotiva dela, Soon-Yi. Sem chegar a estes extremos, há casos como o protagonizado por Vera Fischer e Felipe Camargo. Em 1997, a atriz perdeu a guarda do filho para o pai e continua lutando para reavê-lo.

Em matéria do Jornal *Folha de S. Paulo* de 12 de agosto de 2001, Dr. Guilherme Gonçalves Strenger, então juiz assessor da Corregedoria Geral da Justiça do Estado de São Paulo, afirmava que os pais vêm lutando mais e conseguindo mais a guarda de filhos. Mais da metade (53%) dos pedidos de guarda de crianças distribuídos no primeiro semestre de 2001 nas Varas de Família de São Paulo foram requeridos pelos pais. Em 2000, houve um total de 942 pedidos de guarda na Justiça da capital; destes, 460 (48,8%) foram feitos pelos pais. Os pedidos de modificação da guarda – de um responsável para

[2] Os dados do processo são acessíveis somente aos advogados e às próprias partes.

outro – tiveram também um aumento de 2000 para 2001. De um total de 340 processos de modificação de guarda entre janeiro e julho de 2001 na capital paulista, 233 (76%) foram movidos por homens. No ano anterior, este índice foi de 69%. Uma vez que existe um contingente cada vez maior de homens querendo exercer uma paternidade, adjetivada de *ativa* por uma colega (Marques da Silva, 1999), e um contexto social complexo a ser considerado, os tribunais de família em todo o mundo estão sendo cada vez mais exigidos.

Este livro procura analisar uma das "armas" utilizadas pelas famílias nesta guerra particular – *a avaliação psicológica para determinação de guarda de crianças*. Ao mesmo tempo que ela é uma arma, do ponto de vista dos casais em litígio, para os juízes é um *recurso* para o exercício de sua função de dirimir conflitos e restabelecer a harmonia social. Para nós, psicólogos, constitui-se uma das mais desafiantes modalidades de avaliação psicológica, realizada em um contexto muito complexo e ainda pouco conhecido – nos tribunais de família.

Por meio de uma revisão bibliográfica selecionamos trabalhos (artigos, textos, livros e teses) que abordam a avaliação para determinação de guarda de criança em contexto judiciário. Nesta revisão, em inglês, os termos utilizados para a pesquisa foram *child custody evaluation*, *expert witness* e *consultant.* Delimitamos a produção no período de 1980 a 2002, pois assim teria acesso ao que de mais recente poderia haver na matéria.

Selecionamos os trabalhos que focalizam a questão que, tradicionalmente, se denominaria de *técnica*, ou seja, que discriminam o procedimento de intervenção. Esta opção permitiu estudar com mais precisão a questão do procedimento de avaliação, das condições do enquadre em que se dá tal trabalho, enfim do *método*. Para a pesquisa isto é importante, uma vez que procuramos contextualizar o campo em que tais intervenções se realizam e verificar se existem modelos ou parâmetros específicos.

A análise sobre as obras escolhidas foi feita por meio de algumas interrogações que configuram cinco grupos temáticos.

1) Quem é o psicólogo que realiza a avaliação para determinação da guarda? Ele é funcionário da instituição judiciária? Ou então, ele presta serviços ao juiz vindo da prática privada ou dos recursos da comunidade? Interrogo esses trabalhos para saber se a vinculação do profissional impõe diferenças sobre o seu enfoque e procedimento. Isto condicionaria o seu trabalho de alguma maneira? Como? Com que vantagens ou desvantagens? Aqui se coloca a questão de quem é o *cliente* do psicólogo quando este realiza a avaliação para determinação de guarda.

2) A avaliação incide sobre qual objeto? Quem é considerado *objeto* da intervenção do psicólogo? A *criança* que se disputa? Um *genitor* ou outro em função de alguma característica psicológica que se quer determinar? A *família* é tomada como objeto de investigação? E os *operadores do Direito* (juiz, promotor de família, advogado) são também objetos de alguma atenção por parte do psicólogo quando realiza suas avaliações?

3) Como é feita a avaliação? Em que *local*? Com que *duração*? Utilizam-se quais *técnicas de avaliação*? Quais são os *testes psicológicos* utilizados? Buscar discriminar e analisar os recursos técnicos que se lançam mão a partir da definição do objeto da avaliação. Quais são os pressupostos de tais métodos?

4) O que se procura avaliar, analisar ou descobrir? Qual é o objetivo operacional da avaliação psicológica para determinação de guarda? Avaliar habilidades, estabelecer funções, descobrir motivações, discriminar características psicológicas, levantar traços de personalidade etc.?

5) Quais são as principais dificuldades consideradas? Quais são os limites reconhecidos desta prática e suas perspectivas futuras? Quais são as implicações éticas?

Passaremos, antes de adentrar as questões específicas da análise do material selecionado, a dar um panorama histórico e institucional dentro do qual se instala nossa problemática no Capítulo 2. Para tal, utilizaremos, principalmente, de Michel Foucault (1977; 1999)[3] como guia condutor. A escolha deste autor francês não é aleatória. Foucault é um filósofo de formação, um psicólogo licenciado e foi um intelectual altamente envolvido com questões políticas. Sua obra, de uma gama e uma complexidade enormes, virou referência ao estudo crítico de certas instituições e saberes, tais como: o hospital psiquiátrico, a loucura, a prisão, a medicina e a psicologia. Neste sentido, sua escolha obedece a certa "tradição" nos trabalhos com os quais me alinho (Alves, 2002; Brito, 1993; Saunier, 1999). Mas não é só isso. Utilizamo-nos da obra de Foucault de forma "estratégica", pois o seu referencial em torno de conceitos, histórica e socialmente determinados, na questão do poder e da verdade nos permitem introduzir vários "personagens" que farão parte do cenário no qual ocorrem as avaliações psicológicas de guarda. Para além disso, a articulação do discurso judiciário ligado à gênese da verdade no seio de seus próprios mecanismos é o chão comum em que se dá a possibilidade da intervenção do psicólogo. Portanto, este autor é rico em produzir reflexões sobre o contexto, a justificativa e a própria natureza da atividade que se demanda à Psicologia. Estamos aceitando as duas teses foucaultianas que serão expostas a seguir.

Primeiro, não existe discurso judiciário que não esteja referido a algo como a verdade; segundo, que estas verdades não são exteriores, mas estabelecidas segundo suas próprias regras e as formas que seriam interiores ao próprio discurso judiciário.

Em relação à segunda tese, a obra de Alves (2002) é uma suficiente demonstração à qual remetemos o leitor. Nossa intenção não é fazer uma crítica do uso dos conhecimentos psicológicos para os efeitos de disciplinarização e normalização, como também não nos deteremos a rebater tais críticas. Admitimos que elas existem e colocam em xeque todo o aparato teórico-conceitual da Psicologia em todas as suas atividades, não somente no Judiciário, onde talvez, a tensão seja maior em função dos próprios objetivos institucionais.

---

[3] A primeira data refere-se à edição original publicada nos *Cadernos da PUC-Rio*, n.º 16 de 1974 e a segunda data é a da edição da obra utilizada.

Nós almejamos dar um panorama das práticas psicológicas em avaliação de guarda, admitindo a pertinência da análise foucaultiana quanto à apropriação do recurso psicológico em sua máquina institucional para justificar sua atuação sobre os indivíduos baseados numa "verdade" cientificamente legitimada.

2. Contexto Histórico-Institucional

Costuma-se distribuir a obra de Foucault segundo três ênfases metodológicas chamadas Arqueologia, Genealogia e Ética (Fonseca, 2002). A obra que vamos utilizar de Foucault está localizada nesta segunda ênfase metodológica discriminada acima. Se a Arqueologia se liga ao projeto de pesquisa de estabelecer a constituição dos saberes privilegiando as inter-relações discursivas e sua articulação com as instituições, ou seja, *como* os saberes apareciam e se transformavam, a Genealogia teria como ponto de partida a questão do *porquê* (Machado, 1979). Nas palavras de Machado:

> É essa análise do porquê dos saberes, que pretende explicar sua existência e suas transformações situando-o como peça de relações de poder ou incluindo-o em um dispositivo político, que em uma terminologia nietzscheana Foucault chamará genealogia. (p. 12)

Portanto, interessa-nos esta introdução na análise histórica da questão do *poder* como um instrumento de análise capaz de explicar a produção de saberes. Foucault empreendeu esta série de pesquisas quando era professor no *Collège de France*. As obras desta fase compreenderiam *A ordem do discurso* (Foucault, 1996), os cursos de 1971 a 1976 – cujos temas e abordagens aparecerão em *Vigiar e punir* e *A vontade de saber* (Foucault, 1997) – e os cursos de 1978 a 1980 (Fonseca, 2002).

A verdade e as formas jurídicas (1999) é um livro composto a partir de uma série de conferências proferidas por Foucault na Pontifícia Universidade Católica (PUC) do Rio de Janeiro em 1973. Nestas conferências, Foucault demonstra como práticas sociais vão engendrando novos domínios do saber, fazendo aparecer novos objetos, novos conceitos, novas técnicas e, também, novos sujeitos do conhecimento. Como o próprio título da obra deixa claro, Foucault vai se debruçar na questão da busca da *verdade* mediante determinados procedimentos que podem ser denominados *jurídicos*. Aqui, Foucault usa indistintamente jurídico e judiciário. Definindo o que considera como *práticas judiciárias*, ele escreve que é:

> [...] a maneira pela qual, entre os homens, se arbitram os danos e as responsabilidades, o modo pelo qual, na história do Ocidente, se concebeu e se definiu a maneira como os homens podiam ser julgados em função dos erros que haviam cometido, a maneira como se impôs a determinados indivíduos a reparação de algumas de suas ações e a punição de outras, todas essas regras ou, se quiserem, todas essas práticas regulares, é claro, mas também modificada sem cessar através da história. (p. 11)

Portanto, Foucault está interessado em investigar as formas pelas quais nossa sociedade definiu tipos de subjetividade, formas de saber e relações entre o homem e a verdade. Esta obra é de preciosa contribuição para a pesquisa, pois situa historicamente a questão particular que abordamos, remontando às origens dos personagens jurídicos que são, ao mesmo tempo, construídos pelo processo judicial e sancionados por ele.

2.1 A primeira forma de se chegar à verdade: a prova

Foucault vai buscar na *Ilíada* "o primeiro testemunho que temos da pesquisa da verdade no procedimento judiciário grego" (1992, p. 31). De acordo com este texto, Antíloco e Menelau disputavam uma corrida de carros durante os jogos que se realizaram na ocasião da morte de Pátroclo. Esta corrida se dava em um circuito de ida e volta, passando por um marco que deveria ser contornado o mais próximo possível. Neste lugar ficava alguém que deveria ser o responsável pela regularidade da corrida, que Homero nomeia por *testemunha*[1] (aquele que está lá para ver).

[1] Utilizamos o recurso do *itálico* para realçar os termos que farão parte de nossa análise posteriormente. Mantivemos sua utilização nos termos derivados de outras línguas, como de praxe.

Antíloco chega primeiro e Menelau *contesta*. Menelau acusa Antíloco de ter cometido uma irregularidade. A partir da *contestação* estabelece-se o *litígio*. Qual é a forma de resolução? Como estabelecer a verdade e determinar o fim do litígio?

A forma como este conflito é resolvido configuraria, segundo Foucault, uma das características da sociedade grega arcaica. Menelau lança um desafio: "Põe a tua mão direita na testa do teu cavalo; segura com a mão esquerda teu chicote e jura diante de Zeus que não cometeste irregularidade" (p. 32). Este desafio constitui-se numa *prova* (*épreuve)*, numa espécie de jogo no qual a responsabilidade da descoberta final da verdade, caso ela seja aceita, fica a cargo dos deuses.

Observa-se aqui, já, a ideia de *litígio,* aquilo que é discutível, transformável em pleito judicial. O nosso objeto de pesquisa, a avaliação psicológica, entra como um recurso dentro do processo de *resolução do litígio*. A *contestação* é feita opondo-se duas pessoas cujos interesses são mutuamente exclusivos no que diz respeito à posse e guarda de uma criança. Convenciona-se chamar àquele que inicia a ação de *requerente* e ao outro que a ele se opõe de *requerido*. Ambos são as *partes* do processo. Parece-me oportuno esclarecer que denominamos *guarda de crianças* em vez de "guarda de filhos", uma vez que, embora menos comum, a contestação pode ser dada não somente entre os pais de uma criança. Os avós de uma criança podem pleitear em juízo a guarda de seu neto, por exemplo (Lima, 1997).

Na Idade Média, a resolução do litígio pelo meio da *prova* reaparece no Direito Germânico. Quando um indivíduo apresentava uma reivindicação ou uma contestação, acusando alguém de ter matado ou roubado, o litígio entre os dois era resolvido por uma série de provas a que os dois eram submetidos. Esse sistema transformava a prova em uma forma de liquidação judiciária por meio da *força*, da *importância do indivíduo* ou de sua *riqueza*.

Havia as provas *sociais*, provas do tipo *verbal*, provas *mágico-religiosas* e provas *corporais* ou *físicas*. Veremos, a seguir, um exemplo de cada tipo de prova apresentada por Foucault. Esta citação é importante, pois possibilita uma distinção entre o que se chamava de *prova*, nesta época, em contraste com o entendimento que hoje em dia se tem dela. O interesse justifica-se uma vez que o nosso objeto de estudo, a avaliação psicológica dentro de um processo de guarda, é considerado uma *prova* dentro do processo judicial.

a) *prova social*: No direito da Borgonha do século XI, o réu acusado de assassinato podia juntar um grupo de doze pessoas que tivessem relações sociais de parentesco, a fim de que elas jurassem a sua inocência, ou seja, que ele não teria sido o autor do ato. Hoje em dia, causa espanto tal procedimento, uma vez que a sensibilidade atual proíbe a ligação da testemunha com o acusado para que seu depoimento tenha validade. É o que se coloca como *impedimento*[2].

b) *prova verbal*: Quando o indivíduo era acusado de alguma coisa, ele devia responder a esta acusação com um certo número de fórmulas, garantindo que não havia cometido o que lhe era imputado. O sucesso ou o fracasso dependiam da correção e precisão com que se enunciasse tal fórmula. Em caso de ser menor, mulher ou padre, o acusado podia indicar uma outra pessoa. Segundo Foucault, essa outra pessoa mais tarde se tornaria na história do direito o *advogado*. Nos processos de Vara de Família, as partes só podem se manifestar por intermédio de um advogado. A única exceção é quando a parte (requerente ou requerido) é advogado e atua em causa própria.

c) *provas mágico-religiosas*: O acusado tinha de prestar um juramento, caso recusasse ou hesitasse, perdia o processo. O exemplo de Menelau e Antíloco cabe aqui.

d) *provas físicas* ou *ordálios*: No Império Carolíngio (entre 742 e 814) em certas regiões do norte da França, aquele que era acusado de assassinato devia andar sobre ferro em brasa e, dois dias depois, se tivesse cicatrizes, perdia o processo.

---

[2] Testemunha impedida – "testemunha cujo depoimento não pode ser tomado em virtude de alguma circunstância prevista no Direito positivo. Por exemplo: entre nós, em regra, não pode ser ouvido como testemunhas o parente até o terceiro grau ou o amigo íntimo de alguma das partes" (Magalhães; Malta, 1990).

Foucault destaca que a prática judiciária no velho Direito Germânico é uma continuação ritualizada da guerra. A prova feudal não tem uma função apofântica de designar o verdadeiro, mas é um operador que permite a passagem da força ao direito. Constitui-se em uma espécie de jogo de estrutura binária: o indivíduo aceita ou recusa a prova. Se renuncia, perde o processo; se aceita, ou ganha ou perde. Quem ganha é aquele que tem mais força; não se trata de ter razão ou ter dito a verdade.

Em contraposição à prova há uma outra forma de mecanismo de determinação da verdade que obedece a uma lei chamada "lei das metades" na Antiga Grécia. O autor identifica este mecanismo em sua forma retórica, religiosa e política, ao qual os gregos denominavam de símbolo, que consistia em um instrumento de poder que permitia a alguém, que detém um segredo ou um poder, quebrar em duas partes um objeto e confiar a outra a alguém que deveria levar a mensagem ou atestar sua autenticidade. Para ilustrar este mecanismo, Foucault recorre à tragédia de Sófocles *Édipo Rei*.

Apenas para relembrar, a tragédia de Sófocles tem início com o povo rogando a Édipo que livre Tebas da praga que se abatera sobre ela. Édipo manda consultar o deus de Delfos, o rei Apolo. A resposta de Apolo é dada em duas partes: a primeira, "O país está atingido por uma conspurcação"; a segunda, "O que causou a conspurcação foi um assassinato". Pergunta-se a Apolo: "Quem foi assassinado?" A resposta é: "Laio, o antigo rei". Mas quem o assassinou? Falta a segunda metade.

Para saber o nome do assassino apela-se para o duplo humano de Apolo: o adivinho Tirésias. Enquanto Apolo é o deus da luz, Tirésias é sua contraparte humana, um cego mergulhado na noite. E Tirésias responde a Édipo: "Prometeste banir aquele que tivesse matado Laio. Ordeno que cumpras teu voto e expulses a ti mesmo".

À verdade enunciada na forma do futuro, em termos de uma prescrição, se junta a verdade na sua dimensão temporal (passado e presente). Também aquilo que falta no testemunho de quem presenciou é dado da mesma forma: em metades. Na segunda metade, o acoplamento dos testemunhos para elucidar quem matou Laio é dado em dois níveis.

No primeiro nível, por meio de um dado espontaneamente fornecido por Jocasta: "Vês bem que não foste tu, Édipo, quem matou

Laio, contrariamente ao que diz o adivinho. A melhor prova disto é que Laio foi morto por vários homens no entroncamento de três caminhos". A esta fala de Jocasta corresponderá a inquietude de Édipo: "Matar um homem no entroncamento de três caminhos é exatamente o que eu fiz; eu me lembro que ao chegar a Tebas matei alguém no entroncamento de três caminhos". Pela junção destas duas lembranças está quase completamente revelada a verdade sobre o assassinato de Laio.

Resta ainda a outra metade da história de Édipo, pois ele não foi apenas quem matou Laio, mas, e daí o cerne da peça, aquele que matou o próprio pai e casou com a própria mãe. Esta segunda metade será dada pelo acoplamento de dois testemunhos distintos. O primeiro será a do escravo que vem de Corinto anunciar a Édipo que Políbio morrera. Este escravo é quem revela que Políbio não era pai de Édipo, como este pensava. O último escravo, o pastor de ovelhas que se havia escondido no fundo do Citerão, confirma que dera àquele mensageiro de Corinto uma criança que vinha do palácio e, supostamente, era filho de Jocasta.

O jogo das metades que se ajustam perpassa três níveis: o nível dos deuses (Apolo e Tirésias), dos reis (Jocasta e Édipo) e dos escravos (de Corinto e de Citerão). Ao olhar eterno e poderoso do deus Sol se contrapõe o olhar de pessoas que viram e se lembram de ter visto com seus olhos humanos. É o olhar do testemunho. Aquele testemunho ao qual Homero faz referência na *Ilíada* e que não foi chamado a resolver a contestação quanto à corrida, aqui, assume um papel essencial.

O autor demonstra que a tragédia pode ser vista como uma história em que pessoas (o soberano e o povo), ignorando uma certa verdade (quem assassinou o antigo Rei Laio), conseguem desvendá-la por meio de uma série de técnicas. Foucault faz a sua análise enfocando a questão do poder e como, pela justaposição de metades (o símbolo), ocorre uma transformação no sistema de produção da verdade na Grécia arcaica para a clássica (século VI a.C.). Contrapondo-se à "verdade arcaica", vê-se ressaltar uma "verdade clássica" confirmada pelo testemunho.

Na peça de Sófocles, a testemunha pode, sozinha, vencer os mais poderosos por meio do jogo da verdade que ela viu e enuncia. Foucault considera *Édipo Rei* uma espécie de resumo da história do direito grego (p. 54). Portanto, a grande conquista da democracia grega seria o direito de testemunhar, de opor a verdade ao poder.

Este processo que nasceu e se instaurou em Atenas, ao longo do século V a.C., de "opor uma verdade sem poder a um poder sem verdade", deu lugar a uma série de formas culturais características desta sociedade.

Foucault destaca três contribuições principais. Primeiro, a elaboração de formas racionais da prova e de sua demonstração – como produzir a verdade, em que condições, que formas observar, que regras aplicar. São elas a Filosofia e os sistemas científicos. Segundo, o desenvolvimento de uma arte de persuadir, de convencer as pessoas da verdade e de ganhar para e pela verdade: a retórica grega. Terceiro, o desenvolvimento de um novo tipo de conhecimento: o conhecimento pelo testemunho, pela lembrança, pelo inquérito. Ela está na origem de várias atividades que se tornarão campos do saber científico como veremos mais à frente.

2.2 O inquérito: a busca da verdade por meio de interrogações

O sistema do *inquérito*, embora nascido na Grécia, estacionou e foi retomado sob outras formas na Idade Média.

Vimos com Foucault que na Alta Idade Média (até século XII) não havia um poder judiciário. As contendas eram resolvidas no âmbito dos indivíduos litigantes (modelo da prova). Pedia-se ao mais poderoso ou àquele que exercia a soberania, não que fizesse justiça, mas que constatasse a regularidade do procedimento. Mas, com a formação da primeira monarquia individual no século XII, vão surgir coisas novas em relação ao Direito Germânico ou às velhas regras do Direito Romano.

Em primeiro lugar, a justiça passa do âmbito individual da contestação entre duas partes em conflito para se impor, do alto, aos indivíduos, aos oponentes e aos partidos. Pouco a pouco, os indivíduos vão perdendo o direito de resolverem suas pendências, regular ou irregularmente, seus litígios. Todos deverão submeter-se a um poder exterior – é a formação do poder judiciário que se impõe, também, como um poder político. Isto se dá, segundo Foucault, por meio da introdução de um novo personagem e dois novos conceitos.

Este novo personagem, inexistente no Direito Romano, que vai surgir na Europa por volta do século XII é o *procurador.* Ele se apresentará como o representante do soberano, do rei ou do senhor. Como escreve Foucault:

> Havendo crime, delito ou contestação entre os indivíduos, ele se apresenta como representante de um poder lesado pelo único fato de ter havido um delito ou um crime. O procurador vai dublar a vítima, vai estar por trás daquele que deveria dar a queixa, dizendo: "Se é verdade que este homem lesou um outro, eu, representante do soberano, posso afirmar, que o soberano, seu poder, a ordem que ele faz reinar, a lei que ele estabeleceu foram igualmente lesados por esse indivíduo. Assim, eu também me coloco contra ele". (1999, p. 65-66)

Vemos, então, que da mesma forma que o advogado "dubla" os interesses de seu "cliente", o procurador o faz em relação à vítima. Este novo fenômeno vai permitir, segundo Foucault, ao poder político apossar-se dos procedimentos judiciários.

Vamos aproveitar a introdução da figura do *procurador* para localizá-lo no cenário de nossa pesquisa. Na sequência, focalizaremos os dois novos conceitos expostos por Foucault: a noção de *infração* e de *reparação.*

O procurador ou membro do Ministério Público, também chamado de Curador de Família, tem uma função específica que bem deriva de sua origem histórica. O Curador de Família, pertencendo ao Ministério Público, faz parte do Poder Executivo, em função eminentemente fiscalizadora, sendo "órgão de lei e fiscal de sua execução"[3]. Portanto, além de fiscalizar o bom andamento processual

---

[3] "É como fiscal da lei que o Curador de Família tem a sua atuação mais constante, mais variada e complexa, zelando pela aplicação da lei e pela integridade dos princípios da ordem pública. Não se limita a opinar. Influi na causa, com elementos introduzidos por sua iniciativa, sobre a decisão a ser proferida 'em questões das mais tormentosas, pela delicadeza do assunto, que em Direito de Família se submetem ao conhecimento do juiz, constrangido, em regra, a resolver essas pendências fundado exclusivamente no bom senso' (José David Filho, C.P.C., vol. III, p. 416). Daí todo gênero de perícias, desde a pesquisa social, à *psicológica* (grifo nosso), à médica, e provas pelas quais deve se esforçar o Curador de Família à constituição de uma sentença justa" (Prats; Bruno Neto; Cury, 1982, p. 15).

do rito pertinente, também influi no direcionamento daquilo que será apreciado, sugerindo *provas periciais* específicas, dentre as quais a avaliação psicológica. Em nossa prática, a sugestão de avaliação psicológica partindo do membro do Ministério Público é bem comum. Da mesma forma que, ao indicar a perícia psicológica, o curador também pode oferecer *quesitos* que são perguntas que se formulam aos peritos e pelas quais se delimita o campo da perícia. São perguntas escritas, relativas aos fatos, objeto da perícia[4]. Voltaremos a abordar os quesitos neste trabalho no Capítulo 5, item 5.7.

O surgimento desta figura do procurador no século XII está ligado a duas novas noções ou invenções, como coloca Foucault. De um lado é a noção absolutamente nova da *infração*. No Direito Germânico, o litígio entre dois indivíduos, vítima e acusado, girava em torno da noção de *dano* que um agressor causava à vítima. Portanto, a resolução do drama judiciário se resumia em saber se houve dano e quem tinha razão. Mas, com a entrada do procurador que, representando o soberano, diz "Também fui lesado", amplia-se a noção de ofensa ao indivíduo para abarcar uma lesão à ordem, ao Estado, à lei, à sociedade, à soberania e ao soberano. É desta forma, afirma Foucault, que o poder estatal nascente vai confiscar todo o procedimento judiciário, coibindo a liquidação interindividual dos litígios.

Vale a pena também tecer algumas considerações sobre a questão da *infração* que remete à noção de *culpa*. A hipótese prevista na atual Lei do Divórcio em vigor no Brasil, no Art. 5º, admite a culpa atribuível a um ou ambos os cônjuges na chamada separação-sanção. Em caso de culpa na modalidade de conduta desonrosa[5] ou grave infração dos deveres conjugais[6] aplicam-se sanções ao culpado que pode ser o de *perda da guarda dos filhos*. Criticando essa noção

---

[4] Tivemos a oportunidade de abordar exemplo de quesitos oferecidos pela Curadoria em outro trabalho (Shine, 1993).

[5] Caracterizada pelo comportamento imoral, ilícito ou anti-social. Incluem-se os casos de alcoolismo, toxicomania, namoro do cônjuge com terceiros, práticas de crime, contaminação com doença venérea, sevícia ou maus-tratos, etc. (Gonçalves, 1997).

[6] Seria o adultério que infringe o dever de *fidelidade recíproca,* o abandono do lar conjugal que desrespeita o dever de *vida em comum no domicílio conjugal (coabitação)* de onde se deriva também a recusa ao pagamento do *debitum conjugale* (negar-se à prática do ato sexual); sevícia (agressão física, pancada) quando se dá a infração ao dever de *mútua assistência.* O quarto dever é o de *sustento, guarda* e *educação dos filhos* (Gonçalves, 1997).

de culpa e a consequência que acarreta, Peluzo (2000) diz que a valoração da culpa como fundamento de sanções tem sentido dentro de uma concepção contratualista do matrimônio na qual a família é vista como entidade natural e atemporal, de perfil jusnaturalista, que atenderia a superiores interesses do Estado. Logo, quem descumpre culposamente obrigações contratuais (os deveres conjugais) responderia pela dissolução do pacto matrimonial, pelas consequências, por perdas e danos. Nesta visão, privilegiar-se-ia a manutenção da família entendida como a célula mater da sociedade. Quem atenta contra a continuação daquela atenta contra os interesses desta, sendo discriminado como culpado.

Cabe ainda explicitar que, *se ambos forem culpados, os filhos menores ficarão em poder da mãe*, salvo se o juiz verificar que de tal solução pode advir prejuízo de ordem moral para as crianças (Art. 10, § 1º). Estabelecer culpa e determinar perda da guarda não deixa de ser uma diretriz clara para o magistrado. É claro que se tal diretriz fosse a única aplicada nos tribunais não se colocaria a necessidade de uma avaliação psicológica para determinação da guarda. Bastaria determinar a culpa e o cônjuge culpado para atribuir a guarda dos "inocentes" ao cônjuge "inocente". Mas não é simples assim. Até mesmo a atribuição da guarda à mãe em caso de culpa comum é questionável. A jurisprudência tem se pautado por razões culturais e não necessariamente biológicas, admitindo que nem sempre é a mãe a mais adequada para cuidar dos filhos, podendo o pai ser mais bem dotado das aptidões necessárias para a guarda, desmistificando a presunção da guarda materna, muito embora seja ela a escolhida na maior parte dos casos (Malheiros, 1994). É a partir das novas condições sociais e culturais que permitem questionar a opção materna como a única para a guarda que o recurso da avaliação psicológica vai assumindo maior importância para o deslinde do processo.

O entendimento de que a mãe não é, necessariamente, a melhor opção para a criança é uma construção histórica tanto quanto o seu oposto. Basta lembrar que a preferência pela guarda materna, com a aquisição por parte da mulher de novos direitos civis é recente no mundo ocidental. O direito do pai era superior ao da mãe ao longo de todo o século XIX. Nos Estados Unidos, tal qual na Inglaterra, as decisões sobre a guarda levavam em conta a questão do pai ser muito mais bem provido financeiramente do que a mãe. Isto só se modificou a partir de 1900. A mudança de concepção iniciou-se com a utilização do "teste do maior interesse da criança", em que decisões judiciais conferiam a guarda à mãe tendo em vista a consideração do "bem-estar da criança" (Derdeyn, 1976). O direito à guarda da mãe começou a ser considerado, primeiramente, para crianças em "tenra idade". Derdeyn dá exemplos de crianças de poucos meses de idade, cujas guardas foram concedidas às mães em função do que ficou conhecido no mundo anglo-saxão como *tender years presumption*, ou seja, de que haveria um período inicial de vida da criança em que a presença da mãe era essencial. Mas, mesmo assim, o entendimento dos tribunais era de que o período com a mãe seria um desvio temporário do estado correto das coisas. O autor cita o exemplo de uma sentença de um tribunal americano de 1840. A guarda da filha de 23 meses foi concedida à mãe, contanto que fosse entregue intacta ao pai quando tivesse com quatro anos e meio, idade em que se necessitava "do treino moral" associado ao pai. Retrocedendo na história, o autor americano aponta que o direito nos EUA é subsidiário da *Common Law* inglesa, que, por sua vez, tem sua origem na Lei Romana, na qual o poder do pai era absoluto sobre a mulher e os filhos, podendo vendê-los ou mandar matá-los impunemente.

Um excelente trabalho de história feita pela pesquisadora brasileira Maria Cecília de Souza dá um belo exemplo da primazia do homem no pátrio poder (termo que foi substituído por *poder familiar* no Código Civil vigente). O seu trabalho busca reconstruir a crise familiar documentada em uma amostra de 85 autos de divórcio da sociedade paulista entre os anos de 1830 e 1930. Explica ela:

> Outro exemplo significativo, a forma pela qual é discutida, nos processos de divórcio, a relação com os filhos. Em geral, no pedido de divórcio, é mencionada a existência de filhos, seu número e idades. Mas, em quase todos os processos, essa é a única referência que é feita a eles. Umas poucas vezes se fazem menções pontuais ao comportamento da mulher como mãe, mas nunca esse comportamento é decisivo ou informa o corpo principal da argumentação, quer do marido, quer da mulher. Nenhuma alusão é feita a seu bem-estar, nem à educação,

> nem às possíveis consequências (exceto herança) que recairiam sobre eles mediante processo de divórcio, em que o cônjuge culpado perde, necessariamente, a guarda dos filhos. Decisiva e inquestionável é a percepção do pátrio poder. Em alguns casos, por exemplo, os filhos são tomados da mãe, antes ou durante a ação de divórcio, sem que os autos registrem nenhum protesto do advogado das mulheres ou apelos aos sentimentos que ligam mães e filhos para reforçar sua argumentação. Daí não se infere a inexistência dos mesmos sentimentos, conforme atestam algumas cartas anexadas aos autos. Mostra apenas que esses sentimentos estão subordinados a valores mais amplos que devem manter a unidade familiar legal. (1999, p. 217)

Podemos dizer, parafraseando Foucault, que a verdade construída nos autos era alheia à subjetividade moderna pressuposta em conceitos como “bem-estar dos menores” ou “sentimentos que ligam a mãe aos filhos”. Elas não são admitidas na construção do litígio processual por não estarem no horizonte dos valores da época, pelo menos na construção do discurso jurídico.

Em relação aos papéis predominantes do homem e da mulher e a relação com filhos, temos um outro estudo de pesquisa histórica, que complementa o que foi dito acima. Samara (1981) recolhe dados de várias fontes a respeito da família paulista entre 1800 a 1860.

> O pátrio-poder, entre nós como entre os romanos, era a pedra angular da família e emanava do matrimônio, e aqui, assim como na sociedade portuguesa, o sexo também exercia influência nas relações jurídicas. A autoridade do chefe de família sobre a mulher, os filhos e demais dependentes aparece como legítima na literatura e nos documentos, desde o período colonial, o que não significa que necessariamente essas relações devessem aparecer dentro da rigidez com que estavam estabelecidas. As funções de provedor e protetor garantiam a dominação masculina em um tipo de sociedade onde o poder de decisão estava na mão dos homens. Ao filho que estivesse sob a tutela do pai dizia-se “filho aparentado” ou “sob o pátrio-poder”, expressão que aparece, com frequência, nos censos de população da capital. Dessa forma, a divisão de poderes no casamento concedia ao pai a autoridade

> legítima que era também extensiva à mãe, na falta do mesmo, ou a outras pessoas especialmente designadas para preencher o seu lugar e consequentemente detentoras do pátrio-poder nessas situações. A esposa transformada em "cabeça do casal" por morte do marido deveria, no entanto, justificar juridicamente esse encargo. (p. 22)

A igualdade entre os cônjuges e a eliminação da figura do "chefe da família" só vai acontecer com a Constituição de 1988 (Koerner, 2002). O Novo Código Civil, em vigor a partir de janeiro de 2003, coloca a tarefa ao juiz de conferir a guarda *àquele que tiver melhor condições de exercê-la*. Esta modificação, já reconhecida na prática, implica em um apelo maior ainda às provas técnicas na determinação das *melhores condições de exercício da guarda.*

Retornando aos termos utilizados por Foucault, a outra "descoberta" ou "invenção diabólica" diz respeito à noção de *reparação.* O indivíduo culpado de uma dupla falta deve uma reparação não só à vítima individual, mas também ao soberano como parte igualmente lesada. Na Idade Média, é tal lógica que justificaria o mecanismo das multas e confiscações, pelos quais as monarquias nascentes vão enriquecendo e aumentando suas propriedades. O autor afirma: "As monarquias ocidentais foram fundadas sobre a apropriação da justiça, que lhes permitia a aplicação desses mecanismos de confiscação" (1999, p. 67).

Quando mencionamos a entrada em cena deste personagem que é o *procurador*, veremos que isto impõe uma modificação na forma da resolução do conflito judiciário. Não é mais, segundo Foucault (1999), por meio da prova ou ordálios. Isto fica evidente, pois o procurador ou aquele que ele representa, o rei, não podem arriscar suas próprias vidas ou seus bens cada vez que um crime é cometido.

Uma vez que o modelo belicoso não pode mais funcionar, entram em cena dois outros modelos: um, que Foucault designa como intrajurídico e outro, extrajurídico.

O modelo intrajurídico existia no próprio Direito Feudal, no Direito Germânico Antigo, no qual a coletividade podia intervir, acusar alguém e obter sua condenação: era *o flagrante delito.* As pessoas que surpreendiam um indivíduo cometendo um crime tinham o direito de aprisioná-lo, levá-lo ao soberano, ao detentor de um poder político e declarar que, tendo-o visto cometer crime, exigia punição e reparação. Entretanto, este modelo não poderia ser utilizado quando o crime não era surpreendido na sua atualidade. Situação esta mais frequente que a anterior.

Portanto, o modelo extrajurídico representou a opção mais comum ao modelo belicoso. Este é o modelo que Foucault denomina *inquérito*, que, por sua vez, tem uma dupla origem. O modelo do inquérito já tinha existido no Império Carolíngio. Os representantes do soberano quando tinham de solucionar um problema de direito procediam a um ritual regular: chamavam as pessoas consideradas capazes de conhecer os costumes, o Direito ou os títulos de propriedade. Reuniam estas pessoas, faziam-nas jurar dizer a verdade (o que conheciam, o que tinham visto ou o que sabiam por ter ouvido dizer), e eram deixadas a sós para que deliberassem. Ao final, pedia-se a solução do problema. Este era um método de gestão administrativa aplicada regularmente por funcionários do Império Carolíngio[7].

A prática do inquérito caiu em esquecimento durante os séculos X e XI na Europa feudal. Ela foi resgatada pela Igreja Católica que a utilizou na gestão de seus bens. Segundo Foucault (1999), a Igreja já teria usado o método do inquérito antes do Império Carolíngio com objetivos mais espirituais que administrativos. A prática em questão se chamava *visitatio*, que consistia na visita que o bispo fazia à sua diocese. Chegando a um determinado lugar, o bispo instituía a *inquisitio generalis* – inquisição geral – que consistia em uma consulta aos notáveis (aos mais idosos, aos mais sábios, aos mais virtuosos) para saber o que teria acontecido durante sua ausência. Se neste processo houvesse indicação de uma falta ou um crime cometido, instituía-se a

---

[7] A título de curiosidade, Foucault cita: "Ele foi ainda empregado, depois de sua dissolução, por Guilherme o Conquistador, na Inglaterra. Em 1096, os conquistadores normandos ocuparam a Inglaterra, se apoderaram dos bens anglo-saxões e entraram em litígio com a população autóctone e entre si visando à posse desses bens. Guilherme o Conquistador, para pôr tudo em ordem, para integrar a nova população normanda à antiga população anglo-saxônica, fez um enorme inquérito sobre o estado das propriedades, os estados dos impostos, o sistema de foro, etc. Trata-se do famoso *Domesday*, único exemplo global que possuímos desses inquéritos que eram uma velha prática administrativa de imperadores carolíngios" (Foucault, 1999, p. 69).

inquisitio specialis – inquisição especial – que consistia em determinar quem tinha feito o que, ou seja, apurar o autor e a natureza do ato. A confissão do culpado podia interromper o processo de inquisição a qualquer momento.

É esta mesma prática inquisitorial que vamos encontrar no Brasil na época da colônia (Algranti, 1997). Em virtude da grande importância das mulheres na organização do espaço doméstico, tanto como provedora do alimento quanto na difusão de costumes, elas foram o alvo preferido das acusações de práticas judaizantes na Bahia e Pernambuco, no século XVI[8]. O controle social exercido pela Igreja Católica no Brasil será continuado por práticas normalizantes por meio de outros mecanismos, em especial pelas práticas higienistas por intermédio da Medicina (Costa, 1999).

Esta forma espiritual do inquérito vai se juntar às funções administrativas e econômicas durante os séculos X, XI e XII. Com o nascimento do Estado e a figura do soberano, começa a haver a confiscação dos procedimentos judiciários que não podem ser realizados mais pelo método da prova. É o modelo espiritual e administrativo, religioso e político da Igreja que vai ser retomado pelo procurador para estabelecer, por inquérito, se houve crime, qual foi ele e quem o cometeu.

Foucault propõe pensar o inquérito a partir desta dupla origem: administrativa, ligada ao surgimento do Estado na época carolíngia, e religiosa, como prática presente durante a Idade Média. O autor propõe a ideia de que o procurador, ao utilizar este procedimento do inquérito, preenchia a função do flagrante delito:

> O inquérito vai ser o substituto do flagrante delito. Se, com efeito, se consegue reunir pessoas, sob juramento, garantir que viram, que sabem, que estão a par; se é possível estabelecer por meio delas que algo aconteceu realmente, ter-se-á indiretamente,

[8] "Baseados no monitório publicado pelos inquisidores, os colonos contavam ao visitador o que sabiam ou ouviam sobre as práticas domésticas de suas vizinhas, tais como mandar jogar fora a água dos cântaros e enchê-los de água limpa nova quando morria alguém na casa, trocar roupa aos sábados ou não trabalhar nesses dias, isto é, não coser, não fiar, ou até denúncias sobre a forma de amortalhar o corpo de um ente querido" (Algranti, 1997, p. 120-121).

> através do inquérito, por intermédio das pessoas que sabem, o equivalente ao flagrante delito. E se poderá tratar de gestos, atos, delitos, crimes que não estão mais no campo da atualidade, como se fossem apreendidos em flagrante delito. Tem-se aí uma nova maneira de prorrogar a atualidade, de transferi-la de uma época para outra e de oferecê-la ao olhar, ao saber, como se ela ainda estivesse presente. Esta inserção do procedimento do inquérito reatualizado, tornando presente, sensível, imediato, verdadeiro, o que aconteceu, como se o estivéssemos presenciando, constitui uma descoberta capital. (1999, p. 72)

A partir do inquérito, a reatualização do crime ou do delito a ser julgado se dá no próprio procedimento do julgamento, como uma teatralização para fazer surgir a verdade. O que se tenta apreender nos autos dos processos judiciais por meio dos ofícios, documentos, declarações e perícias é a própria realidade do que se julgará e de onde a sentença dará seu veredicto final de verdade, de inocente, de mais habilitado a exercer a guarda. No meio forense é corrente o dito: "O que não está nos autos (do processo) não está no mundo".

Foucault não atribui a um progresso da razão e do conhecimento a passagem do sistema de provas da Alta Idade Média para o procedimento racional do inquérito no século XII. O seu aparecimento seria fruto de um fenômeno político complexo. O inquérito derivaria de um certo tipo de relações de poder, de uma maneira de exercer o poder.

Os inquéritos judiciários conduzidos pelos procuradores do rei possibilitaram, a partir do século XIII, o surgimento de uma série de procedimentos que formam a base de todo um novo campo do conhecimento. Tal base possibilitou a formação de todo um saber econômico (inquérito sobre o nível das riquezas, da quantidade de dinheiro e de recursos) e de administração dos estados, de transmissão e de continuidade do poder político. Ela seria a origem de ciências tais como a Economia Política, a Estatística, a Geografia, a Astronomia, o conhecimento dos climas, etc. Foucault vai ligar o inquérito até o aparecimento de uma técnica de viagem que conduziu ao descobrimento da América. A partir do século XVI e XVII, sua influência se faria sentir em domínios como o da Medicina, Botânica e Zoologia, ligando-se até a todo um movimento cultural que prepara o Renascimento.

2.3 Uma nova forma de revelar a verdade: o exame

A partir do século XVIII e XIX, uma nova forma de poder que não repousa mais sobre o inquérito começa a preponderar. Foucault nomeia esta prática de *exame*. Se, com o inquérito, buscava-se reatualizar um acontecimento por meio de testemunhos, com o exame o que ocorre é a vigilância constante dos indivíduos por alguém que exerce um poder sobre eles. Isto pode ser feito pelo mestre-escola, pelo chefe de oficina, pelo médico ou pelo diretor de prisão. Não se quer saber mais se algo aconteceu e quem o fez, mas, sim, se é normal ou não, correto ou não, do que se deve ou não fazer. E ao mesmo tempo que se vigia, vai se constituindo todo um saber sobre aquele a quem se vigia[9].

Um dispositivo arquitetônico inventado na época representa este ideal de controle: é o *Panopticon,* de Bentham.

> O *Panopticon* era um edifício em forma de anel, no meio do qual havia um pátio com uma torre no centro. O anel se dividia em pequenas celas que davam tanto para o interior quanto para o exterior. Em cada uma dessas pequenas celas, havia segundo o objetivo da instituição, uma criança aprendendo a escrever, um operário trabalhando, um prisioneiro se corrigindo, um louco atualizando sua loucura, etc. Na torre central havia um vigilante. Como cada cela dava ao mesmo tempo para o interior e para o exterior, o olhar do vigilante podia atravessar toda a cela;

---

[9] "Trata-se de um poder epistemológico, poder de extrair dos indivíduos um saber e extrair um saber sobre estes indivíduos submetidos ao olhar e já controlados por estes diferentes poderes. Isto se dá, portanto, de duas maneiras. Em uma instituição como uma fábrica, por exemplo, o trabalho operário e o saber do operário sobre seu próprio trabalho, os melhoramentos técnicos, as pequenas invenções e descobertas, as microadaptações que ele puder fazer no decorrer do trabalho são imediatamente anotadas e registradas, extraídas portanto da sua prática, acumuladas pelo poder que se exerce sobre ele por intermédio da vigilância. Desta forma, pouco a pouco, o trabalho operário é assumido em um certo saber da produtividade ou um certo saber técnico da produção que vão permitir um reforço do controle. Vemos, portanto, como se forma um saber extraído dos próprios indivíduos, a partir do seu próprio comportamento" (Foucault, 1999, p. 121).

> não havia nela nenhum ponto de sombra e, por conseguinte, tudo o que fazia o indivíduo estava exposto ao olhar de um vigilante que observava através de venezianas, de postigos semicerrados de modo a poder ver tudo sem que ninguém ao contrário pudesse vê-lo. (Foucault, 1999, p. 87)

Para Foucault, o *Panopticon* é a utopia de uma sociedade e de um tipo de poder que se realizou. Por isso que, segundo ele, vivemos em uma *sociedade disciplinar.* Assim, a modificação que ocorre na teoria e na legislação penal do século XIX passa a enfatizar o controle, não mais sobre se o que fizeram os indivíduos estava ou não de acordo com a lei, mas em termos do que podem fazer, de sua virtualidade.

É neste contexto que se pode entender a noção de *periculosidade* para a criminologia. "A noção de periculosidade significa que o indivíduo deve ser considerado pela sociedade ao nível de suas virtualidades e não ao nível de seus atos; não ao nível das infrações efetivas a uma lei efetiva, mas das virtualidades de comportamento que elas representam" (1999, p. 85).

Ao defender esta ideia, do controle penal punitivo dos indivíduos em termos de suas virtualidades, Foucault contesta a separação atribuída a Montesquieu do poder judiciário como discriminado do executivo e do legislativo. A justiça não deteria a prerrogativa do controle do indivíduo. Tal controle se daria por uma série de outros poderes laterais, como a polícia, as instituições psicológicas, psiquiátricas, criminológicas, médicas e pedagógicas[10]. É por isso que, ao classificar a sociedade contemporânea de disciplinar, Foucault se refere à entrada na idade da *ortopedia social.* Os indivíduos viram "casos" que são descritos, mensurados, medidos e comparados a outros; são também os indivíduos que têm de ser treinados ou retreinados, classificados, normalizados, excluídos, etc.

---

[10] "Nestas instituições não apenas se dão ordens, se tomam decisões, não somente se garantem funções como a produção, a aprendizagem, etc., mas também se tem o direito de punir e recompensar, se tem o poder de fazer comparecer diante de instâncias de julgamento. Este micropoder que funciona no interior destas instituições é ao mesmo tempo um poder judiciário" (Foucault, 1999, p. 120). Voltaremos a esta questão quando abordarmos os limites de competência entre o perito e o juiz (perito adversarial ou imparcial).

A forma de saber-poder do exame dará lugar às ciências, ditas humanas, em oposição às ciências da observação como vimos no caso do inquérito. Entram neste rol a Psiquiatria e a Psicologia, bem como o Serviço Social. São os profissionais destes três campos de atuação, conhecidos como profissionais de saúde mental (Byrne, 1991; Hoorwitz, 1983; Keilin; Bloom, 1986; Ackerman; Ackerman, 1997), que podem realizar avaliações para os Tribunais de Família na determinação de guarda de crianças.

E assim chegamos ao fim desta longa contextualização histórica e conceitual. Procuramos discriminar os termos que nos acompanharão nesta pesquisa. O litígio processual inicia-se com uma contestação que opõe duas *partes* (o *requerente*, aquele que demanda a ação e o *requerido*, aquele que a contesta). As partes se farão representar por seus *advogados* que serão os porta-vozes das demandas em tela. O litígio em Vara de Família pode ter como foco a guarda da criança (que não é parte no processo, ou seja, não é representada por advogado). O procurador, mais especificamente o *promotor de família*, é quem zela pelo correto andamento processual, bem como representa os interesses do menor – futuro cidadão. O *juiz,* que tem sua origem na realeza, é o terceiro neutro a quem caberá a sentença que termina o conflito (liquida a ação judiciária). No processo de formar sua convicção, o juiz analisa as provas do processo, dentre elas, a avaliação psicológica. A *sentença* refletirá o entendimento do juiz sobre a matéria julgada, cabendo a ele a decisão final da guarda. Decisão esta que será influenciada pelas condições sociais e culturais, bem como pelos valores e códigos vigentes em uma dada época e lugar.

O juiz terá à sua disposição três tipos de recursos: a prova documental, a testemunhal e a pericial (Código do Processo Civil). A prova documental pode ser desde certidão e outros documentos oficiais até fitas com gravações, cartas, cartões, etc. A prova testemunhal, como vimos com Foucault, é dada a partir do "ter visto e sabido" em primeira mão. E finalmente, a prova pericial que é a avaliação técnica[11]. Nesses três meios de fazer surgir a verdade,

[11] Art. 420 – A prova pericial consiste em exame, vistoria ou avaliação (Código do Processo Civil, 1999).

contidos no procedimento judicial atual, podemos ver as três técnicas da verdade que Foucault explorou: a prova (*épreuve*), o inquérito (*enquête*) e o exame.

Adentraremos no próximo capítulo sobre os outros profissionais de saúde mental chamados a participar do mesmo procedimento judicial.

3. Os Profissionais de Saúde Mental que atuam em Avaliação de Guarda de Crianças

Os profissionais chamados a participar da avaliação para determinação de guarda de crianças são, em geral, o psicólogo, o psiquiatra e o assistente social. Há referência também ao terapeuta de família (Blinder, 1982), muito embora, possa-se objetar que se trata aí de uma especialização exercida, provavelmente, por um dos profissionais mencionados acima.

A pesquisa se centrará na avaliação conduzida pelo psicólogo. No entanto, é interessante situar o contexto mais amplo em que se dá a sua atuação.

Há que se considerar, em primeiro lugar, que as várias legislações e o modo como são conduzidas as questões de Direito de Família em países diversos condicionam a entrada deste ou daquele profissional.

Na Inglaterra, por exemplo, desde 1959 existe o *Divorce Court Welfare Service,* no qual trabalham os *divorce court welfare officers* que são assistentes sociais de formação. Estes funcionários do tribunal têm um papel privilegiado em ajudar a se chegar a um arranjo satisfatório no que diz respeito à guarda e visita de filhos. É papel deles avaliar os acordos que os pais submetem à aprovação do tribunal. Eles são encarregados também de observar as relações familiares e questionar sobre os desejos e sentimentos de seus membros. A partir daí, eles elaboram um relatório (*report*) ao juiz para auxiliá-lo na decisão de com quem a criança deve morar e de que forma devem ser as visitas (Levy, 1987). Somente quando a situação é muita complexa, agências de saúde mental são acionadas com a participação de psiquiatras, psicólogos, psicoterapeutas infantis, etc. (King; Trowell, 1993). Recentemente, o *Divorce Welfare Court Service* foi transformado em um Serviço de Aconselhamento ao Tribunal da Criança e Família (*Children and Family Court Advisory Service).* A medida vem para diminuir os procedimentos litigiosos que resultam em considerável gasto de tempo e recurso aos tribunais. Segundo esta mesma fonte, os tribunais examinam anualmente cerca de 110 mil pedidos de residência (*residence*), em vez de guarda (*custody*) e contato (*contact*), em vez de visita (*access*) (Driscoll, 2002).

Segundo Schindler (1983), em Israel, quando a questão de guarda de crianças é levada ao tribunal, a família é encaminhada para uma das instituições públicas especializadas para ser avaliada por um assistente social. Este profissional tem a função de verificar o melhor interesse da criança e remeter suas conclusões ao tribunal.

Na realidade brasileira, o Código de Processo Civil aborda a questão da perícia em relação a uma competência técnica específica, atrelando-o até mesmo à sua pertinência ao órgão representativo de sua classe. No texto do Código:

> § 1 do Art. 145 – Os peritos serão escolhidos entre os profissionais de nível universitário, devidamente inscritos no órgão de classe competente, respeitando o disposto no Cap. VI, Seção VII deste Código. (Código do Processo Civil, 1999)

Mas o que determina a entrada do psicólogo, do psiquiatra ou do assistente social na perícia em avaliação de guarda? Geralmente, a proposição da perícia é feita pela parte.

> O pedido de perícia pode ser formulado na inicial, na contestação ou na reconvenção, bem como na réplica do autor à resposta do réu.
> O juiz o apreciará no despacho saneador, oportunidade em que, se deferir a perícia, nomeará, desde logo, o perito e determinará a intimação das partes para que, em cinco dias, indiquem seus assistentes técnicos e apresentem os quesitos a serem respondidos pelos louvados (Art. 421, n.º I e II). (Theodoro Jr., 2002, p. 431)

Entenda-se que a *parte* que inicia o litígio (requerente) pode solicitar a perícia, bem como a *parte* que se opõe (requerida) quando contesta a ação. Ou ainda, o requerente solicita a prova pericial quando faz a réplica à contestação da parte requerida. Cabe explicar também que, embora sejam as partes aqueles que requeiram o tipo de perícia para respaldar suas alegações, na verdade, são os *operadores do Direito* que orientarão a escolha, sua admissibilidade e, por fim, sua determinação. Comentei anteriormente que o Curador de Família também pode requerer a perícia (vide Capítulo 2.2)

Mas o que se entende por *perícia*? De acordo com o texto de Theodoro Jr. (2002):

> Como ensina Amaral Santos, a perícia pode consistir "numa declaração de ciência ou na afirmação de um juízo, ou, mais comumente, naquilo e nisto". *É declaração de ciência,* "quando relata as percepções colhidas, quando se apresenta como prova representativa de fatos verificados ou constatados", como, *v.g.*, no caso em que são descritos os danos sofridos pelo veículo acidentado, bem como os sinais materiais encontrados na via pública onde se deu a colisão. *É afirmação de um juízo* "quando constitui parecer que auxilie o juiz na interpretação ou apreciação dos fatos da causa", como, *v.g.*, ao dar sua explicação de como ocorreu o choque dos veículos e qual foi a causa dele. (Santos *apud* Theodoro Jr., 2202, p. 428)

Se há uma hipótese de que um genitor possa ter uma doença mental que impeça o exercício da guarda, o psiquiatra é chamado. Quando se tem dúvidas das condições socioeconômicas de um dos pais para fazer frente às necessidades do menor, recorre-se ao assistente social e à sua diligência. Mas se as dificuldades são percebidas no estado emocional/afetivo dos envolvidos ou na impossibilidade de se questionar diretamente a criança, muito provavelmente será acionado o psicólogo para "dublar" as necessidades e desejos da criança frente ao contexto de uma dinâmica conturbada dos pais.

3.1 O Assistente Social

A inserção do assistente social no Tribunal de Justiça de São Paulo é anterior à do psicólogo (Bernardi, 1999; Davidovich, 1993).

Pinto (1993) diz que o assistente social em perícia social nas Varas da Família do Tribunal de Justiça do Estado de São Paulo "entra em contato direto com os ambientes sociais das partes, cria[ndo] o que chamamos de 'interação em situação' e uma proximidade de relação profissional sistema – cliente" (p. 131). Questionando o sentido de "aspecto social", a autora pretende que este conceito não englobe somente o "físico e externo". Em suas palavras, "o assistente social analisa indivíduos 'em situação', 'em interação' e o ser humano tem, em sua própria constituição, emoções e sentimentos a embasar seus relacionamentos" (p. 132). Ao discriminar os elementos básicos a serem analisados, Pinto relaciona:

- Identificação e caracterização da constelação familiar de origem e a vigente.
- Relacionamentos: entre os diversos membros da unidade familiar, com outros grupos interpessoais.
- Aspectos da história de vida do Requerente, Requerido e, no que for pertinente, dos filhos com enfoque para a criação, nível de escolaridade, qualificação profissional, situação econômica e financeira, padrões de vida, situação conjugal e encargos decorrentes dos compromissos havidos, problemas ocorridos da vida em comum e formas adotadas para a sua minimização, envolvimentos e superações.
- Condições de vida das partes à época da realização da perícia social, em termos de: situação conjugal, habilitação, atividades laborais, manutenção, saúde, educação, lazer, padrões culturais, "*status*" familiar, valores, religião, expectativas, planos de vida, interesses.
- Constatação da forma como está sendo vivenciada a situação-problema pelas partes envolvidas, especialmente no que diz respeito à criança e ao adolescente.
- Pretensões e interesses apresentados pelas partes e filhos, bem como condições pessoais, sociais e econômicas para a concretização dos mesmos (p. 135).

Apesar de ser colocado como "aspectos básicos" da perícia, ou seja, que todo laudo social deveria conter, na prática, os laudos têm uma grande variabilidade quanto à quantidade dos itens contemplados e sua qualidade. O que se propõe é um ideal ao qual todo trabalho deveria convergir.

Em casos de guarda de crianças, em nossa experiência, pela importância do mérito a ser julgado, normalmente são solicitadas as duas avaliações.

Além do assistente social, outro profissional da área de saúde mental que pode ser chamado em avaliação de guarda de crianças é o psiquiatra (Keilin e Bloom, 1986). Há vários trabalhos de psiquiatras abordando o assunto (*American Psychiatric Association*, 1998; Blinder, 1982; Fontana-Rosa, 1996; King; Trowell, 1993; Rebouças, 1987; Strasburger; Gutheil; Brodsky,1997).

3.2 O Psiquiatra

O envolvimento da Psicologia no campo do Direito é precedido pela Medicina na figura do psiquiatra.

> O psiquiatra é frequentemente chamado a prestar depoimento para ajudar os tribunais a decidirem casos nos quais um indivíduo pode estar incapacitado devido a um trauma psíquico. Em casos de testamentos e contratos, o psiquiatra pode prestar esclarecimentos sobre a competência do signatário; pode também depor quanto à sanidade de um dos cônjuges em ações de divórcio ou sobre a competência do pai ou da mãe em casos que envolvam a guarda de um filho. Embora a relevância do depoimento psiquiátrico em tais casos não seja de maneira alguma incontestada, tem merecido nos últimos anos crescente confiança. (Alexander; Selesnick, 1980, p. 448)

Castel (1978) mostra muito bem as disputas sendo travadas entre o médico psiquiatra e o operador do direito no trato com os loucos. Castel vai mais além ao afirmar que o médico psiquiatra é o profissional que sintetiza a figura do perito.

> Exibindo os sinais exteriores de cientificidade e cultivando uma técnica esotérica, os médicos aumentaram a distância em relação aos saberes práticos vulgares e, com isso, impõem a legitimidade como exclusiva, não somente com relação ao tratamento técnico das questões que supostamente são do âmbito de sua competência, como também quanto à maneira como elas devem ser colocadas: "seu mandato consiste em definir se um problema existe ou não, qual é sua "verdadeira" natureza, e como deve ser tratado" (Freidson *apud* Castel, 1978,144), os peritos definem para a realidade global e, particularmente, para aqueles que vivem, na carne, suas contradições. O psiquiatra realiza essa operação de maneira exemplar: a partir do momento em que seu diagnóstico define o doente mental no seu *status* completo, pode, como diz Th. Szasz, "transformar seu julgamento em realidade social". (*apud* Castel, 1978, p. 144)

A integridade do contrato social democrático-burguês não permitiria infringir uma punição ao louco, aquele que rompe o contrato social com sua conduta insana. A figura do psiquiatra vem proporcionar um dispositivo pelo qual o indivíduo se vê desresponsabilizado (inimputável) e colocado sob a tutela psiquiátrica.

Machado *et al.* (1978) vão demonstrar como a psiquiatria brasileira nasce no seio da medicina social que se impõe como instância de controle social dos indivíduos e das populações. O processo de patologização do louco e de sua medicalização teve início, segundo Machado, em 1830 com a Sociedade de Medicina e Cirurgia do Rio de Janeiro que lançou uma nova palavra de ordem: "aos loucos o hospício". O hospício torna-se o principal instrumento terapêutico do Estado e da Psiquiatria alicerçado em uma crítica higiênica e disciplinar.

Nas lides forenses da Vara da Família, hoje, o psiquiatra só é chamado quando o juiz (o promotor ou mesmo o advogado) suspeitar da preexistência de um quadro psicopatológico psiquiátrico em algum dos membros da família. No Tribunal de Justiça do Estado de São Paulo, os psiquiatras são chamados de outras instituições (tais como o IMESC – Instituto de Medicina Social e de Criminologia de São Paulo e centros de referência na área de saúde mental) ou profissionais autônomos que sejam da confiança do juiz.

Não enfocaremos a especificidade do psiquiatra. As contribuições relevantes destes profissionais no assunto da guarda serão ressaltados em nossa discussão ao longo deste livro.

4. O Psicólogo em Avaliação para Determinação de Guarda

No Brasil, a Psicologia teve um papel subsidiário à Psiquiatria no início das atividades ligadas ao meio forense. Isto é colocado por Antunes (1999) da seguinte forma:

> Pode-se dizer, em termos gerais, que a Medicina Legal, a Psiquiatria Forense e a Criminologia demonstram a importância da Psicologia como uma de suas ciências auxiliares e, nesse sentido, contribuíram para seu desenvolvimento. Entretanto, apesar do reconhecimento, a Psicologia permanecia como instância pertinente à Psiquiatria, nesse sentido, pode-se dizer que, se de um lado, a Psicologia desenvolveu-se no interior dessas áreas, por outro lado, só indiretamente essas aplicações contribuíram para o processo de autonomização da prática psicológica, tanto que só recentemente a Psicologia e o psicólogo têm sido reconhecidos no âmbito do poder judiciário. (p. 61)

Parece que a entrada do psicólogo nos casos cíveis, dentro do qual se encontra o Direito de Família, se deu a partir dos mesmos moldes das perícias psiquiátricas. O profissional indicado pelo juiz assumia o encargo, tornando-se perito judicial. Normalmente, este profissional era alguém no exercício de prática liberal de consultório, na modalidade clínica de atuação profissional.

Encontramos nesta condição os trabalhos de: Alves (2002), Berry (1989), Blau (1984), Byrne (1991), Grisso (1987), Glassman (1998), Hess (1998), Lima (1997), Ortiz (1986), Perrin e Sales (1994), Silva e Costa (2000), Stahl (1999), Turkat (1993). Muitos destes profissionais fazem parte de instituições de ensino a nível de graduação e pós-graduação.

Em contraposição aos autores acima mencionados, encontramos outros profissionais que atuam em instituições judiciárias, diretamente ligados aos juízes, processualmente e hierarquicamente. São analisados os trabalhos de Barros (1997), Castro (2000), Castro e Passareli

(1992), Felipe (1997), Fernandes *et al.* (2001), Pellegrinelli (1993), Machado e Correa (2000), Marques da Silva (2001), Miranda Jr. (1998; 2000a; 2000b; 2000c; 2002), Rovinski (1998; 2000a), Ribeiro (1999), Silva, M.T.A. (2000), Suannes (1999). É neste grupo que me enquadro (Ramos; Shine, 1994; Shine, 2002).

Há um terceiro grupo formado por profissionais que atuam em instituições ou centros de referência aos quais os tribunais recorrem para obter o produto de seu trabalho especializado: Clulow e Vincent (1987), Martins (1999), Schindler (1983).

Utilizamos também cinco pesquisas que trazem dados a respeito das práticas de avaliação de guarda: Ackerman e Ackerman (1997), Bomfim (1994), Brito (1993), Keilin e Bloom (1986) e Samper (1995).

Na próxima seção nos deteremos a delimitar certos elementos constantes e característicos do trabalho pericial. Utilizaremos a noção de "enquadre" da psicologia clínica, procurando realçar as diferenças explícitas na abordagem do psicólogo quando este se dá no contexto clínico e no contexto jurídico. Isto será de grande valia para nos remetermos à análise das obras selecionadas, pois permite apreciar como o enquadre é feito pelos profissionais e como isto afeta o trabalho realizado. Antes, porém, cabe reconhecer que a minha análise parte de um ponto de vista particular, que é o de um profissional que se encontra no segundo grupo da mostra (profissionais ligados diretamente aos juízes). Neste sentido, conheço de dentro a realidade de tais profissionais e de forma mais distanciada e, talvez, tendendo a uma postura mais crítica em relação aos demais profissionais.

4.1 O enquadre do trabalho pericial

Para pensarmos a atividade de avaliação pericial para determinação de guarda feito pelo psicólogo precisaremos, primeiramente, delimitar os diferentes "contratos de trabalho" possíveis. Vamos nos valer, neste sentido, dos trabalhos de Gary Perrin e Bruce Sales (1994) e Allen Hess (1998). Tais estudos procuram esclarecer o contexto forense e suas implicações para o trabalho do psicólogo. Não é por acaso que o primeiro analisa a questão da prática forense a partir da revisão que a Associação Psicológica Americana fez do Código de Ética em 1992, incluindo uma seção específica ligada a atividades forenses (*American Psychological Association,* 1992). A questão técnica é pensada a partir do balizamento de alguns princípios éticos. O primeiro autor, Gary Perrin, é especialista em psicologia forense, atuando em clínica particular em Tucson (Arizona). O segundo, Bruce Sales, é professor da Universidade do Arizona.

O estudo de Perrin e Sales (1994) vai se debruçar exatamente sobre os itens referidos acima das "Atividades Forenses" do Código de Ética (*Ethical principles of psychologists and code of conduct)* da Associação Psicológica Americana (itens 7.01 a 7.06). Como justificativa do estudo, os autores colocam:

> Quando serviços psicológicos são requisitados, os psicólogos devem averiguar a natureza específica dos serviços solicitados, determinar a quem eles se dirigem (beneficiários), avaliar sua competência em prover tais serviços e estabelecer os honorários para realização do trabalho. Embora este processo seja o mesmo para todos os psicólogos, existem várias peculiaridades que são específicas à realização de serviços psicológicos forenses. Uma vez que muitos clientes (p. ex. partes, advogados, especialistas em justiça criminal) não estão familiarizados em trabalhar com psicólogos forenses não é raro que a demanda inicial se confunda em relação a vários papéis, várias questões psicolegais[1] ou vários serviços. Os profissionais da área forense devem estar cônscios e atentos para potenciais conflitos entre os papéis profissionais de psicoterapeuta e assistente técnico; entre os papéis de advogado do cliente e advogado da opinião profissional. (p. 377)

[1] Os autores usam o termo "questões psicolegais" (*psycholegal issues)* para se referirem ao imbricamento da questão psicológica (p. ex. avaliação psicológica) com a questão legal. "Por exemplo, um advogado pode requisitar que o seu cliente seja avaliado e o laudo usado para uma ação de disputa de guarda e, também, em uma ação distinta em que a competência deste cliente de fazer um testamento é questionada. Quando as questões legais diferem, as avaliações psicológicas ou serviços provavelmente serão diferentes" (p. 377).

Ressaltamos que Perrin e Sales (1994) enfatizam a importância do esclarecimento de certas questões da natureza e da condição dos serviços a serem prestados em função do desconhecimento por parte da clientela/consumidora destes serviços. Estes não têm a obrigação de saber sobre tais diferenças ou conflitos éticos, mas caberia, sim, ao profissional discriminar, esclarecer e evitar situações comprometedoras de sua eficácia técnica e sua lisura ética. Portanto, os assinalamentos destes autores nos ajudarão a adentrar o quinto grupo de nossas interrogações no Capítulo 1, apontando para **os limites da atuação e suas implicações éticas** (p. 10). Estes mesmos autores enfatizam ainda a necessidade da clara identificação de *quem é o cliente*, o que neste contexto pode ser um pouco confuso. Em suas palavras:

> Nos contextos jurídicos, o relacionamento entre o indivíduo e uma terceira parte pode ser particularmente obscuro. Alguém pode solicitar os serviços em função do encaminhamento de um advogado, do tribunal ou do comissariado (*probation officer)* sem que a natureza do envolvimento desta terceira parte fique aparente. Por exemplo, uma pessoa pode solicitar uma avaliação psicológica por sugestão de seu advogado. O advogado pode ou não pretender ser o cliente, ou ele pode nem ter considerado tal hipótese. Quem é o cliente pode não estar claro, mesmo em casos onde os serviços são prestados de forma compulsória. O tribunal pode ordenar que uma pessoa condenada por uma transgressão seja examinada antes de dar a sentença, sendo o tribunal o cliente. Ou então, o tribunal pode ordenar uma pessoa que obtenha uma avaliação sobre sua necessidade de receber tratamento terapêutico, querendo que a pessoa assuma os serviços como cliente, não se envolvendo diretamente e apenas esperando receber a confirmação de que tal serviço foi prestado. A identificação de quem é o cliente tem importantes ramificações na determinação de quais serviços são oferecidos, quem deve ter acesso às informações, quais informações devem ser sigilosas, qual é o produto que se espera do psicólogo, a quem o psicólogo se reportará e quem irá pagar seus honorários pelos serviços prestados. (Perrin; Sales, 1994, p. 377-378)

Os autores falam de uma forma geral sem discriminar especificamente os casos de Vara de Família. Faremos este recorte, ao mesmo tempo que assinalaremos o que é pertinente desta discussão à realidade brasileira.

O segundo estudo é de Allen Hess (1998), pesquisador e professor da Universidade de Auburn em Montgomery (EUA), que busca orientar os psicólogos quanto à aceitação de casos forenses, analisando "algumas questões críticas" presentes nestes encaminhamentos. Hess (1998) desenvolve sua argumentação a partir de várias perguntas da seguinte forma:

> Quem chama o psicólogo?
> Quem encaminhou o caso para o psicólogo?
> Quem é o advogado?
> Quem são as várias partes envolvidas no caso?
> Quais são os fatos do caso?
> O psicólogo tem o conhecimento especializado para esclarecer e desenvolver as questões técnicas em jogo?
> O que se espera do psicólogo é que ele desempenhe um papel de perito ou de assistente técnico?
> Quem paga o psicólogo?
> Como os honorários são definidos?
> Que registros dos casos devem ser mantidos?
> (p. 109)

Não vamos seguir o autor em todas as respostas a estas perguntas. Selecionaremos aquilo que diz respeito ao foco de nossa pesquisa. Ora, se o interesse é identificar o profissional na atividade de avaliação de guarda (**Quem é o psicólogo que realiza a avaliação?**), como também **quem é o seu cliente** e **quem é o objeto da intervenção do psicólogo**, alguns indicativos de Hess (1998) serão valiosos. Em particular, a discussão sobre quem chama o psicólogo, quem o indica, quais as partes envolvidas em seu trabalho e quem paga seus honorários. A discussão sobre seus conhecimentos especializados para as questões técnicas do caso e a expectativa quanto ao seu papel nos serão úteis quanto ao interesse em **como é feita a avaliação,** que será tratada mais especificamente no Capítulo 5.

O uso da palavra "enquadre" para se referir às especificidades do fazer psicológico em termos de contrato e de técnica não é aleatória. Ela revela a nossa pertinência e filiação com um modo específico de exercer a prática que é a psicanálise. A obra de Ocampo (1990), como uma referência em nossa formação, direcionou estas questões, no que dizia respeito à tarefa psicodiagnóstica. Esta psicóloga argentina de formação psicanalítica faz uma crítica da prática do psicodiagnóstico feita sob demanda de outrem (psiquiatra, psicanalista, pediatra, neurologista, etc.), redundando em uma posição que colocava o paciente apenas como um meio para se chegar às respostas frente a um estímulo (testes). A adoção do modelo psicanalítico teria, segundo a autora, enriquecido a compreensão dinâmica do caso, mas tendo o efeito de desvalorizar os instrumentos que não eram utilizados pelo psicanalista, marcadamente os testes psicológicos. Pode-se afirmar que a importância de sua obra foi, principalmente, no sentido de resgatar a especificidade da prática psicodiagnóstica frente à realidade da tarefa, diagnóstica, que difere de uma análise propriamente dita. Assim, a autora destaca a necessidade de definir o *enquadre* ou *enquadramento*, pois permite manter constantes certas variáveis que intervêm no processo. E quais são estas constantes? Em suas palavras:

> – Esclarecimento dos *papéis* respectivos (natureza e limite da função que cada parte integrante do contrato desempenha).
>
> – *Lugares* onde se realizarão as entrevistas.
>
> – *Horário* e *duração* do processo (em termos aproximados, tendo o cuidado de não estabelecer uma duração nem muito curta nem muito longa).
>
> – *Honorários* (caso se trate de uma consulta particular ou de uma instituição paga). (p. 18, itálicos nossos)

O esclarecimento dos papéis do psicólogo-perito e do(s) periciando(s) define o **objetivo** da intervenção e delimita **quem é ou o que é o objeto desta intervenção.** A questão dos honorários vai precisar a relação *cliente-prestador de serviço.*

Outro autor que exerceu grande influência tanto no meio acadêmico quanto psicanalítico, se não no Brasil, pelo menos em São Paulo, foi o argentino José Bleger. Este autor trabalha a questão do enquadre, propondo o entendimento deste como integrante da *situação psicanalítica,* em contraposição com o *processo* (análises e interpretações). O enquadre seria o "não processo", que exatamente por fixar as constantes de um fenômeno, de um método ou de uma técnica, permite uma melhor investigação do processo em si que estaria ligado ao conjunto das variáveis das personalidades do analista e do(s) paciente(s) (Bleger, 1977). A utilização do *enquadre*, ou seja, de como ele se estabelece não tem como objetivo estudar o processo. **É tão somente verificar as modalidades de enquadre possíveis para justificarmos a posição de que, a partir de tais variáveis, necessariamente o processo investigado será de natureza diversa a de outro enquadre estabelecido.**

A contribuição de Bleger (1984) para esta pesquisa vem ainda de outra proposta de trabalho defendida por ele que é a de atuação como psicólogo institucional. O autor propõe uma atuação do psicólogo fora do consultório na lida com a saúde mental, ou como ele define, com a *psico-higiene* nos grupos e atividades da vida diária. Sua proposta é a utilização da psicanálise e do método clínico, mas para realizar uma *intervenção institucional.* A proposta da psico-higiene para o psicólogo, neste sentido, seria diferente da atuação do psiquiatra ou do psicanalista que tem um cunho mais terapêutico.

Bleger (1984) entende que o psicólogo investiga a conduta humana que sempre acontece em relação, pressupondo, então, a intersubjetividade; desta forma ele nega o parâmetro das ciências naturais que pressupõe um distanciamento entre o cientista/pesquisador e seu objeto. O psicólogo como cientista só poderia empreender sua investigação *incluindo-se* nela, admitindo que o conhecimento psicológico que produz é sempre uma realidade intersubjetiva.

Em linhas gerais, pode-se dizer que Bleger (1984) pensa a atuação do psicólogo enfocando "as tarefas diárias e ordinárias" e seu objetivo seria "promover o bem-estar". A sua atenção seria sobre os preconceitos, os hábitos e as atitudes de pessoas e grupos em situações de mudança ou períodos críticos (doença, acidente, morte etc.), além de situações cotidianas comuns. A sua proposta qualifica o psicólogo como um *assessor* ou *consultor* que deveria ser *alguém de fora da instituição*, o que garantiria uma autonomia profissional, diferenciando-se daquilo que a direção da instituição entenda que deva ser seu trabalho.

Bleger (1984) propõe a utilização do método clínico e a abordagem da instituição configurando *a demanda* naquilo que tem de implícito e explícito. O seu entendimento é de que o problema apresentado ao psicólogo como motivo da solicitação do trabalho não é "o problema" da instituição, mas, sim, um sintoma dele. A sua proposta tem no estabelecimento do enquadre a efetivação tanto do aspecto científico da psicologia (de investigação) quanto do seu aspecto operacional (de ação interventiva) e político (de atuação em um grupo social). Assim sendo, o enquadramento levaria em conta certos elementos que destacaremos a seguir:

- Atitude clínica que consiste em um certo grau de dissociação instrumental para permitir uma identificação com os acontecimentos e uma certa distância deles.
- Esclarecimento da função do psicólogo, estabelecendo o tempo do trabalho, os honorários, condições do trabalho (não aceitar prazos fixos, exigência de soluções urgentes).
- Esclarecimento dos limites e do caráter de sua tarefa, querendo dizer com isto que não realizará nenhuma tarefa com grupos da instituição que não a aceitem. Educar as pessoas de que o tempo que isto custa não é perdido, mas investido em esclarecimento e informações (recolhimento de elementos de observação).
- Esclarecimento sobre a informação dos resultados, bem como a quem são dirigidos.
- O que diz respeito a um grupo será tratado apenas com ele (não submeter relatórios a outros setores da instituição).
- Quanto aos contatos extraprofissionais, limitar ou excluí-los.
- Quanto à relação entre os grupos, manter abstinência em relação a eles (não tomar partido).

- Quanto ao lugar ou à natureza da atividade profissional do psicólogo, não assumindo tarefas alheias (dirigir, educar, decidir, executar as decisões) ou formando superestruturas que desgastem ou se sobreponham com as autoridades.
- Quanto à dependência em relação ao seu trabalho: não fomentá-la, mas facilitar sua solução.
- Quanto à postura frente ao grupo (controle da onipotência, insistência na função de um estudo científico dos problemas, para transmitir-se o conhecido, num dado momento).
- Quanto ao sucesso do trabalho e à saúde da instituição. Ou seja, não tomar como índice de avaliação o objetivo da instituição. Não considerar sadio uma instituição sem conflitos, mas aquela que possui meios de explicitá-los e a possibilidade de resolvê-los.
- Quanto ao manejo da informação, cuidando do timing e da gradação. A ênfase não é em informar, mas de fazer compreender os fatores em jogo (*insight*).
- Quanto à resistência: contar sempre com ela. A sua investigação é parte fundamental da tarefa.

A ideia geral colocada é que o grau de patologia das relações é maior na ausência de conflitos, ou na ausência de recursos para resolvê-los, bem como na sua expressão na forma de dilema e ambiguidade. A patologia se manifestaria porque em tais situações (dilema, ambiguidade e "ausência"), o conflito não pode ser enfrentado, pois não é um *problema*. Para que se possa trabalhar, é necessário transformar a ambiguidade em conflito e os conflitos em problemas.

O que podemos aproveitar de Bleger? Inicialmente, precisaríamos reconhecer que existe uma grande distância da figura do *assessor* ou *consultor,* na proposta de trabalho de Bleger, com a figura do perito ou do assistente técnico segundo o entendimento do Direito, explicitado pelos artigos do Código de Processo Civil. Esta proposta está mais identificada à atividade que se costumou designar de *psicologia institucional* ou *análise institucional*

(Guirado, 1987). No entanto, certos assinalamentos nos parecem úteis para se pensar a inserção do psicólogo nas Varas da Família pelo viés da avaliação psicológica de guarda.

Em primeiro lugar, a sua compreensão do estatuto científico da psicologia em outros parâmetros que o das ciências da natureza é uma boa "vacina" contra o enfoque positivista e instrumental que os operadores, muitas vezes, tendem a impor ao profissional *psi*. Obviamente que a intervenção do psicólogo é condicionada por regras jurídicas e dentro de um contexto institucional legal cujo objetivo é fornecer subsídios à autoridade judicial. Logo, seu comprometimento com a tarefa da autoridade judicial está posta desde o início, condicionando a forma que as pessoas atendidas (*avaliadas*, na linguagem do contexto de avaliação de guarda) se comportarão com o profissional. Entretanto, as indicações de Bleger (1984) para se manter uma postura de defesa dos prazos de trabalho, na sua posição de educador quanto à forma de atuação do psicólogo, de resistência à pressão da urgência, do alerta quanto à onipotência ou quanto à tentação de tomar para si tarefas alheias e da possibilidade de focar sobre a tarefa (estudo científico dos problemas para comunicação do conhecido), mesmo frente ao dilema (o pai ou a mãe), tudo isto é de grande valia para o profissional forense. Pressionado pelos operadores do direito, por um lado, e pela família, pelo outro, resta um lugar de *resistência*; ou seja, entender que sua identidade não reside na satisfação pura e simples da demanda, seja de um lado ou de outro.

Em segundo lugar, cabe reconhecer que não estamos sugerindo que a atuação do psicólogo em função pericial seja a de um analista institucional. Entendemos que a inserção de um e de outro se dão de formas muito distintas. Estamos utilizando as indicações do autor para tentarmos estabelecer com maior rigor e clareza as condições do trabalho no contexto jurídico, a despeito da diferença do objetivo da intervenção em psico-higiene e a avaliação psicológica para determinação de guarda.

Para operacionalizarmos nossa análise sobre o enquadre, que nos levará às respostas das indagações que lançamos no Capítulo 1 (p. 9-10), vamos colocar os itens aos quais voltaremos nossa atenção da seguinte forma:

- *Quem?* Saber quem solicita o trabalho. Saber se o trabalho envolve terceiros. Precisar qual é o papel de cada um dos envolvidos.
- *O quê?* Identificar a natureza do serviço que se solicita. Precisar qual é a expectativa do demandante em relação ao trabalho que está sendo solicitado.
- *Por quê?* Conhecer as justificativas e as razões pelas quais se solicita o trabalho.
- *Para quê?* Saber qual é a finalidade pretendida com o trabalho.

Os itens citados remetem-nos ao contrato de trabalho e ao esclarecimento daquelas indagações dos autores que chamamos para nos ajudar em nossa análise, a saber: Hess (1998) e Perrin e Sales (1994). Perseguir as diferentes variações de contrato de trabalho e de entendimento da tarefa permitirá visualizarmos, em primeiro lugar, **quem é o psicólogo que realiza avaliação psicológica de guarda.** O esclarecimento dos papéis entre o demandante dos serviços, do provedor deles e sobre quem tais serviços envolvem nos permitirá definir com clareza, primeiro, **quem é o cliente** do psicólogo que realiza avaliação psicológica de guarda e, a seguir, **quem é ou quem são as pessoas avaliadas** no processo. Por decorrência lógica, saberemos **o que é avaliado.**

A partir do que levantarmos destas interrogações, os itens arrolados abaixo conduzem às *condições que os profissionais estabelecem para a execução das tarefas*. Aponta, por conseguinte, para o **como é feita a avaliação** (Pergunta n.º 3). Esta é a parte específica da técnica que nos interessa ao fazermos uma descrição e análise das propostas recolhidas pela nossa pesquisa sobre os procedimentos em avaliação psicológica para determinação de guarda em Vara de Família.

- *Como?* Esclarecer o que se pretende fazer para atingir tal objetivo (procedimento).
- *Quando?* Ter claro qual é o limite de tempo para realizar o trabalho e como ele será distribuído neste tempo.

- *Onde?* Informar o local em que se realizará tal atividade.
- *Quanto?* Saber qual será a retribuição financeira.

Em função da utilização de autores estrangeiros para o balizamento daquilo que chamamos de *tarefa pericial*, poder-se-ia levantar a objeção de que a realidade nacional não contemplaria os mesmos problemas e situações. É necessário reconhecer que a gama de material pesquisado vai além da fronteira nacional encampando diferentes configurações de trabalho e realidades sociais e institucionais. Mas, entendemos que existem características e problemáticas comuns que permitem pensar, exatamente em um enquadre designado de *jurídico*, por manter constantes certas variáveis, apesar das diferenças técnicas e de contextos de trabalho. Apenas para exemplificar, lembremos que no cenário paulista há um grande número de queixas que chegam ao Conselho Regional de Psicologia – Região 06 (CRP/06) relacionados aos laudos emitidos durante processos de disputa de guarda. Este número é de 70% segundo o *Psi*-Jornal de Psicologia do CRP SP, n.º 131. Liebesny, Alvim, Leonardi e Aoki (2000), integrantes da Comissão de Ética do CRP 06, apresentaram um trabalho no III Congresso Ibero-americano de Psicologia Jurídica abordando esta questão. Eles relatam que as denúncias ligadas ao Setor Judiciário se concretizam de duas maneiras complementares. A primeira liga-se às expectativas não satisfeitas por parte do usuário. A segunda estaria ligada à própria prática do psicólogo:

> [...] o usuário só poderia construir devidamente suas expectativas a partir de práticas consolidadas, de contratos claros de serviços a serem prestados: e esbarramos, então, com o desconhecimento dos próprios profissionais quanto a suas possibilidades de atuação, a função de cada um na conformação jurídica, o *não discernimento* quanto à adequação de instrumentos de pesquisa e relato dos fatos psicológicos referentes à questão em litígio (são exemplos dessa demanda: desconhecimento das funções do psicólogo-perito; uso inadequado de instrumentos; desconhecimento da forma de elaboração de laudos, pareceres ou atestados...).

> É, afinal, a própria formação profissional que tem levado a prática a se concretizar de forma inadequada.
> É ausência das perguntas: por quê? para quê? para quem?
> É o desconhecimento de:
>
> - por que eu, psicólogo, estou nesta função?
> - para que fazer estou aqui?
> - para quem se direciona minha ação?
>
> que leva o profissional a não desempenhar adequadamente suas funções, a não se fazer reconhecer pelos usuários, a não ter estabelecido claramente seu campo e limite de atuação. (Liebesny; Alvim; Leonardi; Aoki, 2000, p. 64)

Os autores acima apontam este "desconhecimento" ou "falta de preparo" dos profissionais para bem desempenhar suas funções no contexto jurídico e estar em sintonia com as precauções e alertas dos autores americanos que utilizamos na nossa análise. Esclarecer os elementos do enquadre a partir dos dados da amostra de trabalhos pesquisada permitirá apreender as especificidades da atuação do psicólogo no *enquadre jurídico*. Uma vez que não se trata simplesmente de fazer um "psicodiagnóstico", nos moldes clínicos, e chamá-lo de "perícia psicológica para determinação da guarda". Pretendemos destacar as peculiaridades do enquadre do psicólogo no trabalho de avaliação de guarda, demonstrando que o objetivo do laudo pericial na Vara de Família **não** é "conseguir uma descrição e compreensão, a mais profunda e completa possível, da personalidade total do paciente ou do grupo familiar" (Ocampo, 1999, p. 17), ou pelo menos, não é somente isso. Em função de tal especificidade há autores que propõem outras denominações tais como "avaliação psicológica forense"[2] (Grisso, 1987) *ou* "avaliação psicolegal"[3] (Elwork, 1984; Perrin; Sales, 1994), defendendo a ideia de desenvolvimento de um corpo especializado de conhecimento.

---

2 *forensic psychological assessment*

3 *psycholegal assessment.*

Cabe esclarecer que não estamos propondo que os profissionais que trabalham nas variadas instituições de saúde ou de ensino se especializem em Psicologia Jurídica. Militar na área, para utilizar uma expressão muito comum entre os advogados, pode não ser do interesse deste profissional, mas para bem cumprir uma incumbência eventual seria necessária a familiarização com características particulares do contexto jurídico no qual este trabalho vai se realizar. Esta preocupação se encontra assinalada por Jurema Cunha (2000). Peço licença ao leitor para reproduzir uma citação um tanto longa. Por se tratar de uma autoridade na área a abordar tão diretamente do que tratamos, pareceu-nos pertinente a reprodução dos três parágrafos a seguir.

> Em termos de Brasil, embora cada vez mais se encontrem profissionais da psicologia trabalhando nesses ambientes, especialmente em instituições de cuidados com a saúde, é muito comum que o psicodiagnóstico se realize em clínicas ou em consultórios psicológicos, em que ele recebe encaminhamento principalmente de médicos psiquiatras ou de outra especialidade (pediatras, neurologistas, etc.), da comunidade escolar, de juízes ou de advogados, ou atende casos que procuram espontaneamente um exame, ou são recomendados a fazê-lo por algum familiar ou amigo.
>
> A questão básica com que se defronta o psicólogo é que, embora um encaminhamento seja feito, porque a pessoa necessita de subsídios para basear uma decisão para resolver um problema, muitas vezes ela não sabe claramente que perguntas levantar ou, por razões de sigilo profissional, faz um encaminhamento vago para uma "avaliação psicológica". Em consequência, uma das falhas comuns do psicólogo é a aceitação tácita de tal encaminhamento, com a realização de um psicodiagnóstico, cujos resultados não são pertinentes às necessidades da fonte de solicitação.
>
> É, pois, responsabilidade do clínico manter canais de comunicação com os diferentes tipos de contextos profissionais para os quais trabalha, familiarizando-se com a variabilidade de problemas com que se defrontam e conhecendo as diversas decisões que eles pressupõem. Mais do que isso: deve determinar

> e esclarecer o que dele se espera, no caso individual. Esta é uma estratégia de aproximação, que lhe permitirá adequar seus dados *às necessidades das fontes de encaminhamento*, de forma que seus resultados tenham o impacto que merecem e o psicodiagnóstico receba o crédito a que faz jus. (p. 25-26, itálicos nossos)

Cabe notar com o nosso grifo que a autora utiliza-se de uma terminologia que será distinta da que adotamos no presente trabalho. Ela fala de "fonte do encaminhamento" para designar *referral setting* (original em inglês). Em nosso trabalho, utilizamos o termo *cliente* para especificar a quem o produto final do trabalho do psicólogo tem como destinatário, aquele que o demanda (aquele que faz o *referral*). Parece-nos que esta autora, que se dirige aos psicólogos clínicos, faz o mesmo alerta para que não cometam o erro de "fornecer uma grande quantidade de informações inúteis para quem encaminhou o caso para avaliação" por desconhecimento do vocabulário, do modelo conceitual, da dinâmica e das expectativas do solicitante.

Melton *et al.* (*apud* Rovinski, 2000) propõem seis aspectos em que a avaliação forense difere do trabalho do psicólogo na área clínica. Estas discriminações vão nos ajudar a perceber como a tarefa do psicólogo, que está ligada ao objetivo da instituição judiciária (determinar a guarda), é diferente do colega em uma situação de atendimento no enquadre clínico. Serão abordados seis aspectos distintos. São eles:

a) *Escopo*: No enquadre clínico os aspectos primários são o diagnóstico, o funcionamento da personalidade e o tratamento para a mudança de comportamento; **na avaliação em enquadre jurídico ou forense, a ênfase "dirige-se a eventos definidos de forma mais estreita ou a interações de natureza *não clínica*, sempre relacionados a um foco determinado pelo sistema legal"** (p. 184). Retomando os itens colocados anteriormente sobre o *enquadre*, o escopo define o objetivo da intervenção, ou seja, remete à pergunta de *para quê* são solicitados os serviços do psicólogo. Responder *para quê* nos reporta, por sua vez, a todo o contexto jurídico do litígio, da necessidade de determinar fatos (no caso qualidade do relacionamento pais-filhos) e da utilização da avaliação como prova para a decisão judicial: a escolha de um guardião responsável em detrimento de outro e sua justificativa. Portanto, não nos interessa ter um diagnóstico de personalidade dos candidatos à guarda e do(s) menor(es) se isto não puder ser, de certa forma, ligado à questão legal (necessidade de definição de um guardião em função das necessidades da criança ou das crianças).

b) *Perspectiva do cliente*: No enquadre clínico privilegia-se a visão do cliente sobre o problema que motivou o atendimento. **A avaliação forense não se restringe ao examinando, uma vez que deve responder sobre fatos que extrapolam sua subjetividade.** Melton *et al.* não consideram o examinando como a única fonte de informação, sugerindo que o profissional deve recorrer a todas as fontes relevantes. Veremos que, neste sentido, a prática de buscar dados adicionais com membros familiares mais próximos e profissionais de referência da família (médico, professor, psicoterapeuta, etc.) vai variar dependendo da compreensão do profissional sobre o seu trabalho. No caso de se partir de uma concepção que o trabalho psicológico deve ficar inteiramente voltado à realidade psíquica dos membros da família, tal saída para o círculo social mais amplo não fará sentido. Pode ser até entendido como desvio ou viés que confundirá a percepção dos elementos intrapsíquicos. Para além da concepção do trabalho relevante, estaremos abordando **como** as informações que levam ao laudo psicológico serão levantadas. Mais uma vez, este é o cerne da questão técnica deste livro.

c) *Voluntariedade e autonomia*: A busca pelo psicodiagnóstico geralmente é espontânea. **A avaliação forense é feita sob demanda do juiz ou do advogado.** Há maior probabilidade de resistência que não é de natureza inconsciente (Psicanálise). As razões podem ser por temor quanto ao resultado e/ou ressentimento pela intromissão em sua vida. O psicólogo será encarado como um aliado ou um inimigo da "causa".

d) *Riscos à validade*: Por se tratar de procedimento coercitivo, dentro de um sistema de ataque e defesa, **os clientes são incentivados a distorcer a verdade**. Esta característica é extensiva também aos terceiros chamados para informar sobre o cliente (parentes, amigos, profissionais etc.).

e) *Dinâmica do relacionamento*: No enquadre jurídico, o profissional é visto de forma mais distanciada, pois ele não é um aliado em busca de um benefício (tratamento psicoterapêutico). Como mencionado no item c), o psicólogo pode até ser percebido como aliado ou inimigo se ele "advogar" a "causa" de um dos lados.

f) *Tempo de avaliação*: No enquadre clínico o diagnóstico pode ser refeito em qualquer momento do tratamento. **No enquadre jurídico, há pressão da instituição (prazo processual, limites de recursos etc.) que pode reduzir o tempo de contato com o cliente.** Uma vez fechado o laudo, a possibilidade de reformulação é mínima. E mesmo que o laudo seja reformulado, isto não implica automaticamente em mudança de uma sentença. Porque o laudo é apenas uma das provas pelas quais o juiz irá se guiar para formar seu convencimento (sentença).

As considerações acima partem de uma busca de compreensão mais sistematizada a respeito do campo de atuação do psicólogo na área jurídica que aparece também em outros autores norte-americanos. No cenário nacional, destaco o trabalho de doutorado de Castro (2000), psicóloga chefe do Setor de Psicologia no qual trabalho, que, valendo-se de sua dupla experiência como psicóloga perita e psicóloga supervisora de atendimento clínico em clínica-escola, faz distinções pontuais entre "o psicodiagnóstico clínico e a perícia psicológica". De forma resumida, essas distinções são as seguintes:

a) *Em relação aos objetivos*: O objetivo do psicodiagnóstico infantil é responder a questões que angustiam os pais. A procura é espontânea. Seguir as sugestões do psicodiagnóstico é facultativo. O objetivo do laudo pericial é subsidiar a decisão judicial, provocando alterações no esquema de vida. No primeiro caso, não há interesse em mentir (simulação ou dissimulação). No segundo caso, a mentira é motivada pela intenção de ganhar a causa.

b) *A importância dos dados reais*: No psicodiagnóstico clínico, "o que importa não é a realidade objetiva". No judiciário, importa não só como houve a introjeção de figuras parentais, mas se coloca também a questão de como eles são na realidade. A autora cita o exemplo da alegação de abuso sexual, se existe tal alegação é necessária "uma investigação minuciosa para concluir se, de fato, ocorreu" (p. 21).

c) *Em relação ao alcance social*: O laudo, subsidiando uma sentença judicial, influencia mudanças sociais. Pode criar jurisprudência e modificar as leis de um país.

d) *Técnicas empregadas*: O perito tem liberdade de escolha em relação à linha teórica e às técnicas projetivas a partir da qual terá uma visão de funcionamento mental e psicopatologia. Em função da existência de outros peritos e da possibilidade de polêmica, os testes psicológicos são recomendados como material concreto ao qual perito e assistentes técnicos podem se reportar.

Vamos para as diversas respostas possíveis aos elementos do enquadre e como os psicólogos que realizam avaliação para determinação de guarda propõem em seus trabalhos.

4.1.1 Quem demanda o serviço?

A seção que se desenvolve a seguir está subdividida em três partes. Na primeira subdivisão, veremos os quatro potenciais *clientes* do psicólogo e analisaremos a especificidade de cada um deles, levando em conta seu papel institucional dentro do processo judicial em Vara de Família. Esta primeira parte pretende dar conta de esclarecer **Quem solicita os serviços do psicólogo para o processo de guarda?** Ao mesmo tempo, vamos explicar quem são as partes integrantes do trabalho psicológico, esclarecendo os papéis de cada uma delas (natureza e limite da função de cada um) (Ocampo, 1999). A fim de deixar claras as diferenças do trabalho nos contextos clínico e jurídico, utilizaremos o verbo "atender" quando nos referirmos ao contexto clínico, reservando o termo "avaliar" para a tarefa em contexto pericial. Neste sentido, utilizaremos os termos "periciandos" ou "examinandos" para diferenciar as pessoas que são submetidas à avaliação psicológica na área da psicologia jurídica, das que demandam este trabalho na área clínica, estas identificaremos como "clientes", "solicitantes" ou "demandantes". Ao analisar o contrato de trabalho, explícito e implícito, no enquadre do relacionamento profissional adentraremos o primeiro bloco de interrogações do Capítulo 1 (**Quem é o psicólogo que realiza a avaliação).**

4.1.1.1 O Advogado

Byrne (1991), psicólogo clínico e forense australiano que atua em clínica particular, começa o seu texto falando de um contato típico em casos forenses. Vamos acompanhar como ele descreve este contato inicial:

> Alguns meses atrás, eu recebi um telefonema de um experiente advogado de Família, pedindo que eu avaliasse a sua cliente, mãe de duas crianças, que estava com um novo companheiro. O ex-marido estava entrando com uma queixa na justiça de que ela era inadequada como mãe e, portanto, um litígio pela guarda estava sendo montado. Ele também me pediu que eu examinasse o novo companheiro de sua cliente. Ele fez questão de afirmar que não havia problemas de dinheiro para o pagamento de honorários. Eu respondi perguntando se o pai das crianças seria convidado a participar da avaliação. O advogado respondeu que não queria o pai avaliado por mim. Após algumas ponderações, ele admitiu a possibilidade de convidar o pai, mas somente após eu ter visto a sua cliente e seu companheiro. (p. 8)

Consideramos que o diálogo acima transcrito possa ser exemplar de um primeiro contato para o trabalho neste enquadre, que chamei de jurídico. Reitero que, em função da minha posição dentro do Judiciário, nenhum advogado iria me contatar para realizar um trabalho, a nível particular, que eu já realizo como servidor público. Portanto, utilizamos do exemplo acima para ilustrar o que possa ser um contato comum entre o advogado de família e o psicólogo que oferece seus serviços na clínica particular.

Hess (1998), o psicólogo de Montgomery (EUA) que tece considerações sobre o encaminhamento de casos forenses, alerta o psicólogo para levar em conta a importância do primeiro contato com o advogado. Em grande parte, o trabalho do psicólogo estará na dependência da habilidade e do uso que o advogado e sua equipe farão dos conhecimentos psicológicos e suas descobertas. Este autor sugere ao profissional *psi* que se utilize das primeiras impressões que lhe causam o contato inicial com o advogado, tal qual ele o faria em uma entrevista inicial para tratamento, mas com vistas a pensar sobre o trabalho no contexto jurídico. Por exemplo, a forma como o advogado se apresenta pode dar indícios da natureza da primeira impressão que este causará nos outros, tirando daí decorrências de como poderia ser o impacto de sua atuação na audiência. No primeiro contato, o advogado tem de explicar do que se trata o caso. Seria uma outra oportunidade de apreciar qual é o seu referencial conceitual e sua capacidade de articulação e retórica. Por último, seria o momento de perceber se o advogado está interessado em encontrar respostas para uma questão ou simplesmente encontrar algüém que dê suporte às suas teses. Ou seja, a consulta é feita para encontrar um profissional que possa esclarecer uma questão de sua área de competência ou buscar simplesmente um 'pistoleiro' – *hired gun* (Singer, 1987) – que vai emitir as opiniões que o advogado considera benéficas ao seu cliente. Hess (1998) alerta que se sujeitar a este último papel é "não servir à verdade e correr o risco de ter sua reputação manchada, resultado de queixas e denúncias contra o psicólogo, além de ser profissionalmente não gratificante" (p. 110).

Vemos assim que o papel que o psicólogo desempenhará na arena legal pode ser de um "consultor especializado" (perito na matéria) de quem o advogado se servirá para melhor defender a causa de seu cliente. No entanto, dependendo da pressão que este profissional exercer, ele poderá impor uma séria restrição à isenção profissional do psicólogo, obrigando-o a sair de uma posição neutra e tomar para si a "causa do cliente" (o advogado é o cliente do psicólogo, mas a causa é do cliente deste advogado). Abordaremos esta questão quando falarmos da atuação como perito parcial e perito adversarial, como papéis possíveis de serem desempenhados pelo psicólogo no enquadre jurídico de avaliação de guarda.

Hess (1998) exorta aos colegas psicólogos que não assumam o papel de defensor da *parte*, que eu chamaria de "dublê de advogado", pois parece-me que a identidade profissional do psicólogo sofre uma certa "contaminação" pela assunção do papel de outro profissional. Apesar do risco inerente neste tipo de contrato de trabalho, o autor defende a ideia de que o contrato de trabalho entre o psicólogo e o advogado como cliente ainda é preferível, cabendo ao advogado o ônus de arcar com os honorários profissionais do psicólogo. Hess (1988) argumenta sobre a questão do sigilo para privilegiar tal arranjo. Segundo seu ponto de vista, se o contrato de trabalho é com a parte e este retém o privilégio da confidencialidade da relação que deve ser resguardada pelo sigilo profissional, o psicólogo estaria sob risco de incorrer em falta ética em seu contato e comunicação com o advogado. **Ora, dito de outro modo, atuando a pedido do advogado, o psicólogo deverá deixar claro, no seu relacionamento com a parte, que o que souber a partir da avaliação poderá ser usado pelo advogado**. Portanto, na perspectiva colocada acima, é possível definir o advogado como o *cliente* que demanda os serviços do psicólogo, mesmo que seja a parte-cliente deste advogado (no exemplo de Byrne (1991) anteriormente mencionado), aquela que será atendida pelo profissional. O advogado é quem, em última instância, detém o poder de decidir como utilizar as conclusões psicológicas que o profissional obtiver. Quando não é o caso de "ditar" o que o psicólogo fará e até mesmo dirá (no caso do "pistoleiro"[4]). Abordaremos no Capítulo 6 como a influência

---

[4] Para uma discussão ampliada desta questão levantada por psiquiatras peritos ver: MOSSMAN, D.; KAPP, M.B. Courtroom whores? Or why do attorneys call us? Findings from a survey on attorneys' use of mental health experts. *Journal of American Academy of Psychiatry and the Law,* v. 26, n. 1, 1998; GUTHEIL, T.G.; SIMON, R.I. Attorneys' pressures on the expert witness: early warning signs of endangered honesty, objectivity, and fair compensation. *J. Am. Acad. Psychiatry Law,* v. 27, n. 4, 1999. Gutheil é o psiquiatra da Escola de Medicina de Harvard (EUA) cujo trabalho em conjunto com Strasburger e Brodsky é discutido mais à frente.

do advogado pode ser sentida, até mesmo na escolha dos instrumentos técnicos que o psicólogo lançará mão para seu trabalho.

Cabe lembrar aqui a possibilidade do profissional *psi* contatado pelo advogado ter tido acesso privilegiado a toda a família. É o caso do *terapeuta de família*. Burak e Saliterman (1980), psicoterapeutas de família americanos, são claros em afirmar que o terapeuta familiar não deve aceitar testemunhar por um cônjuge que esteja litigando contra o outro. O material confidencial do atendimento não deveria ser divulgado *mesmo que todos concordem*, deixando claro que *terapia familiar* é distinto de *avaliação familiar*. Eles sugerem que o advogado deve ser orientado a procurar um profissional independente para proceder tal avaliação. Estes autores americanos veem um conflito entre o interesse do advogado, que procura um laudo psicológico com enfoque individual em situação de litígio, e o interesse do terapeuta familiar, que é abordar a família e tratá-la como um sistema, não privilegiando um indivíduo dentro dela. Blinder (1982), psiquiatra com formação em terapia familiar e professor da Universidade de Medicina da Califórnia (EUA), faz coro com estes autores quando coloca:

> Advogados, por temperamento e treinamento, estão inclinados a ver os problemas conjugais e os relativos à guarda de filhos como originados exclusivamente do(a) oponente de seu cliente, isentando-o de qualquer culpa. O terapeuta de família tem a obrigação de ajudar o advogado a reconhecer que tais problemas residem não *com* alguém, mas *entre* as partes. Não conheço nenhum outro ramo do direito em que as ferramentas de militância advocatícia sejam menos apropriadas. (p. 5)

Blinder (1982) critica o esquema adversarial do Direito quando fala da inadequação da "ferramenta de militância advocatícia". Ao falar do paradigma que orienta o trabalho do terapeuta familiar, ele situa em lados opostos o profissional *psi* e o advogado. No entanto, veremos que existem profissionais que se utilizam do ferramental da terapia familiar para atuar dentro deste contexto jurídico.

Cabe ressaltar, ainda, que o profissional que atende casais e famílias pode sofrer pressões para que entre no sistema jurídico

***diretamente* dos próprios interessados e não do advogado.** Certa vez, fui procurado no consultório por um casal separado, com um filho de um ano em meio, que estava vivendo sérios conflitos. Havia a possibilidade de uma briga judicial em função das visitas que o pai queria e a mãe impunha condições. Eles aceitaram iniciar uma terapia de casal, mas ele desistiu de vir após o terceiro encontro. A mulher, muito brava, queria de todo jeito que eu lhe desse um *relatório* do trabalho realizado, declarando que ele havia interrompido o empreendimento da terapia. Aceitei fornecer o mesmo relatório para ambos e somente com a concordância da outra parte. Nestes termos ela não insistiu mais[5].

Em uma pesquisa pioneira no Brasil, Brito (1993) levantou algumas possibilidades de inserção de psicólogos em Vara de Família atuando no Estado do Rio de Janeiro. A sua amostra consistiu de somente seis psicólogos (um psicanalista foi descartado por não ter a formação original em Psicologia). Nesta pesquisa ela encontrou um assistente técnico que atuava diretamente em um escritório de advocacia. Quando um cliente procurava o advogado reivindicando posse e guarda de uma criança, o caso era encaminhado ao psicólogo para que ele procedesse a uma avaliação. Se a conclusão do profissional fosse de que "não haveria prejuízo para a criança em permanecer com aquela parte", o advogado assumia a causa. Portanto, a atuação do assistente técnico se dava *antes* do advogado assumir a causa, em função de um imperativo da própria consciência do profissional. Este exemplo parece ser um caso isolado, como também o é o do advogado de família que atua em Belo Horizonte e que denomina o seu escritório de "consultório de advocacia" por entender que as questões de Família não podem ser separadas do enfoque psicológico (Pereira, 2002). Mas voltemos a nossa atenção para a pergunta inicial do enquadre (*Quem demanda os seus serviços?),* continuando a analisar as especificidades do trabalho do psicólogo quando outros, além do advogado, solicitam sua intervenção.

---

[5] Outras questões legais, éticas e práticas do trabalho em enfoque familiar com o genitor descontínuo e seus filhos é abordado por: WILCOXON, S. A. Family therapy with noncustodial parent and children: unique preliminary considerations. *Family Therapy*. v. 21, n. 2, p. 197-125, 1994.

4.1.1.2 A Parte

Segundo nosso Código do Processo Civil, no momento que o juiz aceita a prova da perícia psicológica, ele deve facultar às partes a indicação de assistentes técnicos[6]. **O assistente técnico é o perito de confiança da *parte*.** Pois bem, vimos que o assistente técnico psicólogo tem a sua entrada por intermédio do advogado. Encontramos este procedimento descrito como usual na literatura pesquisada. No entanto, em muitos casos é a própria parte que procura o psicólogo para efetivar um contrato de trabalho. Uma grande parte dos assistentes técnicos que tenho encontrado passaram a atuar no caso desta forma. Esta possibilidade é o que mais nos parece causadora de confusões no enquadre, porque tanto a parte como o profissional procurado podem não ter muita clareza do contexto jurídico envolvido. O advogado simplesmente delega ao cliente a tarefa de encontrar "um psicólogo para fazer um laudo para o juiz". Aí, muitas vezes, se iniciam os equívocos. Não é incomum que a parte, passando por um processo de litígio desgastante, recorra ao próprio psicoterapeuta ou ao psicoterapeuta do filho ou da filha. Por ingenuidade, inexperiência ou até pelo envolvimento emocional com o caso, alguns acabam aceitando ser *também* assistentes técnicos, ignorando estar incorrendo em risco de transgressão ética. Abordaremos esta questão detalhadamente no Capítulo 7.

A partir da minha vivência do meio jurídico, penso que a delegação da procura do assistente técnico ao próprio cliente revela a pouca familiaridade dos advogados no trato com psicólogos. Em última análise, poder-se-ia dizer que, em geral, os próprios advogados não sabem muito bem como utilizar a prova psicológica em seu trabalho. Em contrapartida, existe pouca clareza por parte do psicólogo deste tipo de trabalho e da dificuldade de traduzir as questões legais em procedimentos e sugestões psicológicas (Grisso, 1987; Lanyon, 1986). Outros, como Ortiz (1986), atribuem o fato a uma falha das instituições formadoras que não preparariam os psicólogos para tal atuação. Poder-se-ia contra-argumentar, no entanto, que a própria novidade da

---

6 "Incumbe às partes, dentro em cinco dias, contados da intimação do despacho de nomeação do perito: I – indicar o assistente técnico" (Cód. Proc. Civil, art. 421, § 1º, n.º 1).

inserção do psicólogo pode explicar tal desconhecimento. Afinal não se prepararia o aluno para um lugar que não existia há alguns anos.

É interessante observar o trajeto de alguns profissionais que, atuando como psicólogos judiciários e peritos, passam a fazer trabalhos de assistente técnico uma vez desligados da instituição. Nesta condição encontramos o trabalho de Silva (2000), colega do mesmo Setor de Psicologia em que atuo, que após se aposentar do serviço público tem se dedicado a este trabalho. Ela faz o seguinte alerta em outro trabalho, este, escrito em conjunto com outra colega:

> Inicialmente o assistente técnico deve conhecer profundamente o seu trabalho, desde as leis que o sustentam até as implicações próprias daquele determinado processo antes mesmo de aceitá-lo. O assistente técnico que não conhecer a natureza do trabalho que irá executar não estará sendo profissional, tampouco honesto com as partes e com o advogado igualmente. Corre o risco de realizar um trabalho longe de ser algo de que possa orgulhar-se. Em segundo lugar, é necessário que o assistente técnico tenha claras as suas funções, comunicando-as para a parte e advogado, pois estes ao contratá-lo sabem o que querem, mas nem sempre este desejo vai ao encontro do contexto psíquico que o assistente técnico conclui. (Silva; Costa, 2000, p. 260)

Ponderamos que esse alerta pode passar despercebido exatamente para aqueles iniciantes que dele mais necessitariam, pois o neófito não tem noção de que "leis" regem a sua entrada no meio jurídico nem o que deve entender por "implicações próprias do processo". Ao indicar que o profissional tenha "clareza da sua função" e o esclareça tanto para o advogado quanto para a parte, Silva alinha-se aos profissionais que procuram uma isenção técnica e ética não se comprometendo a atuar como "pistoleiro", nos termos de Hess (1998).

Voltando a pensar, então, na possibilidade dos próprios interessados se mobilizarem em ir atrás dos psicólogos; é forçoso reconhecer que isto é algo compreensível em função do alto nível de angústia presente no processo de litígio. **O contexto dos primeiros contatos para o esclarecimento da demanda e o estabelecimento de um contrato de trabalho fica ainda mais difícil, pois a situação pode**

aumentar a confusão do papel do psicólogo em enquadre jurídico com o papel tradicional psicoterapêutico em enquadre clínico. Por mais que o psicólogo possa ser continente e, por isso, ter um *efeito terapêutico* benéfico ao cliente no contato, é forçoso reconhecer que seu *papel* não é o de ser psicoterapeuta desta pessoa que o procura com uma demanda jurídica. Confundi-lo seria ignorar que o seu trabalho se endereça a um terceiro (ao advogado e, em última instância ao juiz). Caberia, portanto, ao profissional contatado não desconsiderar o papel e a função do advogado que está por trás da iniciativa do interessado.

Hess (1998), o autor que se preocupa com os critérios para aceitação de casos forenses, relata o exemplo de um pai que queria agendar um horário para avaliação de seu filho de 15 anos, que estava vindo passar as férias de meio do ano com ele. O pai informou que o filho havia sido diagnosticado como portador de transtorno bipolar pelo psiquiatra contratado pela mãe do adolescente. Uma audiência judicial estava marcada para o mês seguinte na cidade de residência da mãe com quem este filho morava. O pai queria demonstrar que o filho havia regredido sob os cuidados da mãe, esperando com isso obter a sua guarda. O profissional sugeriu ao pai que entrasse em contato com o seu advogado para determinar se:

- a estratégia do pai era consistente com a do seu advogado;
- não haveria um outro psicólogo na cidade onde o caso estava sendo conduzido que já estivesse trabalhando para o advogado ou para o tribunal;
- um psicólogo local não seria mais adequado por ter condições de ver o adolescente mais frequentemente e dentro de um tempo que permitisse uma melhor avaliação, incorrendo em menos despesas se houvesse a necessidade de novas participações.

Parece-nos que as advertências acima alertam ao profissional de que ele deve ficar atento à possibilidade de *sobreposição do seu trabalho com o de outros colegas*. Em um caso que atuei, a psicóloga contratada pela mãe, guardiã de uma criança de 8 anos, já havia realizado uma série de testes psicológicos num modelo de psicodiagnóstico clássico, ignorando a necessidade da criança passar pela minha avaliação como perito do juiz. O assistente técnico do pai, por sua vez, reivindicou para si também a possibilidade de avaliar diretamente a criança, não querendo ficar sujeito a dados secundários a partir da intervenção da outra assistente técnica. Assim, percebe-se que o próprio contexto jurídico tende a gerar entre os profissionais de saúde mental uma situação de reprodução de um modelo adversarial. Isto é corroborado pela observação de vários autores (Berry, 1989; Burak; Ortiz, 1986; Byrne, 1991; Felipe, 1997; Grosman *apud* Samper, 1995; Saliterman, 1980).

E, então, quando o psicólogo é procurado diretamente pela parte, ele considera quem como seu *cliente*? A parte que o procura pede sua avaliação psicológica e seu relatório e o paga? Ou o advogado, para quem irá tal avaliação para dele fazer uso, sem dar nenhuma satisfação ao psicólogo? Estas perguntas não podem ser respondidas a partir da amostra de trabalhos, pois elas não abordam tal questão. **Arriscamos sugerir que, quando a solicitação é feita ao psicólogo em consultório, habituado ao enquadre clínico, este irá considerar seu cliente a pessoa que ele avaliou**. Ao considerá-lo responsável (paciente/cliente) pelo que fizer com o relatório que lhe entregar, estará ignorando o destinatário último deste trabalho (juiz), bem como o contexto (jurídico) em que seu relatório psicológico será apreciado. Se perguntássemos a este psicólogo que tipo de trabalho ele estaria fazendo, provavelmente ele responderia que o seu trabalho é de 'psicologia clínica'. Ele pode ser levado a pensar dessa maneira porque associa o que fez ao psicodiagnóstico clássico ou porque entende que tudo que faz em seu consultório necessariamente será "psicologia clínica". Isto remete ao fenômeno observado por Mello (1978) em seu estudo clássico "Psicologia e Profissão em São Paulo" na década de 1970. Nas respostas aos questionários da pesquisa, os psicólogos discriminavam os mais variados serviços oferecidos sob a rubrica de *clínica*, confundindo uma área de aplicação da ciência psicológica com o local (sua *clínica* ou seu *consultório*) em que exercem suas atividades. A confusão é reforçada pelo fato de que a demanda jurídica do trabalho do psicólogo se aproxima da atividade clássica do psicólogo em enquadre clínico que é o do *psicodiagnóstico*.

4.1.1.3 O Juiz

Falamos da entrada do psicólogo por intermédio do advogado ou por meio da parte. No entanto, a maioria dos trabalhos de avaliação psicológica em Vara de Família (dentre os quais o processo de guarda é um deles) é realizada pelo psicólogo nomeado *perito* pelo juiz. Por esta razão é que se refere a este profissional como o *perito oficial ou o perito de confiança do juiz*, ou ainda, *perito do juízo* (em inglês, *expert witness*). O perito é considerado um *auxiliar* do juiz e recebe deste tal nomeação. Como vimos, o profissional de mesma qualificação que o perito, prestando serviços ao advogado e ao seu cliente é denominado, no meio jurídico, de assistente técnico (em inglês, *consultant; consultor técnico,* em espanhol).

O que é o juiz no processo de Vara de Família em ação de guarda? Como pode ser entendido o seu papel dentro do processo? No Capítulo 2, já esboçamos o papel do juiz como o administrador dos conflitos, o terceiro neutro, que deve definir o litígio por meio de uma sentença (ou acordo durante o processo de julgamento). Peço licença ao leitor para reproduzir o entendimento do papel e da necessidade do juiz do ponto de vista legal. Consideramos que a ignorância do contexto jurídico por grande parte do contingente de psicólogos justifica esta citação que esclarece a função do psicólogo em relação ao do magistrado.

> Os fatos litigiosos nem sempre são simples de forma a permitir sua integral revelação ao juiz, ou sua inteira compreensão por ele, através apenas dos meios usuais de prova que são as testemunhas e documentos.
> Nem é admissível exigir que o juiz disponha de conhecimentos universais a ponto de examinar cientificamente tudo sobre a veracidade e as consequências de todos os fenômenos possíveis de figurar nos pleitos judiciais.
> Nas raras vezes, portanto, terá o juiz de se socorrer de auxílio de pessoas especializadas, como engenheiros, agrimensores, médicos, contadores, químicos etc., para examinar as pessoas, coisas ou documentos envolvidos no litígio e formar sua

> convicção para julgar a causa, com a indispensável segurança. Aparece, então, a prova pericial como o meio de suprir a carência de conhecimentos técnicos de que se ressente o juiz para apuração dos fatos litigiosos. (Theodoro Jr., 2002, p. 428)

A colocação acima nos permite apreender as pressuposições do papel, em tese, tanto do psicólogo, chamado como uma "pessoa especializada", quanto deste operador do Direito que é o juiz que lança mão da perícia para "suprir uma carência de conhecimentos técnicos". Pensamos ser importante para este trabalho deixar claro o enfoque do qual parte o pedido para a participação do psicólogo. Obviamente isto não significa que não haja a possibilidade de atuação do psicólogo para além desta modalidade (perícia), apenas reafirmamos que o conhecimento do papel de quem pede a nossa participação, neste caso do juiz, é fundamental para clarificar o enquadre do trabalho e a tomada de decisão técnica do que faremos *ou não faremos*.

Vale ressaltar que o juiz tem a autonomia de nomear o perito que ele quiser. Isto equivale a dizer, no caso brasileiro, que mesmo nos estados onde existem psicólogos contratados no tribunal, exercendo rotineiramente o serviço de perícia para Varas de Família, o juiz da causa pode nomear um *profissional de fora da instituição judiciária*. O que isto acarreta? Um ônus financeiro para as partes, pois o profissional nomeado cobrará seus honorários que, por intermédio de determinação do juiz, são depositados em conta judicial pelo Requerente da ação para ser coletado ao fim do trabalho. Isto assegura ao profissional que seu trabalho será remunerado independente de quem ganhar a causa. Mas significa que alguém irá pagar a conta, o perdedor da causa – em última instância, a própria família[7].

Em depoimento coletado em sua pesquisa com psicólogos e operadores do Direito no Rio de Janeiro, Brito (1993) faz referência a esta questão. Na sua amostra, dois psicólogos atuavam nesta condição,

---

[7] Após o juiz arbitrar os honorários do perito, o Requerente deve efetuar o depósito em juízo. Ao término do processo o custo é revertido para o perdedor da causa. Isto agudiza mais ainda a necessidade de vencer no sistema adversarial e o fomento de mais mágoas e ressentimentos.

sem relação de trabalho com o judiciário, realizando suas perícias em seus consultórios. Diz ela:

> Um dos magistrados relacionou como perito de confiança um médico psiquiatra; outro apontou um médico pediatra; e um terceiro, como já mencionado, um psicanalista. Alguns juízes não dispunham de perito de confiança, enquanto outros afirmavam que, nos casos em que se fazia necessário, solicitavam o trabalho de assistentes sociais. Apesar de saberem que esses profissionais forneceriam dados diferenciados dos psicólogos, consideravam esta solução menos onerosa para as partes e mais prática para o judiciário, uma vez que o cargo de assistente social faz parte do quadro funcional do Poder Judiciário, não ocorrendo o mesmo com os psicólogos[8]. (p. 95)

A realidade do Rio de Janeiro, à época, é que não havia psicólogos concursados no Tribunal de Justiça (a inserção dos psicólogos se deu em 1999). Havia, no entanto, duas pessoas que prestavam serviços regularmente aos juízes de Família na amostra pesquisada por Brito (1993). Uma delas, em desvio de função, atendia no próprio recinto do fórum. Outra, atendia em consultório particular, com uma promessa de contratação.

Em nossa amostra de trabalhos encontramos o de Alves (2002) nesta posição de *perita independente de confiança do juízo*. Ela explica da seguinte forma a sua inserção:

> A sobrecarga de trabalho dos psicólogos empregados no fórum e a condição econômica mais favorável das pessoas em litígio são as razões habituais pelas quais um juiz decide nomear um profissional autônomo para realizar a perícia, possibilitando aos funcionários forenses maior tempo para o atendimento pericial das famílias mais carentes. Os honorários do psicólogo forense são pagos pelo Estado, enquanto que os do psicólogo autônomo são pagos pelas partes litigantes. Portanto, na qualidade

[8] O cargo de psicólogo judiciário no Rio de Janeiro foi criado em 1998 com a abertura de 44 vagas distribuídas em seis regiões judiciárias (Resolução n.º 01/98 do Conselho de Magistratura do Estado do Rio de Janeiro).

> de profissional autônoma e perita do juiz, os casos atendidos por esta autora referem-se às famílias provenientes de classe econômica média, média-alta, cujo poder aquisitivo permite o pagamento de um profissional externo ao quadro dos funcionários forenses. (p. 52-53)

A investidura do *status* de perito tem implicações muito práticas nas possibilidades de trabalho. Como diz explicitamente Byrne (1991), psicólogo com atividade clínica e forense na Austrália, "a maioria dos juízes dará pouca relevância ao relatório do assistente técnico porque eles claramente entendem que há dois lados para a história, e o outro lado não foi ouvido pelo profissional de saúde mental" (p. 8). Este mesmo dado é encontrado por Brito (1993), uma vez que os assistentes técnicos estão comprometidos com as partes: "juízes e curadores esclarecem que não costumam levar em consideração tais laudos, centralizando sua atenção nos esclarecimentos fornecidos pelo perito do juízo" (p. 100).

A posição de perito outorga ao profissional a autoridade de convocar oficialmente a presença de todos que ele ou ela entender necessário avaliar para a efetivação do trabalho. Além disso, coloca o profissional sob o manto da autoridade judiciária para realizar diligências tais como visitas a escola, hospitais, etc., bem como entrevistar profissionais que atendam à família em questão (médicos, professores, psicoterapeutas, psicopedagogos etc.). Obviamente a decisão de fazer tais diligências está diretamente relacionada a como o profissional psicólogo perito entenda que sejam necessárias ou não para o desempenho de sua função.

William Keilin, na época um doutorando pela Universidade Estadual de Colorado (Estados Unidos) e Larry Bloom, doutor em psicologia clínica e professor desta mesma universidade, realizaram uma pesquisa importante na área de guarda de crianças em 1986. Eles analisaram respostas de 190 sujeitos que conduziram avaliações de guarda, englobando 23 estados nos EUA e Canadá. Os sujeitos foram selecionados por consulta em guias especializados de peritos forenses nacionais e também locais. A pesquisa foi feita com o uso de um questionário remetido a 302 pessoas entre psicólogos, psiquiatras e profissionais com mestrado. O retorno representou 63% da amostra total. Deste grupo, 78,1% era formado de psicólogos com doutorado.

Do restante da amostra, 18,3% eram psiquiatras, 2,4% profissionais com mestrado e 1,2% de assistentes sociais. De uma amostra final de análise de 82 sujeitos, mais da metade respondeu que preferia ser nomeado pelo tribunal, em contraposição a menos de 10% que declararam preferir trabalhar para um dos advogados ou partes. Ao passo que, este mesmo grupo havia atuado efetivamente em pouco mais de 25% das vezes na modalidade de perito e quase na metade das vezes trabalhavam para um dos lados.

Em 1997, um professor e psicólogo de Wisconsin (EUA), Marc Ackerman, com uma colaboradora da Universidade de Denver (EUA), Melissa Ackerman, replicaram a pesquisa de Keilin e Bloom (1986). Eles acrescentaram mais itens ao formato original e aumentaram o tamanho da amostra para 201 sujeitos, de um total de 800 psicólogos contatados de 39 estados americanos. Nesta pesquisa, a amostra compunha-se somente de psicólogos, todos com doutorado e com uma média de 19 anos de prática (59% tinham títulos em psicologia clínica, 13% em *counseling,* 5% em psicologia educacional, 4% em psicologia escolar, 4% em psicologia infantil e 15% inespecíficos). Oitenta e oito por cento desta amostra tinha como principal ocupação a clínica particular, 6% estavam no meio acadêmico, 2% em hospitais e 4% em outros não especificados.

Em relação à *imparcialidade*, o estudo revelou uma grande mudança. Ninguém desta amostra declarava preferência em trabalhar para um dos lados. O dado mais notável foi o aumento de 31% no número de indivíduos que preferiam ser nomeados pelo tribunal ou *guardian ad litem*[9]. Quase a totalidade da amostra preferia trabalhar para o tribunal ou contratado por ambos os advogados. Isto mostra a preferência pela posição imparcial dos profissionais deste meio (predominantemente nos Estados Unidos). Esta foi uma tendência dominante nos profissionais que atuam em avaliações de guarda que participaram da pesquisa.

Outro profissional que goza da imparcialidade na outorga da função pericial é o profissional que está atrelado a uma

---

[9] Pessoa especialmente apontada pelo tribunal (nos Estados Unidos e Reino Unido) para investigar e fazer recomendações segundo a diretriz de zelar pelo melhor interesse da criança. Neste sentido sua atuação se aproxima ao do Curador de Família. Ele pode sugerir a perícia.

instituição jurídica e que é demandada diretamente pelo juiz. No Reino Unido o relatório fornecido à autoridade judiciária em casos de disputa é confeccionado pelos *divorce court welfare officer* (assistentes sociais de formação). O trabalho de Christopher Clulow e Christopher Vincent com a colaboração de Barbara Dearnley (1987) é o resultado de um projeto de pesquisa participativa que os autores, membros da *Tavistock Marital Studies Institute (TMSI)*[10], empreenderam com os comissários do *Divorce Unit*. Trata-se, então, de um trabalho de colaboração inter-institucional que coloca profissionais com formação em terapia familiar de base analítica e operadores técnicos da Justiça anglo-saxã. É um trabalho muito rico tanto no aspecto do desenho e execução do projeto de pesquisa conjunto quanto dos seus resultados. Clulow e Vincent (1987) expõem a situação na qual o relatório para um processo de determinação de guarda é solicitado ao *court welfare officer* (o funcionário do tribunal que entra em contato com as famílias, como vimos) por meio de ofícios padronizados com poucas informações explícitas das razões específicas para o pedido. Tal desconhecimento geralmente é comum tanto para os comissários quanto para as famílias. Eles colocam da seguinte forma a situação e como depreendem a demanda dirigida:

> Na ausência de informações detalhadas quanto às razões que levaram ao estabelecimento da *investigação*[11], nós e os colegas comissários [*court welfare officers*] tirávamos nossas próprias conclusões. Para os comissários, esta informação era retirada por meio de conversas informais com os juízes e com os escrivães, assim como pelas comunicações pelas vias formais. Por exemplo, considerava-se que além de ter

---

[10] Na época do trabalho se intitulava *Institute of Marital Studies (IMS)*. Ela está localizada em Londres e faz parte do complexo da *Tavistock Center*.

[11] Manteremos o termo investigação como tradução de *inquiry* para diferenciar de avaliação psicológica. Na realidade inglesa, os funcionários do tribunal responsáveis por esta tarefa são assistentes sociais, realizando algo intermediário entre o laudo social (avaliação socioeconômica) e o psicológico (com levantamento de hipóteses sobre motivações ligadas a aspectos emocionais). Em casos específicos, uma avaliação psicológica ou psiquiátrica pode ser solicitada, vide citação de King e Trowell (1993) no item 4.1.2.2. O motivo de incluir estes dados em nossa pesquisa é que o trabalho feito em colaboração com terapeutas de casais aprofunda em muito as questões psicológicas, trazendo uma riqueza de análise que nos servirá no presente trabalho.

> um par de olhos e ouvidos para coletar material que ajudará na sentença, os juízes procuravam evitar os efeitos perniciosos das brigas protagonizadas nas audiências em público e economizar o tempo do tribunal sempre que possível. Estas razões poderiam ser suficientes para determinar uma *investigação* antes mesmo que idiossincrasias do grupo familiar se fizessem notar. Os comissários eram incentivados a pensar que os juízes esperavam que a investigação retirasse uma certa carga dos casos de guarda e visita, ao dar a oportunidade de se entrar em contato com as famílias em conflito. Havia a mesma expectativa, de acalmar o litígio, em relação ao relatório produzido. Este entendimento da expectativa dos tribunais era entendida de forma sincronizada às próprias expectativas dos comissários de que a investigação proveria oportunidade de reduzir, senão de eliminar, o conflito que aflige as famílias acometidas pelo divórcio. (p. 104)

No trabalho de Clulow e Vincent (1987) também o termo *cliente* é utilizado em relação aos usuários do serviço da Unidade de Divórcio, portanto diferente de nossa utilização que procura especificar o demandante da avaliação, neste caso, da investigação. Um viés institucional complicador que os autores abordam é que historicamente o serviço destes comissários estava atrelado ao *Probation Office,* responsável pelos casos criminais. Pela própria natureza intervencionista da investigação, a reação de suspeita e defesa da família é algo que dificulta o envolvimento com os comissários. De qualquer maneira, os autores (que são assistentes sociais de formação básica) defendem que os comissários incumbidos desta tarefa investigativa procuravam cumpri-la sem recair em preconceito e estigmatização da pequena parcela da população de divorciados que atendiam. Além do mais a própria formação do profissional faz com que eles busquem ser mais do que "informantes" (*reporters*) e se considerem como ajudantes, *counselors*, terapeutas e conciliadores, valorizando seu relacionamento com os tribunais e comprometidos com o ideal de proteger o bem-estar das crianças. Os autores explicam da seguinte forma a dupla vinculação com o tribunal e com a família, referindo-se a um trabalho que pretende "servir a dois mestres".

> Os comissários do tribunal de Divórcio operam numa terra de ninguém entre os interesses dos pais e das crianças, entre os pais em conflito entre eles mesmos, e, em última análise, entre os interesses do Estado e do indivíduo. Em vista disto o seu enquadre de trabalho (*rules of engagement*) parece estar em contradição. Por formação, eles estão capacitados a oferecer ajuda pessoal, por aspiração muitos se esforçam por conseguir acordos consensuais, por estatuto eles estão encarregados de investigar. Eles se posicionam, portanto, para ajudar e encorajar os pais a aceitarem a responsabilidade por si mesmos e seus filhos e, ao mesmo tempo, preparar o terreno para o tribunal suprimir e se apropriar de tal responsabilidade. (p. 3)

Como outras instituições da Grã-Bretanha, a Unidade de Divórcio (*Divorce Unit*) pesquisada por Clulow e Vincent (1987) atua em uma área geográfica predeterminada, na parte ocidental de Londres abrangendo 47% da população nas classes I e II mais abastadas[12].

4.1.1.4 O Curador de Família

O curador de família, membro do Ministério Público, como vimos no Capítulo 2.2, também pode requerer a perícia psicológica. Normalmente, quando é ele quem o faz, o juiz irá nomear o seu perito e abrir a possibilidade de indicação de assistentes técnicos. Existe, no entanto, uma particularidade de ação que conheço pela experiência.

Na cidade de São Paulo, no Fórum João Mendes Jr. (Foro Central), os membros do Ministério Público contam com uma psicóloga que trabalha com eles, assessorando-os diretamente. É uma profissional em desvio de função, mas que tem atuado nos casos de Família desde 1991. Quando o juiz indica alguém para perito psicólogo, o curador tem a possibilidade de indicar a participação desta colega como *assistente técnica* dele. A profissional conversa com o perito designado, combinando a forma de convocação e contato com as pessoas envolvidas na avaliação. Como assistente técnica do curador, ela mantém, em relação às partes, uma posição imparcial tanto quanto

[12] OPCS *County report of greater London part 2, CEN 81, CR 17*. London, HMSO, 1983.

o perito, o juiz e o curador. Isto tem permitido em alguns casos, dependendo dos profissionais, um trabalho de avaliação em conjunto e discussão dos casos. Geralmente no fim da perícia, cada profissional redige o seu trabalho. Esta modalidade permite a situação *sui generis* de haver casos com a atuação de até quatro psicólogos: o perito, a assistente técnica da Promotoria e um assistente técnico de cada parte.

Evangelista e colegas (2000) fazem referência a este tipo de assessoria ao promotor, discriminando demais atividades desenvolvidas pelos psicólogos no Ministério Público de São Paulo. Um relato de trabalho de plantão no Ministério Público do Fórum de Lorena (SP) é fornecido por Silva (2000). Esta professora oferece um serviço de atendimento à população que procura o promotor, vinculado a um estágio do Curso de Psicologia do Centro Universitário Salesiano de Lorena.

A situação de trabalho envolvendo profissionais diferentes que muitas vezes vêm a se conhecer nesta oportunidade, "entrando" no caso de lados e contextos diferentes, tem criado a necessidade de se pensar sobre a forma de organizar e coordenar o envolvimento de todos com a mesma família e o aparato judicial. Esta situação já havia sido sinalizada por Ortiz (1986), psicóloga paulista que tem o mérito de ser uma das pioneiras a escrever sobre esta atividade, que diz:

> Levando em consideração as normas citadas, *a perícia psicológica deveria ser realizada em conjunto ou individualmente*[13], mas todos os peritos poderiam – se assim o desejassem – instruir seu laudo com os mesmos referenciais, ou seja, com os mesmos testes. Nestes termos, seria possível proceder a psicodiagnósticos simultâneos com o mesmo sujeito e realizados por dois ou mais peritos diferentes. Mesmo o iniciante em Psicologia perceberia o absurdo que significaria realizar uma entrevista ou um teste concomitantemente com o mesmo sujeito por dois

---

[13] Naquela época, vigorava o Art. n.º 430 do CPC: "O perito e os assistentes técnicos, depois de averiguação individual, ou em conjunto, conferenciarão reservadamente e, havendo acordo, lavrarão laudo unânime". O artigo foi revogado pela Lei Federal 8.455 em 1992 (Pinto; Shine, 1993).

> ou mais profissionais de Psicologia e/ou áreas afins. (p. 30, itálico nosso)

Esta situação problemática não passa despercebida pelos próprios advogados, apesar da falta de familiaridade com o trabalho dos psicólogos. Em conversa informal, um deles chegou a comentar algo assim:

> Não sei como se procede porque sou leigo, mas acho que fica difícil trabalhar com uma criança tendo três psicólogos juntos (era um caso em que havia o perito e dois assistentes técnicos). Eu entendo que isto não seja problema se fosse perícia de engenharia, por exemplo. É comum marcarem todos para examinar o imóvel e todos fazem as suas medidas juntos. Mas com pessoas?!

Em relação a esta possibilidade de trabalho concomitante de vários psicólogos dentro do enquadre jurídico de avaliação de guarda de crianças não existe, até o momento, uma proposta de atuação nem por parte dos profissionais nem orientações dos órgãos de classe. No Código de Ética Profissional, o artigo n.º 11 (Das relações com outros profissionais ou psicólogos) diz que o psicólogo não deverá intervir na prestação de serviços psicológicos que estejam sendo efetuados por outro profissional, discriminando quatro exceções:

a) a pedido deste profissional;
b) em caso de urgência, quando dará imediata ciência ao profissional;
c) quando informado por qualquer das partes da interrupção voluntária e definitiva do atendimento;
d) quando se tratar de trabalho multiprofissional e a intervenção fizer parte da metodologia adotada (p. 111).

O trabalho pericial com participação de assistentes técnicos não se enquadra em nenhuma das situações acima. As intervenções são feitas, muitas vezes, ignorando a existência de outro profissional envolvido. Isto nos remete a uma das recomendações de Hess (1998) que alerta ao cliente, pai do adolescente de 15 anos que queria uma avaliação unilateral, a se certificar se já não havia outro profissional participando no caso (p. 66). **Trabalhando como perito, vejo como muito questionável a atuação de alguns assistentes técnicos que se sentem autorizados a ir fazendo entrevistas, observações lúdicas e testagens sem nem contatarem o perito do caso. Muitas vezes até ignorando a existência do perito ou não considerando que seu trabalho possa afetar e/ou prejudicar o trabalho daquele.** E isto ocorre porque se considera a parte *o cliente* sem levar em conta que o seu trabalho **não** está no campo da Psicologia Clínica. Ele pode ser realizado com o modelo e as técnicas específicas do campo clínico, mas defendo a ideia de que pela sua utilização e pelo contexto que lhe dá origem este é um trabalho na *área* jurídica.

4.1.2 A quem se avalia?

Esta é a segunda parte da seção que diz respeito ao enquadre. Nesta parte, estaremos adentrando as questões que levantamos no segundo grupo temático de interrogações lançado no Capítulo 1 "A avaliação incide sobre qual objeto?" (p. 10) buscamos discriminar *quem* é considerado o objeto da intervenção do psicólogo. A pergunta *"Quem?"* para o esclarecimento do enquadre tem sempre, no enquadre jurídico, pelo menos duas vertentes: *quem* é a pessoa que demanda o trabalho (o que abordamos acima) e *quem é* ou *quem são* as pessoas que serão atendidas pelo profissional, no caso avaliadas. É por esta razão que subdividimos esta parte em duas, contemplando os trabalhos que levam em conta apenas um dos genitores ("*Uma das partes")* ou a ambos ("*Ambas as partes").* Teremos a oportunidade de analisar os trabalhos que levam em conta a *família* como um todo e como a *criança* assume uma posição central. Veremos que algumas abordagens, se não fazem uma avaliação propriamente dita dos operadores do Direito (juiz, curador e advogados), levam em conta a sua atuação institucional e oferecem modelos e formas de abarcá-los na própria tarefa de avaliação de guarda.

A demanda de avaliação psicológica neste contexto jurídico de guarda se apresenta dentro de uma perspectiva positivista e tecnicista da Psicologia, pois ela é vista como um recurso técnico para se ter acesso a aspectos específicos do seu objeto de estudo: os indivíduos ou a família, como *objetos,* que sofrem uma ação de *avaliação* por parte do psicólogo. Cabe aqui voltar a enfatizar o papel de Ocampo (1999) e de Bleger (1984) para um posicionamento crítico e deslocado desta perspectiva. Se estamos destacando isto aqui, é porque a opção pela pesquisa dos aspectos "técnicos" ligados a esta prática, poderia induzir o leitor a pensar que nos alinhamos a tal orientação.

Ao se considerar a aceitação de um caso forense, o psicólogo deveria ter em mente *quem* são as pessoas que irá avaliar. É importante observar o que reza o Código de Ética Profissional no seu artigo n.º 20:

> É vedado ao Psicólogo:
>
> a) ser *perito* de pessoa por ele atendida ou em atendimento;
>
> b) funcionar em *perícia* em que, por motivo de impedimento ou suspensão, ele contrarie a legislação pertinente;
>
> c) valer-se do cargo que exerce, de laços de parentesco ou amizade com autoridade administrativa ou judiciária para pleitear ser nomeado perito. (Conselho Regional de Psicologia CRP SP, 1999, p. 113, *itálicos nossos*)

Em relação à legislação brasileira, o Código do Processo Civil manda se aplicarem "os motivos de impedimento e suspeição" dos juízes "ao perito". O perito deverá considerar-se impedido quando há o envolvimento de cônjuge, parente, consanguíneo ou afim, de alguma das partes ou atuando como advogado de alguma das partes, em linha reta, na colateral, até o terceiro grau. Será considerado suspeito de parcialidade se for "amigo íntimo ou inimigo capital" de uma das partes; "credora ou devedora" do perito ou seu cônjuge ou parentes; herdeiro, donatário ou empregador de alguma das partes; ter tido "relacionamento anterior" através de recebimento de "dádivas", ter dado "aconselhamento" sobre a causa ou "meios para custeio" do litígio; "interessado no julgamento da causa" em favor de uma das partes (Artigo 135 do CPC).

A Lei Federal 8.455 de 24/08/92 modifica o Artigo n.º 421 do Código de Processo Civil, retirando os motivos de impedimento e suspeição do assistente técnico[14] (Pinto; Shine, 1993). Carvalho (1993), um jurista, comentando esta mudança escreve:

> Laborou acertadamente o legislador, ao impor esta revisão redacional do CPC. Com efeito, por ser pessoa geralmente da estreita confiança de um dos litigantes, não se lhe deve ser outorgado o mesmo *status* do perito judicial, este sim, um auxiliar precioso do magistrado, que, como tal, deverá sempre exercer o encargo escrupulosamente e vinculado ao Judiciário por força de nomeação, sendo, por isso mesmo, afastado da missão opinativa quando sobre si pesarem motivos de impedimento ou de suspeição. (p. 35)

Passaremos a seguir a analisar as especificidades do enquadre de trabalho, caso o psicólogo aceite avaliar *a somente um dos lados do litígio*. Como mencionamos anteriormente, a pessoa representada nos autos que pleiteia a guarda, ou se opõe a tal pretensão de outrem, leva a designação de "parte". Designar-se-á Requerente se for o autor da demanda, consequentemente do processo judicial, ou então, Requerido(a) ao se opor à dita demanda.

4.1.2.1 A uma das partes

Voltando ao diálogo entre o psicólogo e o advogado trazido por Byrne (1991), psicólogo forense que atua na Austrália, podemos notar que os serviços do psicólogo são solicitados pelo advogado, mas eles recaem sobre outras pessoas (p. 59). Portanto, o contrato de trabalho não envolve apenas o psicólogo e aquele que demanda seu serviço (*cliente*), pois que, para a sua realização, é necessária a ação do profissional psicólogo sobre terceiros (partes e crianças/família).

Analisando o diálogo da passagem mencionada acima, vemos que a preocupação central do advogado é com a "avaliação de sua

---

[14] Para um breve histórico do assistente técnico nos processos judiciais ver Silva e Costa, 2000.

cliente e de seu atual companheiro". Seriam pelo menos duas pessoas que passariam pelo psicólogo, com os quais a natureza do trabalho e os papéis de cada lado também devem ser estabelecidos como parte do enquadre pericial. Vale notar que o psicólogo pergunta da inclusão do *pai das crianças* na avaliação e o advogado aceita que o profissional o chame para entrevista, não sem relutar, mas somente em um momento *posterior* à avaliação dos adultos que formam o casal atual (mãe e companheiro). A questão da disputa de guarda é colocada desde o início, como também o motivo da demanda do pai das crianças para o litígio: a suposta inadequação da ex-mulher para o exercício da guarda. Opondo estes dados às advertências de Hess (1998), o psicólogo que está preocupado em discriminar a natureza das demandas em casos forenses, é possível pensar que o advogado quisesse contratar o profissional para contra-argumentar a tese do pai do que esclarecer a questão pertinente ao bem-estar das crianças (Quem é adequado para cuidar das crianças?). *As crianças não são nem citadas no pedido inicial do advogado*. A resistência em incluir o pai poderia ser justificada pelo desinteresse nas explicações deste pai, que descortinariam o campo da dinâmica familiar envolvida. O interesse do advogado parece se centrar num *enfoque adversarial* clássico, em uma estratégia de busca de provas (prova psicológica técnica, no caso) para subsidiar sua tese de adequação da mãe para a continuação da guarda. A sugestão de que "dinheiro não seria problema" faz suspeitar ainda mais de que se trate de uma "proposta de trabalho para um *pistoleiro*" nos termos de Hess (1998).

Glassman (1998) sugere evitar avaliações unilaterais (somente de uma das partes), exceção feita em casos que se suspeita que haja crianças em situação de risco. Este psicólogo forense, especializado em avaliação de guarda no Arizona (EUA), alerta que os profissionais que dão recomendações baseados em apenas um dos lados correm o risco de prejudicar sua reputação e não serem considerados para futuras nomeações pelo tribunal.

Em minha experiência de trabalho tenho visto crescer o número de demandas judiciais baseadas em uma avaliação psicológica preliminar e unilateral (criança e uma das partes) para subsidiar o início de um litígio processual. O cenário mais comum é do próprio interessado, geralmente mãe ou pai, solicitar tal avaliação para um psicólogo em clínica particular a pedido do advogado. Pela falta de informação, o profissional da área clínica não tem noção de que está adentrando, num contexto complexo, a área jurídica, por meio de seu trabalho.

4.1.2.2 A ambas as partes

Pela análise que fizemos da primeira parte do enquadre "*Quem demanda o serviço?*" verificamos que **apenas o perito, nomeado pelo juiz, teria a possibilidade de avaliar todos os membros da família em situação de imparcialidade.** No cenário brasileiro só encontramos referência a esta modalidade quando o juiz chama o profissional de confiança, outorgando-lhe tal incumbência (Alves, 2002; Brito, 1993; Ortiz, 1986) ou quando o profissional trabalha na instituição judiciária (Barros, 1997; Castro, 2000; Castro; Passarelli, 1992; Felipe, 1997; Fernandes, 2001; Machado; Correa, 2000; Marques da Silva, 2001; Miranda Jr., 1998; 2000a; Pellegrinelli, 1993; Ramos; Shine, 1994; Ribeiro, 1999; Shine, 2002; Silva, 2000; Silva; Vasconcelos; Magalhães, 2001a; 2001b; Suannes, 1999). Uma outra situação de enquadre de trabalho é quando o profissional convocado a realizar avaliação psicológica pertence a uma outra instituição de referência. Neste grupo encontramos os trabalhos de Clulow e Vincent (1987); Martins (1999) e Schindler (1983).

Já mencionamos o estudo de Clulow e Vincent (1987) e sua justificativa em constar deste estudo (p. 72-75). Passaremos agora a descrever o segundo trabalho, de Martins (1999) que está neste terceiro grupo. Relembramos o leitor que o nosso interesse neste arranjo particular do enquadre é verificarmos a influência da instituição de origem sobre os procedimentos técnicos utilizados. O trabalho da psicóloga Sheila Martins é uma dissertação de mestrado defendida em 1999 pela Pontifícia Universidade Católica (PUC) de São Paulo. Ela utiliza o estudo de casos de perícias judiciais com o objetivo de testar a proposta de *avaliação familiar sistêmica* em perícias de maneira geral. A sua experiência de trabalho pericial é a partir de sua inserção institucional no Instituto de Medicina Social e de Criminologia de São Paulo (IMESC), onde trabalhou entre 1987 e 1996. O IMESC é uma entidade autárquica vinculada à Secretaria de Justiça e Defesa da Cidadania do Estado de São Paulo. Dentre suas atribuições está o de "realizar perícias, exames de personalidade e de capacidade profissional, requisitados pelas autoridades competentes" (Martins, 1999, Anexo, p. 2).

A autora utilizou de casos de Direito Penal, de Infância e Juventude, de Cível e da Fazenda Pública. Os casos de número 5 e 6, de sua amostra, correspondem a casos de Vara de Família, embora somente o caso 5 seja de disputa de guarda (o caso 6 era de regulamentação de visita). A sua atuação no caso 5 se deu a partir de solicitação de perícia psicológica da autoridade judiciária. No caso 6 sua entrada foi determinada pelo pedido do psiquiatra, cabendo a sua designação internamente pela instituição. **Apenas no primeiro caso a delegação da autoridade judiciária foi feita diretamente a ela. No segundo caso, houve uma demanda do psiquiatra perito por uma avaliação complementar, sendo daí, designada internamente pela própria instituição. Há uma demanda redirecionada a partir de outro profissional: o psiquiatra, incluindo-se aí o viés institucional para o acolhimento e distribuição do caso internamente**. De qualquer modo, sob a chancela do IMESC, Martins (1999) realizou suas avaliações a partir do lugar de *imparcialidade* e com o *status* de *perito oficial*.

Em minha passagem pela Clínica Tavistock, nos anos de 1994 e 1995, tive a oportunidade de realizar avaliações psicológicas na Equipe Forense (Bichard; Shine, 1995), ligada ao Departamento de Criança e Família desta instituição. Nesta oportunidade, entrei em contato com Christopher Vincent (coautor do livro *Divorce court welfare and the search for a settlement*) no curso chamado *Psychoanalytic Study of the Couple Relationship.* Em relação às avaliações forenses, sejam psiquiátricas ou psicológicas ou multiprofissionais, existe uma política da instituição que condiciona a participação de seus membros. Quem melhor coloca esta questão é o advogado inglês Michael King e a psiquiatra do Departamento de Criança e Família, Judith Trowell, que escrevem:

> É relativamente raro, pelo menos no Reino Unido, que os conflitos conjugais levem a batalhas judiciais envolvendo crianças. É ainda mais raro que as clínicas de saúde mental sejam envolvidas. Certamente, os psiquiatras da Tavistock Clinic recebem uma

> demanda, pequena mas constante, de solicitação de avaliação da capacidade de paternagem/maternagem e do relacionamento com seus filhos por parte de pais em divórcio ou divorciados (ou de seus representantes legais) a fim de subsidiar uma disputa de guarda. No entanto, em função de uma política da instituição, estas solicitações não são aceitas, de uma maneira geral, tendo como justificativa que o profissional clínico não tomará partido, envolvendo-se no caso somente se solicitado pelo tribunal. (p. 55)

Percebe-se que a posição da instituição já se traduz em uma postura técnica de não se envolver unilateralmente na disputa de guarda, que reflete o posicionamento ético e político coerentes defendidos pela instituição. É dentro desta tradição que se encontra o trabalho de Clulow e Vincent (1987).

Em relação à questão da *imparcialidade* e fazendo uma comparação com o cenário norte-americano por meio das duas grandes pesquisas norte-americanas, encontramos um dado interessante. Na pesquisa de Keilin e Bloom (1986), 37% dos sujeitos da amostra responderam que *preferiam ser contratados por ambos os advogados e partes.* Na pesquisa ampliada e replicada dez anos depois por Ackerman e Ackerman (1997), quase a totalidade da amostra declarava preferência pela posição imparcial adquirida por nomeação pelo tribunal ou *por contrato com ambas as partes*.

No meio norte-americano, os psicólogos que realizam avaliações psicológicas forenses no setor público estão empregados em vários tipos de arranjos (Grisso, 1987). Este autor discrimina três formas de contrato. Em primeiro lugar, aqueles que são servidores públicos em tempo integral, lotados em uma central forense ao qual convergem todas as demandas de avaliação em casos criminais. Heilbrun e Annis (*apud* Grisso, 1987) estimaram que estas avaliações de casos criminais são realizadas em todo o país por mais de cem agências deste tipo, empregando uma média de sete psicólogos em tempo integral (e um mesmo número de psiquiatras). Uma segunda possibilidade de vinculação ao trabalho forense de avaliação, e este que contempla os casos de guarda, é *o modelo do serviço implantando no próprio tribunal* (*court clinic model),* que se aproxima do enquadre institucional dos psicólogos judiciários brasileiros, ou seja, a avaliação é realizada por uma equipe de saúde mental ligada administrativamente ao tribunal a quem prestam serviços. Grisso, Tomkins e Casey (*apud* Grisso, 1987) levantaram uma estimativa que aproximadamente um terço das 125 grandes jurisdições metropolitanas utiliza este modelo, contando com um a dez psicólogos em tempo integral, realizando avaliações em questões que vão de problemas de delinquência, divórcio e guarda de crianças, abuso de crianças e negligência. Uma terceira forma do setor público conseguir avaliações forenses é por *contrato com psicólogos da prática privada*. O autor cita o Novo México e Ohio que mantém sob contrato grupos de profissionais para desempenhar tais avaliações regionalizadas nestes estados. Outros estados, ainda, *contratam o psicólogo do setor privado em função de suas necessidades a cada caso*. Outros estados recorrem aos profissionais de *saúde mental lotados nos centros públicos de saúde mental* localizados nas comunidades. Isto se aproxima ao que ocorre em alguns estados brasileiros que não tem um núcleo especializado de profissionais, levando o juiz a designar psicólogos lotados na Secretaria da Saúde.

Grisso (1987) afirma que, em comparação com o setor público, o setor privado deve contar com um número maior ainda de profissionais que oferecem seus serviços a advogados e clientes. Segundo este mesmo autor, neste grupo estariam desde os especialistas para quem a avaliação psicológica forense é seu campo predominante de trabalho (mais ou menos cem pessoas na estimativa da época) até aqueles que estão na prática clínica e eventualmente realizam avaliações para a justiça, dos quais não havia dados estimativos. Este autor, Thomas Grisso, que é um dos pioneiros da área forense norte-americana, deixa claro que o número de *não especialistas* que atuam no campo é muito maior que a soma dos psicólogos forenses especialistas e psicólogos forenses de carreira pública.

No Brasil, não dispomos de dados estatísticos nem dos que estão no setor público, muito menos no setor privado. No entanto, dada a situação mais recente de expansão de atividades nesta área, é possível presumir que os psicólogos de consultórios particulares que se envolvem neste tipo de avaliação ainda são em menor número dos que o fazem com alguma vinculação institucional. Pelo menos é isto que podemos depreender do número de trabalhos pesquisados, levando em conta a vinculação institucional ou não dos profissionais. Com a criação do recente Título de Especialista em Psicologia Jurídica, pelo Conselho Federal de Psicologia por meio da Resolução n.º 14/00 em 22/12/00, será possível recorrer aos registros dos Conselhos para se ter uma ideia dos psicólogos em exercício nesta modalidade.

A preferência pelo trabalho imparcial é uma postura defendida mesmo por aqueles que podem atuar como assistentes técnicos. Mais do que defendida, é uma posição ativamente proposta e procurada por alguns autores (Blau, 1998; Berry, 1989; Byrne, 1991; Glassman, 1998; Melton; Wilconx, 1989; Stahl, 1999). Como ela poderia ser efetivada na prática, independentemente da nomeação do juiz da causa ou do interesse parcial dos advogados?

Byrne (1991), indica que para tal arranjo é necessário que ambos os advogados concordem e convençam seus respectivos clientes que ter um profissional em posição imparcial é desejável. Nesta posição, o profissional está autorizado a exigir total cooperação de todas as partes e tem acesso a todos, fazendo o possível para que cada parte tenha tido toda a oportunidade de se expressar, sentindo-se tratada com equidade. O autor recomenda fazer uma *devolutiva* em primeira mão às partes para não agravar uma situação de ansiedade. Sugere ainda que o profissional, por ser de confiança de ambas as partes, tem chances de efetivamente ter suas recomendações seguidas por todos. Byrne (1991) sugere o estabelecimento de um *contrato escrito* com as partes, discriminando os papéis e obrigações de cada parte e do profissional. A sugestão de contratos escritos, especificando as obrigações de cada um, também é feita pelo psicólogo forense americano Blau (1998). Em seu livro, ele dá exemplos de modelos de tais contratos. Esta prática não é mencionada em nosso meio.

A possibilidade de trabalhar para ambas as partes é interessante, pois se encontram na mesma posição aqueles que demandam os serviços psicológicos (clientes) e quem será avaliado (membros da família). A atuação dos advogados fica em um segundo plano, uma vez que os respectivos clientes aceitem assumir um mesmo profissional para a tarefa de avaliação psicológica, arcando até mesmo com os honorários e se implicando no processo.

Berry (1989), professor na Universidade de Nebraska (EUA), sugere que o profissional de saúde mental envolvido em disputa de guarda deve se esforçar para avaliar todas as partes envolvidas. Quando tal iniciativa, apesar de todos os esforços, falhar. O profissional deveria enfatizar o caráter parcial e incompleto de seu estudo e, por conseguinte, a dificuldade de se fazer *qualquer* recomendação conclusiva em relação à guarda. Estas orientações fazem parte das diretrizes para avaliação psicológica de guarda de crianças da Associação Psicológica de Nebraska criadas em 1986. Tal diretriz enfatiza que: **qualquer que seja a decisão de guarda, o profissional deveria ter em mente a continuidade do relacionamento da criança com ambos os pais, levando isto em consideração em qualquer recomendação ou sugestão que fizer.**

Para os psicólogos judiciários em posição imparcial e equidistante em relação aos pais, percebemos que o foco da atenção pode se direcionar aos adultos em função da concepção que embasa as intervenções. A abordagem da avaliação psicológica pode privilegiar o casal parental quando se pensa que é algo da relação dos adultos que origina o litígio processual. O colega Miranda Jr. (2000a) entende que o conflito é originário da própria separação conjugal.

> A prática das Varas de Família permite dizer que tal sofrimento [advindo da separação conjugal] pode produzir como resposta sintomática, dependendo dos envolvidos, a exacerbação de todos os conflitos possíveis numa organização familiar: desde a indisposição entre pessoas (inclusive de famílias distintas) até o aparecimento de sintomas psíquicos graves. Muitos destes *conflitos* se transformam em processos judiciais e, neste campo complexo, crianças e adolescentes sofrem, sendo, muitas vezes, meros objetos de uso dos litigantes em função de questões pessoais. (p. 168-169)

Pellegrinelli (1993), colega do Fórum do bairro da Lapa (SP), também parece pensar que o foco privilegiado seriam os adultos/pais.

> Nesse enfoque, nossa avaliação tem o propósito de apreciar a situação global que, no que tange aos aspectos psicológicos,

> vem se constituindo em um entrave para que os ex-cônjuges sejam capazes de proteger seus filhos das consequências de uma perpetuação das hostilidades entre eles. (p. 3)

Correa, colega do meu Setor de Psicologia, em conjunto com uma psicóloga do Departamento de Psicologia da PUC, Machado (2000), apresentou um trabalho no penúltimo Congresso da Associação Ibero-americana no qual propõe um entendimento da situação de litígio a partir das propostas de Bleger (Bleger, 1984) e Winnicott (Winnicott, 1987). Elas entendem a ação judicial como um "pedido de socorro", "um gesto" com características pré-simbólicas que aponta para a impossibilidade de solução do conflito. As autoras situam a problemática na questão do narcisismo com defesas contra ansiedades depressivas associadas à dependência e à culpa. Em suas palavras:

> Trata-se, portanto, de uma patologia do vínculo familiar, de coloridos fortemente anaclíticos, que, até certo ponto, independe da psicopatologia particular de seus membros. Esta situação poderia ser considerada o campo inconsciente que estrutura o litígio entre o casal nos casos de disputa de guarda. Cada uma das partes, embora acredite almejar o melhor para o seu filho, na verdade está envolvida num litígio que o exclui como sujeito. Nesta configuração não há lugar para a criança que, desconsiderada na sua subjetividade, fica em situação de total desamparo para enfrentar um ambiente altamente desfavorável ao seu desenvolvimento emocional. (p. 236)

O mesmo foco parece orientar o trabalho de Barros (1997), Ribeiro (1999), Vainer (1999) e Vaisberg (2000). Barros (1997) parte de um enfoque psicanalítico influenciado por Lacan. Ribeiro (1999) trabalha com o enfoque familiar sistêmico. O trabalho de Vainer (1999), psiquiatra de formação, baseou-se na utilização do referencial teórico de Jurg Willi (Willi, 1985) para a compreensão psicodinâmica dos casais em litígio utilizando-se de uma amostra de relatórios elaborados por assistentes sociais judiciários paulistas. As pesquisas de Vaisberg (2000) são feitas com as colegas Machado e Corrêa (2000). Vaisberg e Correa já publicaram um trabalho em conjunto com Castro[15]. Castro e Passarelli (1992) propunham um modelo de avaliação considerando o litígio um sintoma parental. No seu mais recente trabalho, no entanto, Castro (2000) rebate a premissa de que é uma separação malfeita o que leva ao litígio processual, contrapondo-se, neste sentido, a Ribeiro (1999), Vainer (1999) e Vaisberg (2000).

Samper (1995), atuando na Espanha, apresenta outra pesquisa na qual analisa 85 laudos psicológicos recolhidos de seis dos sete tribunais de Família de Madri. O interessante neste estudo é que o foco da avaliação dos casais litigiosos, no que dizia respeito à disputa da guarda, centrava-se na questão da "idoneidade de um dos cônjuges e questionamento da idoneidade do outro genitor". Em suas palavras:

> El informe se planifica con el objeto de evaluar qué padre es más idóneo, para obtener la guarda y custodia de los hijos. Estos casos se refierem a aquellas parejas que tramitam su separación o divorcio mediante un procedimiento contencioso, sin acuerdo en diversos puntos del Convenio Regulador, sendo uno de ellos el tema hijos y también los casos en que las medidas adoptadas por el juez no satisfacem a un miembro de la pareja y se apela de dichas medidas reclamando la guarda y custodia de los hijos informando de su idoneidade como padre o madre y cuestionando la del otro progenitor. (p. 304)

Talvez seja possível afirmar que, à medida que ambos os adultos litigantes são contemplados pela avaliação do psicólogo, vai havendo uma mudança do discurso que sustenta suas práticas. **Ao serem confrontados com os interesses, necessidades e demandas dos adultos, os profissionais parecem se deslocar dos interesses parciais dos adultos e priorizar as necessidades das crianças.** A análise dos próximos trabalhos parece autorizar este tipo de afirmação.

---

[15] AIELLO-TOFOLO, T.M.; CASTRO, L.R.F.; CORRÊA, Y.B. "Disputa de guarda: Uma visão psicanalítica". In: *Resumo no Programa do I Congresso Interamericano de Psicologia Forense.* Buenos Aires, 1993.

4.1.2.3 A(s) Criança(s)

O lugar em que comparece a criança em nosso trabalho reproduz, de certa forma, o lugar que ela acaba ocupando dentro do processo de avaliação psicológica no judiciário. Antes de podermos voltar nossa atenção a ela, tivemos de percorrer um longo caminho desde o demandante dos serviços, passando pela estrutura institucional, até chegar aos pais e finalmente nela. No discurso dos pais, a criança, invariavelmente, é colocada como a principal beneficiária de seus esforços ("Estou fazendo isto pelos meus filhos"). O mesmo ocorre com o próprio discurso da instituição judiciária que tem por lema resguardar o "melhor interesse da criança". Vamos ver nesta seção que a criança, como beneficiária principal da atuação do psicólogo, também comparece em certos autores que discriminaremos abaixo.

Miranda Jr. (1998), psicólogo judiciário de Belo Horizonte (MG), considera em seu texto "A psicologia e as práticas judiciárias na construção do ideal de justiça" a relação entre os saberes constituídos pela Psicologia e o Direito. Fazendo uma retomada histórica da demanda do trabalho do psicólogo pela Justiça, Miranda Jr. reconhece que o pedido que é endereçado ao psicólogo é de *perícia*, mas sustenta a ideia de que "a prática dos psicólogos foi inserindo variáveis que demonstraram a insuficiência da perícia" (p. 29). Ainda de acordo com Miranda Jr.:

> Afinal, quem é o *cliente* do psicólogo? A instituição que lhe demanda o trabalho ou o sujeito que por algum motivo foi inserido no discurso institucional? Sem desconsiderar a importância que ocupa a instituição em nosso trabalho, *nosso cliente é o sujeito que atendemos.* (p. 29, itálico nosso)

Mais adiante em seu texto, ele discrimina quem considera ser os clientes: "O psicólogo é chamado pelo judiciário a escutar estas demandas que lhe chegam em alguns casos específicos. Em termos judiciais, nossos maiores clientes hoje são as crianças, os adolescentes (a família por extensão) e os loucos" (p. 30). Em seu trabalho, o autor parece privilegiar a criança, uma vez que "a família vem por extensão". Fazemos uma diferenciação em relação ao colega quanto ao uso que este faz da relação cliente-psicólogo. **Como defendemos anteriormente, se entendemos o cliente como o demandante dos serviços psicológicos, neste caso, o cliente é o juiz do caso que determina a avaliação psicológica e concede a entrada da atuação do psicólogo pela porta da perícia.** A criança, a meu ver, poderia ser encarada como o objeto de atenção privilegiado, mas não ela própria a cliente do psicólogo no sentido daquele que demanda seus serviços. A posição da criança como cliente parece tomar o modelo do atendimento psicoterapêutico de crianças da Psicologia Clínica, no qual se convenciona que a criança é o cliente do psicoterapeuta, mesmo que a demanda tenha partido inicialmente dos pais e sejam eles que arcam com os honorários profissionais.

Essa concepção, *da criança como cliente*, parece subsidiar a intervenção de Silva (2000), minha ex-colega no Setor de Psicologia, quando, apreciando o contexto da avaliação de guarda, diz:

> Neste contexto não podemos deixar de avaliar: Qual o lugar que a criança ocupa nessa disputa? Será ela realmente o foco central deste processo? Em quem acreditar?
> Dependendo do tipo de queixa outras questões são suscitadas: Essa pessoa seria capaz de atitudes libidinosas? É agressiva a ponto de bater ou matar o outro? Será que esta mãe realmente mantém ou não, relações sexuais com o namorado na frente do filho?
> *Neste conflito visamos a proteção da criança.* A criança se encontra de tal modo ligada e unida à atitude psíquica dos pais, que não é de causar espanto se a maioria das perturbações nervosas verificadas na infância devam sua origem a algo de perturbador na atmosfera psíquica dos pais. (p. 255, itálico nosso)

Aparece aqui, junto à ideia da criança como foco privilegiado da atenção do psicólogo, a noção de "proteção" da criança de uma ação "daninha" que provém de um (ou ambos) os pais. Tal posicionamento já implica não só uma postura ao tomar conhecimento daquilo que acontece (investigação), mas a preparação para uma ação mais *interventiva*. O que, dentro do contexto do judiciário, pode tomar a forma de medidas judiciais que levem a interromper os contatos de visitas, retirar a criança do guardião e entregá-la ao outro genitor, etc.

No trabalho de Pellegrinelli (1993), mencionado anteriormente, vemos também a prevalência da criança:

> Para a criança, que identificamos como a pessoa a quem o nosso estudo deve prioritariamente beneficiar, tentamos oferecer um espaço neutro onde possa manifestar-se livremente acerca de seus desejos e ansiedades, pois apenas uma compreensão clara acerca de em que medida ela está sendo afetada pelo desacordo dos pais pode direcionar o profissional para a decisão que mais a favoreça. (p. 3)

Nesta proposta, a partir de um referencial psicanalítico, a colega procura uma compreensão da "dinâmica psicológica estabelecida no relacionamento do referido grupo" (Bleger, 1980; Dolto, 1989). Tendo por base este conhecimento, ela procura "sugerir, se possível, uma medida jurídica que possa alterar essa dinâmica, muitas vezes patológica e precursora, para a criança, de um desenvolvimento emocional distorcido" (p. 3). Nesta concepção comparece também a noção de que a atuação do psicólogo seria de sugerir a medida judicial que melhor se adeque às necessidades da criança. Fica no ar a dúvida se, em casos de disputa de guarda, a autora defende a orientação de que o psicólogo se posicione indicando alguém ou não.

Em nossa amostra, o trabalho de Felipe (1997) é o que melhor explora a questão da criança dentro do contexto dos processos de Vara de Família. Esta colega é psicóloga judiciária da equipe técnica de Ribeirão Preto (SP) e realizou sua pesquisa como parte dos créditos para o grau de mestre pela Faculdade de Ciências, Filosofia e Letras de Ribeirão Preto, da Universidade de São Paulo. Felipe (1997) analisou dez estudos de casos de crianças entre seis a dez anos de idade em processo de disputa de guarda. O objetivo do seu trabalho era verificar se a utilização das técnicas psicológicas – *CAT* (*Childrens' Aperception Test),* de L. e S. Bellak, e o DF-E (Teste do Desenho de Família com Estória), de Walter Trinca (1989) – contribuiria para "permitir uma maior compreensão sobre a situação emocional da criança, comparativamente à entrevista – ou seja, acrescentam-se informações; e no sentido de enriquecer a compreensão do caso, tomado como um todo, considerando-se a dinâmica familiar" (p. 62). A justificativa no uso de tais técnicas se apoiava na consideração da autora de que, em qualquer abordagem da problemática de disputa judicial de crianças, colocar-se-ia a necessidade de "conhecer as necessidades, conflitos e sentimentos destas crianças". As técnicas projetivas escolhidas seriam uma *via de acesso indireto* à criança (não se perguntaria o que ela desejaria por ser eticamente questionável), oferecendo uma forma não confrontativa e, portanto, supostamente facilitadora para a criança. Com esse procedimento, poder-se-ia abordar os elementos inconscientes em jogo (as representações internas ligadas às imagens parentais, os conflitos psíquicos ligados à situação familiar e os desejos em relação à solução da problemática em questão). Um mérito do trabalho é o de trazer dados empíricos de pesquisa com esta população forense específica, fato não usual na área. Voltaremos às conclusões de sua pesquisa mais a frente em nosso estudo.

Alves (2002), em sua tese de doutorado pela USP, busca a validação do instrumental psicanalítico dentro da perspectiva pericial na Vara da Família. A sua experiência no campo é como perita autônoma (indicada pelo juiz da causa), não fazendo parte dos quadros do Tribunal. Vamos destacar, por ora, a questão de quem é o objeto da avaliação e quem se pode considerar seu cliente.

O seu método de trabalho deixa claro que o juiz é o seu cliente, sendo este foco de atenção inicial. Nas palavras da autora:

> Determinada a perícia psicológica judicial e nomeado o psicólogo que a realizará, dá-se início às entrevistas periciais. De acordo com a prática desta autora, antes das entrevistas com as pessoas da família, o perito busca saber quais são as motivações do juiz na solicitação da perícia; quais as suas impressões colhidas nas audiências com as partes e, principalmente, o quê do discurso familiar lhe impressiona ou causa estranheza, dificultando-lhe o entendimento do conflito. Esses dados referem-se às condições particulares da transferência que a família estabelece com o juiz (referimo-nos aqui ao conceito psicanalítico de transferência), tendo que recorrer à perícia. (p. 53)

Mais à frente, a autora aponta que em "relação à produção do laudo pericial, o perito estabelece como núcleo central de suas preocupações a análise e a dinâmica familiar observada no processo mesmo da perícia, privilegiando os dados que interessam à compreensão das condições psíquicas das crianças e de suas relações com os pais" (p. 56). Alves reafirma sua posição da seguinte forma: "De acordo com as concepções desta autora, a questão que deverá guiar o estudo pericial é, conforme já foi dito, a análise da dinâmica familiar observada no processo da perícia, segundo a ótica dos menores" (p. 56). Portanto, em sua atuação pericial, denominando-se "psicanalista perita", ela leva em conta "as pistas" transferenciais de quem é o destinatário do trabalho (o juiz, e neste sentido seu cliente) e privilegia o ponto de vista da criança dentro da família e dentro do processo pericial (o que faz todo sentido dentro de sua proposta de atuação). **A inovação técnica, a nosso ver, pelo menos explicitada em seu trabalho, quando comparado com a relativa ausência de menção a isto, está ligada à *entrevista inicial com o juiz* procurando determinar a transferência que já esteja em jogo entre o operador do direito (demandante/cliente dos serviços) e a família em questão.** Em minha própria prática já me aproximei dos juízes procurando determinar mais detalhes quanto ao encaminhamento dos casos para a perícia psicológica. As colocações sempre foram lacônicas a ponto de me desestimular a continuar nesta abordagem. Existem duas hipóteses para explicar esta situação, não necessariamente excludentes. Percebi, com a experiência, que alguns juízes se pautavam pela ideia de que quanto mais isento fosse o contato do profissional perito com a família menos contaminado seria o produto do trabalho. Dando a oportunidade, assim, do magistrado apreciar se a visão de um outro especialista confirmaria a sua percepção sem que houvesse uma possível indução da parte dele mesmo. Em outros casos, ou pensando de outra forma, a institucionalização e a burocratização no encaminhamento aos serviços técnicos, como parte do sistema, faz que tanto um quanto o outro profissional "não achem tempo" para conversarem.

4.1.2.4 A Família

Existem profissionais que não fazem uma distinção da criança, ou se o fazem no sentido de beneficiários primários de sua ação, elegem a família como o grupo a ser periciado. Vejamos quem são estes autores em nossa amostra de pesquisa.

No trabalho de Suannes (1999), psicóloga judiciária do Fórum do bairro de Pinheiros da cidade de São Paulo, que usa um referencial psicanalítico, as partes são tratadas como *usuárias*.

> Antes de entrar nas especificidades dos conflitos de que trata a Vara de Família e da atuação que se realiza junto a estas Varas, proporia um recuo para questões mais genéricas que, a meu ver, são importantes para situar o contexto no qual trabalhamos: a relação do *usuário* com a instituição judiciária, a noção que o Direito tem de conflito e, finalmente, como os operadores do Direito estruturam e resolvem os conflitos judiciais. (p. 92, itálico nosso)

No entendimento desta profissional, o trabalho do psicólogo deve ser direcionado à *família*, constituindo-se a intervenção pericial psicológica um momento de "simbolização do conflito". De qualquer forma ela parece estar considerando *a família* como foco da intervenção.

Ribeiro (1999), psicóloga judiciária de Brasília, reflete o posicionamento do Serviço Psicossocial Forense (SERPP), criado em 1992, que, dentre as suas funções, assessora os Juízos que tratam de questões de Direito de Família. Há que se destacar que este serviço foi criado a partir de uma demanda em Vara de Família em 1985 e institucionalizada na hierarquia do Judiciário em subordinação direta à Corregedoria de Justiça. Esta inserção coloca o grupo ligado a uma instância hierarquicamente superior aos juízes, aos quais auxiliam.

A abordagem deste grupo de psicólogos busca, como objetivo da intervenção, "devolver à família seu poder de decidir sobre sua organização, mostrando a seus membros sua responsabilidade na manutenção do litígio e sua competência em solucioná-lo" (p. 163). Esta concepção parece ter sido fruto da experiência e da reflexão crítica a respeito dos usos que os próprios laudos psicológicos tinham como fomentadores da continuidade dos processos judiciais. De acordo com Ribeiro (1999):

> Assim, nossa atuação auxiliava o Magistrado no processo decisório, porém, não promovia uma melhor qualidade nas relações entre as partes e incorria na possibilidade de oferecer instrumentos para novos conflitos, através do conteúdo dos nossos pareceres, que apontavam defeitos de um e virtudes do outro. Além disso, a sugestão apresentada ao Juiz era alcançada sem a participação das famílias, mantendo-as num papel passivo quanto ao processo de decisão de suas questões, retirando-lhe a responsabilidade pela manutenção do litígio e, consequentemente, pela resolução do mesmo. (p. 163)

Gostaríamos de destacar nesta passagem duas coisas. A primeira diz respeito à distinção entre suprir a demanda do cliente e atingir o objetivo pretendido com as famílias em litígio. A segunda refere-se à questão da passividade (o que pode mascarar ressentimento) no processo que vai mudar a vida de uma família. **Uma das críticas à atividade pericial é que ela não resolve o problema do conflito familiar. Entendemos que existe aí uma confusão entre o que é o problema para a autoridade judiciária e o que é o problema do ponto de vista da família.** Como pensamos ter explicitado, para a autoridade judiciária trata-se de resolver o conflito judicial dando a sentença que melhor refletir o entendimento da situação frente às normas e dogmas jurídicos. Podemos dizer que o seu problema termina quando o laudo dá ao juiz uma base sólida para apoiar sua argumentação jurídica e sustentar a decisão que proferir segundo seu entendimento. Findo o processo, termina o problema que originou a demanda (do ponto de vista do cliente-juiz). Obviamente que a maior parte dos magistrados está ciente de que a coisa não é tão simples assim. Como afirma um desembargador do Tribunal de Justiça de Pernambuco: "Em juízo de família, não se resolvem apenas os litígios; resolvem-se pessoas" (Alves, 2001). Mas será que o objetivo de "resolver pessoas" não seria muito ambicioso para ser levado a cabo nas condições possíveis de trabalho dos processos judiciais em Vara de Família? E o que seria "resolver pessoas"?

Do ponto de vista psicológico, a decretação de uma sentença está longe de ser o término do conflito. A sentença pode ser uma diretriz que, se implementada, ao se efetivar, espera-se que resolva o conflito de base. Há muitos condicionais nesta situação (se... se...). Lembremos que a perícia em sua acepção original não tem o objetivo de resolver nada, a não ser investigar e se levantar conhecimentos a respeito de algo. (Mesmo que se admita que o próprio processo investigativo provoca uma alteração nas pessoas, isto não significa que se possa atingir uma mudança substancial na dinâmica familiar que desembocou no litígio processual). A insuficiência desta posição se torna clara, quando as mesmas famílias retornam à cena jurídica com outras demandas processuais ou a mesma, só que com "novos fatos agravantes".

A maior parte dos profissionais que atuam dentro do judiciário conhece e se refere aos retornos dos casos (Felipe, 1997) ou cronificação do litígio (Miranda Jr., 1998; Shine, 1998). Uma vez que, mesmo terminado o processo, o caso pode voltar, os profissionais lotados nas próprias instituições onde os casos "voltam" têm melhores condições de reavaliar e apreciar o que aconteceu após terminada a avaliação. Infelizmente, a amostra fica limitada aos casos que não foram "resolvidos"; um perito independente, muito provavelmente, não teria esta noção do prosseguimento do caso após a sentença judicial.

Neste sentido, muitos se referem a alguma forma de sensibilização (Ramos; Shine, 1994) e de atuação, que estamos chamando aqui de interventiva. Vejamos o exemplo de Marques da Silva (2001), outra colega lotada no mesmo serviço que atuo.

> É esperado, e inclusive definido legalmente, que o psicólogo produza um laudo, resultado do estudo feito com a família em litígio. Porém nos questionamos se não seria um verdadeiro "desperdício de dados" e "conteúdos emocionais", se não sensibilizarmos ou trabalharmos terapeuticamente, ainda que de maneira breve, aqueles, que estiveram sendo nosso objeto de estudo com vistas à produção de um laudo, com sugestões e orientações possíveis. (p. 76)

Gostaríamos de retornar à questão da *passividade* da família, mencionada por Ribeiro (1999), frente à decisão judicial. Pensamos que tal característica faça parte da própria demanda que a família faz ao sistema: "resolvam nosso problema porque nós não conseguimos". Como bem coloca a colega Suannes (1999):

> As pessoas envolvidas neste processo parecem representar o juiz como sendo capaz de exercer uma ação que os alivie de seu sofrimento. Ao formularem o pedido de resolução judicial; é como se decretassem a impossibilidade de pensar ou de lidar com as próprias questões e atribuíssem a um terceiro a função de fazê-lo. Como, possivelmente, está subjacente a este pedido um sentimento de impotência, há uma tentativa de reversão deste estado através da suposição da onipotência do juiz. (p. 95)

Os dinamismos deste pólo onipotência-impotência estão muito presentes neste trabalho. A possibilidade de dividir o peso de tal expectativa por meio das discussões dos casos é um processo benéfico para todos os profissionais envolvidos. É uma questão que remete diretamente às imagens de poder e controle que se associam com o aspecto coercitivo da autoridade.

Vale a pena assinalar, voltando a apreciar o trabalho da equipe de Brasília, que embora o foco da intervenção explícita seja a família, a compreensão da problemática familiar parece estar embasada em uma origem ligada à esfera do casal conjugal que dificulta a assunção da parentalidade. Na perspectiva de Kaslow e Schwartz (1995), citada pela autora:

> Ao contrário, constatamos que os ex-casais com os quais trabalhamos têm por característica o fato de ainda estarem emaranhados na dor, desilusão e raiva pelo fracasso da relação; sentimentos compatíveis com o período pré-divórcio e com o divórcio legal. Utilizam-se da criança para manter o litígio, numa forma disfuncional de tentar alcançar a fase do "divórcio psíquico". (p. 165)

Em sua proposta metodológica, Ribeiro e equipe (1999) propõem, fugindo dos parâmetros do enfoque pericial clássico, *contatar os advogados*, entendendo-os como elementos importantes do contexto. Em suas palavras:

> Objetivando envolver o sistema jurídico para um trabalho conjunto, iniciamos entrevistas com os advogados das partes. Compreendemos que os patronos dos litigantes são peças fundamentais para o alcance da reorganização nas relações familiares. Portanto, realizamos atendimentos, onde reunimos os advogados atuantes em três ou quatro processos a serem iniciados. Nessa ocasião, esclarecemos nossos objetivos e nossa metodologia, ressaltando a importância da cooperação desses profissionais e, principalmente, enfatizando os prejuízos emocionais para as crianças envolvidas, advindos do litígio de seus pais. Temos percebido uma atitude de cooperação por parte dos advogados após o início das citadas reuniões. No que se refere ao nosso trabalho, houve sensível diminuição na solicitação de impugnações[16] dos nossos laudos, bem como na interpelação de medidas cautelares[17], durante o período de realização dos nossos estudos. (Ribeiro, 1999, p. 168)

Parece-nos que existem muitas inovações presentes nesta proposta de trabalho, que foge do formato pericial clássico. A própria busca de *cooperação* por parte dos advogados parece estar mais condizente com a finalidade de não acirrar a dinâmica adversarial. Por outro lado, há profissionais do direito que acreditam e militam de uma forma reconhecidamente adversarial que não cooperariam com tal iniciativa. Estes profissionais podem, até mesmo, pedir a impugnação do profissional baseando-se no fato de que este estaria fugindo da determinação pericial *stricto sensu,* saindo da sua competência.

Nesta mesma linha de trabalho com a família em um enfoque sistêmico estão nossos colegas judiciários pernambucanos. Os psicólogos judiciários que prestam serviços às Varas de Família iniciaram atividades em Recife a partir de 1992. O Centro de Apoio Psicossocial (CAP), criado formalmente em 16 de junho de 1998, está hierarquicamente ligado à Secretaria Judiciária, que é subordinada à Presidência

---

[16] Quando o laudo é desfavorável ao seu cliente, o advogado pode tentar desqualificá-lo argumentando parcialidade ou erro.

[17] Termo jurídico que designa medidas consideradas preventivas que, sem entrar no mérito da ação principal (de quem é a guarda), solicita retirada e tutela do menor alegando, por exemplo, perigo de vida.

do Tribunal de Justiça. O grupo conta com uma chefia geral, nove psicólogos e cinco assistentes sociais (Fernandes, 2001). Vale notar que a sua inserção institucional também coloca o CAP respondendo diretamente a uma Secretaria ligada à Presidência, portanto em uma linha de subordinação administrativa independente dos juízes aos quais presta serviços. Isto é importante pois pode garantir uma autonomia maior em relação às pressões dos juízes ligados a cada pleito em que se trabalhe. Nas palavras da chefe deste serviço: "Não há vínculo de subordinação aos juízes que assessora, e está próximo ao núcleo de decisões, tendo asseguradas as autonomias técnica e administrativa" (Fernandes, 2001). Este serviço não atende exclusivamente a Varas de Famílias. Ela presta assessoramento técnico ao *Juizado Informal de Família*, Varas da Capital especializada em Família, Acidentes do Trabalho, Órfãos, Interditos e Ausentes, de Família e Registro Civil.

Aqui é necessário explicar uma particularidade do fluxo dos casos do Tribunal de Pernambuco, no que diz respeito aos casos de Família. O que foi denominado acima Juizado Informal de Família foi criado por meio de uma resolução (n.º 150/01 em 28 de maio de 2001) (Assunção, 2001). Baseado no entendimento de que a função primordial da jurisdição na área de Família não é acabar com o litígio por meio de sentença, mas, sim, garantir que os contendores estejam convencidos de que a solução encontrada é a mais adequada, este serviço oferece uma *sensibilização* feita pelos profissionais do CAP. Nas palavras de Assunção (2001), juiz e coordenador deste Juizado Informal:

> Este trabalho visa oferecer orientação psicológica aos litigantes, além de esclarecimentos sobre os benefícios de um acordo e os custos de uma demanda judicial que poderá levar bastante tempo. Na disputa as partes revivem as situações de conflito gerando mais desgaste emocional. (p. 35)

Percebe-se que o trabalho do psicólogo judiciário se orientará no sentido de buscar uma *conciliação das partes*. Se isto for obtido, o acordo é reduzido a termo e, após parecer do Ministério Público, homologado pelo juiz coordenador. Caso a conciliação fracasse, o processo é devolvido à Secretaria da Vara de Família e o pleito segue seu curso[18]. Portanto, a atuação neste nível é anterior ao estabelecimento do litígio processual. **O papel do psicólogo não é o de *perito*, mas atua conforme um outro objetivo explícito da instituição, aquilo que se denomina *conciliação*.** A proposta por uma atuação anterior ao litígio é algo idealizado por outros psicólogos judiciários e Pernambuco parece que tomou uma iniciativa pioneira neste sentido. Mas a questão da avaliação para determinação de guarda ficaria obsoleta? **Não**. Para os casos que não terminam no Juizado Informal existe a mesma possibilidade da entrada pericial psicológica (Silva; Vasconcelos; Magalhães, 2001b). Dentro do enfoque sistêmico, os autores entendem que:

> O objeto do trabalho passa a ser *a família* que é mais um, entre outros sistemas. O indivíduo passa a ser considerado sempre em relação ao todo que é a família. O primeiro, como parte do todo, influencia a família e esta, por sua vez, o indivíduo. (Silva; Vasconcelos; Magalhães, 2001a, p. 143, itálico nosso)

Um outro posicionamento que abarca tanto a *família* quanto um profissional do direito (juiz), mas não se utiliza do enfoque sistêmico, é o dos meus colegas de Setor, Castro e Passarelli (1992), com o qual tenho afinidade. Entendendo que o processo jurídico possa ser tratado como um *sintoma* no sentido psicanalítico, eles buscam "delimitar e intervir na dinâmica familiar", direcionando "a escuta ao grupo como um todo, e não só a um indivíduo". Como dizem eles:

> Nossa intervenção no grupo familiar não tem finalidades terapêuticas, dada a nossa inserção institucional. Porém, temos observado que a escuta analítica da família possibilita o esclarecimento das motivações inconscientes que estão na base do processo judicial. Assim esclarecidos, os indivíduos tornam-se menos egocêntricos e mais autônomos, possibilitando a superação da

[18] Em termos numéricos, Fernandes (2001) apresenta o seguinte dado: nos três primeiros meses de funcionamento (julho-setembro de 2001) houve 376 ações, das quais 231 foram à audiência. Deste total, 169 resultaram em conciliação (72%) e 62 foram devolvidas à Vara de origem (p. 130).

> crise familiar, não no sentido de uma reconciliação, mas visando ao fortalecimento da identidade. Desta forma, a crise ganha uma nova perspectiva: a do crescimento e da possibilidade de estabelecer novas formas de relacionamento. (p. 8)

O posicionamento dos autores acima se pauta pela psicanálise, perspectiva pela qual *o litígio é entendido como um sintoma não individual, mas do grupo familiar*: "Verificamos que o próprio processo jurídico é um *sintoma*, de uma manifestação de conflitos familiares inconscientes anteriores ao processo" (p. 3). Este mesmo fenômeno é corroborado por Suannes (1999) ao dizer que:

> Devido à natureza do vínculo existente entre as 'partes', como são chamadas as pessoas nos processos, as ações de Vara de Família encobrem questões mais profundas e complexas, sendo que os problemas explicitados nos autos são, frequentemente, deslocamento de questões que não encontraram outra via de representação. À medida que o aparente problema é resolvido, o *conflito* se coloca em outra questão, reacendendo o impasse. Este constante deslizamento de conflitos leva à cronificação do litígio. (p. 94, grifo nosso)

O leitor pode estar se perguntando sobre as decorrências tanto teóricas quanto metodológicas em se privilegiar um destes três objetos de intervenção: um dos genitores, a família ou a criança. Vimos que a abordagem pode se orientar diferentemente aos membros da família basicamente por dois motivos, que não são excludentes. O primeiro caso é pela relação de trabalho que não dificulta o acesso à parte da família que está "contra" o membro da família que é o cliente. Em segundo lugar, o profissional pode se orientar para os adultos ou para as crianças em função do que escolhe avaliar e/ou intervir, baseado em uma concepção teórica. Veremos como isto se manifesta a partir da metodologia utilizada quando abordarmos o terceiro grupo de perguntas **Como é feita a avaliação?** (Capítulo 1).

Antes de encerrarmos esta parte, na qual se considera *a quem* se *avalia*, chamaremos a atenção novamente para o efeito do modelo adversarial do Direito na condução da avaliação psicológica de guarda.

Mencionamos anteriormente que o contexto jurídico pode colocar os profissionais de saúde mental em "situação de litígio". Nesta subseção, isto reaparece pelo *uso dos laudos psicológicos*, servindo de "munição" por meio dos "defeitos" e "virtudes" apontados como fomento do litígio processual (Ribeiro, 1999). Neste cenário, não basta saber quem é o cliente, o que se pede, a quem se avalia, a quem se reporta e quem paga os seus serviços. É preciso saber também *contra quem* seu trabalho se opõe. Passaremos a abordar esta particularidade do enquadre jurídico a seguir.

4.1.3 Contra quem se trabalha?

Para quem trabalha contratado por uma das partes (assistente técnico ou perito parcial) é importante saber *quem é a parte contrária*, bem como o advogado e o juiz para evitar um possível conflito de interesses (Hess, 1998). Este autor dá um exemplo desta situação retirada de Deleray (1988). Um psicólogo foi contratado por um advogado para estudar os autos e dar sua opinião em um caso de guarda. Algum tempo depois, um de seus clientes em psicoterapia começou a mencionar um processo judicial. Com o tempo, o psicólogo percebeu que o advogado que o contratara para ser seu assistente técnico era justamente o representante legal da parte contrária ao seu cliente. Evidentemente, ele não poderia continuar em ambos os papéis. Uma situação semelhante ocorreu comigo. Uma colega que trabalha em consultório foi contactada para atuar como assistente técnica. Ela se recusou por se achar incompetente, mas me procurou para que eu pudesse indicar outro profissional, uma vez que a área não lhe era familiar. Eu sabia que o caso estava designado para uma colega com quem trabalho no Fórum João Mendes Jr. (SP). Indiquei um profissional que poderia e assumiria tal encargo. Na semana seguinte, fui procurado por outra colega solicitando supervisão, pois havia se comprometido em um caso judicial. Tratava-se da assistente técnica da parte contrária da qual eu havia indicado o assistente técnico!

Certa vez, tive de solicitar a minha substituição como perito em um caso porque a assistente técnica de uma das partes era minha colega na instituição de ensino em que eu lecionava na época. Foi uma medida de precaução porque poderíamos separar as coisas e atuar de acordo com a nossa forma de trabalhar usual em ambos os contextos. No entanto, se a outra parte soubesse desse relacionamento profissional poderia sentir-se ameaçada e perturbar todo o trabalho. No enquadre institucional em que atuo, um caso pode ser trocado por outro sem maiores problemas. Talvez para o profissional na prática privada as considerações de ordem econômica causem um dilema maior entre aceitar encaminhamentos ou recusá-los frente a situações potencialmente problemáticas.

Em suma, quando se é assistente técnico, pode-se trabalhar unilatelmente *em prol da parte*, mas no modelo adversarial em que isto vai se dar, trabalhar-se-á *contra a outra parte e seu advogado.* Nesta posição, é possível o psicólogo estar *contra um dos pais* e defender que seu interesse maior é o *interesse do(s) filho(s)*? A pergunta aqui é feita tendo em vista o ponto de vista técnico. Será possível apreciar o interesse da criança, ou sua ótica, ou a dinâmica familiar percebida pela criança, se o profissional não tem acesso a uma das figuras parentais que está em litígio? Penso que a resposta é **não.** Eu retiro da minha própria experiência os elementos para defender a posição acima.

Algumas vezes, mesmo o perito do juízo não tem acesso "aos dois lados da história". Isto pode ocorrer por conta de uma situação específica, prevista em lei. A regra que norteia a abertura do processo judicial em Vara de Família é fazê-la no fórum cuja circunscrição abranja a residência do menor com o seu guardião (ou guardiã). Ocorre que, em alguns casos, as partes moram em localidades distintas que estão, cada uma, sob jurisdições distintas (seja no mesmo estado ou não)[19]. Quando acontece tal situação, em se necessitando da prova pericial, o juiz da causa (onde corre a ação) solicita a avaliação psicológica por *carta precatória.* Ou seja, a parte e, se for o caso, a criança serão avaliadas por um

---

[19] Barbosa, Joelma e Lago, assistentes sociais do CAP de Pernambuco, dão um exemplo de um caso em que a mãe é residente em Recife e o pai, em São Paulo (Fernandes, 2001, p. 153-170).

outro profissional que recebe a incumbência do juiz da circunscrição em que reside. Consequentemente, nestes casos, mesmo o perito ou os peritos terão contato com apenas um dos lados, sendo que um dos peritos pode nem ter acesso à criança que se disputa. Recentemente atuei em um caso assim em que a mãe residia em São Paulo e o pai, com a criança, residia em um município do litoral paulista. O contato com a criança teve de ser realizado no fim de semana, na casa desta mãe, durante a visita quinzenal em que o filho vinha visitá-la. Se a mãe não tivesse as visitas, a avaliação da criança e dos dois em conjunto estaria prejudicada.

Quando estou atuando como perito da comarca deprecada, ou seja, aquela que recebe a carta precatória para cumpri-la, muitas vezes já decorreu um tempo no qual a avaliação do outro lado, por ser na mesma cidade, já aconteceu. Tenho por prática solicitar uma cópia deste laudo psicológico com o Setor de Psicologia responsável para incluí-lo na minha própria análise. Desta forma, procuro aumentar os dados nos quais busco basear o meu entendimento da situação que sou chamado a avaliar. Em casos como este, as conclusões psicológicas ficam prejudicadas. Se já é difícil fazer a transposição de uma análise psicológica para o objetivo institucional (resolução do conflito jurídico) na possibilidade de entrar em contato com todas as pessoas envolvidas, o que se pode dizer quando temos apenas a "metade do problema"? Com certeza teremos menos que a "metade da compreensão do todo". A partir desta "metade da história" é muito difícil inferir toda a dinâmica familiar, acabamos ficando atrelados a uma versão do problema e sem muito a fazer do que relatá-la para o magistrado. Baseado nesta experiência, vejo com ressalvas quando assistentes técnicos defendem uma compreensão cabal daquilo que ocorre em termos de dinâmica familiar em função do que conhecem do contato com apenas um dos lados, que como a própria designação jurídica afirma, é sempre "parcial", voltada para interesses próprios. **É neste sentido que nos referimos ao assistente técnico como um *perito parcial*, enquanto o perito do juízo pode se encontrar em uma situação de ter dados incompletos deveria levá-lo a apresentar suas conclusões e recomendações dando ciência das limitações do próprio estudo.**

Em relação a *contra quem se trabalha*, é nossa posição que o psicólogo não precisaria trabalhar contra ninguém (vimos que há casos em que ele não *deveria* atuar), mas se voltar à demanda daquele que o contrata (cliente) e procurar responder aquilo que é possível dentro dos parâmetros técnicos e éticos, tomando o cuidado de esclarecer, o máximo possível, as expectativas em jogo e os seus papéis em relação a elas à medida que vão sendo expostas. Seria um método coerente com a proposta de Bleger (1984) de *indagação operativa:*

> a) observação de acontecimentos e seus detalhes, com a continuidade ou sucessão em que os mesmos se dão;
>
> b) compreensão do significado dos acontecimentos e da forma como eles se relacionam ou integram;
>
> c) incluir os resultados de dita compreensão, no momento oportuno, em forma de interpretação, assinalamento ou reflexão;
>
> d) considerar o passo anterior como uma hipótese que, ao ser emitida, inclui-se como uma nova variável, e o registro de seu efeito – tal como no passo (*a*) – leva a uma verificação, ratificação, correção, enriquecimento da hipótese ou a uma nova; com isto, volta-se a reiniciar o processo no passo (*a*), com uma interação permanente entre observação, compreensão e ação (p. 46-47).

É mais fácil dizer do que fazer, concordamos. Talvez um exemplo pelo negativo possa trazer mais uma contribuição para pensarmos esta situação adversarial dada pelo contexto institucional jurídico. No *Jornal do Conselho Federal de Psicologia* n.º 60 de 1999, em sua seção "Ciência & Ética", temos um relato de uma grave falta ética que foi a realização de um laudo, exatamente, da *parte contrária.* Segundo esta matéria:

> Entre os problemas gerados por pareceres psicológicos equivocados, os que dizem respeito à guarda de menores são especialmente delicados, principalmente porque a avaliação psicológica é um dos pilares do processo de decisão judicial.

> Vale lembrar que está em jogo a vida de crianças, cujos desejos e opiniões, muitas vezes, sequer são levados em consideração. Entre os processos julgados no ano passado pelo CFP, há um incrível exemplo de como o psicólogo não deve emitir um parecer psicológico. Trata-se de um "parecer" elaborado sem conhecimento e identificação do sujeito sobre o qual foi realizada a avaliação e com base em documentos entregues ao profissional pelo solicitante [o *cliente*, na nossa terminologia], que tinha interesse direto em prejudicar a pessoa avaliada, com o intuito de reconquistar a guarda de uma criança.
> Por incrível que pareça, o parecer foi elaborado a partir de um inadequado processo de avaliação, sem nenhum contato do psicólogo com a pessoa avaliada. O parecer fornecido, por ter sido realizado sem o uso de instrumentos e técnicas da Psicologia, não poderia ser denominado como tal nem ter a validade reconhecida. Além de prejudicar a vida de várias pessoas, o psicólogo feriu o exercício profissional e os princípios éticos que norteiam a profissão, infringindo os artigos 2 (letra m), 29, 38 (letra c) do Código de Ética Profissional dos Psicólogos. Como consequência, ele recebeu a penalidade de "Censura Pública", imposta pelo CRP e confirmada pelo CFP. (p. 6)

Este tipo de situação não é prerrogativa apenas do Brasil, se considerarmos o item 13 das Diretrizes para Avaliação de Guarda em Procedimento de Divórcio (*American Psychological Association*, 1994) que diz: "O psicólogo não dá nenhuma opinião a respeito do funcionamento psicológico de nenhum indivíduo que não foi pessoalmente avaliado" (p. 679). Se a recomendação explícita existe é porque a experiência demonstrou a sua necessidade. Na nossa prática também já encontramos pareceres que contém tais análises *in absentia* que, infelizmente, são mais comuns do que gostaríamos. É por tais exemplos que a atividade pericial sofre graves críticas e ganha projeção mais pelos seus erros que acertos.

4.2 Quem é o perito, seu cliente e seu periciando

Vamos procurar nesta seção, retomar o que foi sendo colocado ao longo deste capítulo à luz de nossa proposta. Estamos abordando o primeiro grupo de perguntas lançado no Capítulo 1 **Quem é o psicólogo que realiza a avaliação?** (p. 9). Podemos responder que os psicólogos que realizam avaliação de guarda em Direito de Família se distribuem entre os psicólogos clínicos que estão na prática privada (consultório), acumulando ou não alguma atividade em instituições de ensino, ou, então, são psicólogos contratados em instituições (jurídicas ou de saúde) ligadas ao poder público. No cenário brasileiro, há uma predominância da produção a respeito deste trabalho dos profissionais vinculados a estas instituições (Barros, 1997; Castro; Passarelli, 1992; Castro, 2000; Felipe, 1997; Fernandes, 2001; Marques da Silva, 2001; Martins, 1999; Machado; Corrêa, 2000; Miranda Jr., 1998; 2000a; Pellegrinelli, 1993; Ramos; Shine, 1994; Ribeiro, 1999; Shine, 2002; Silva, 2000; Suannes, 1999). Isto em comparação àqueles que atuam no âmbito privado (Alves, 2002; Lima, 1997; Ortiz, 1986).

Observamos, a partir dos dados analisados até o presente momento, que existe uma dificuldade adicional de se saber quem é o *cliente* do psicólogo no contexto jurídico. Muito embora este esclarecimento seja fundamental para a correta condução dos procedimentos de avaliação sem incorrer em falta ética ou ineficácia técnica (Glassman, 1998; Hess, 1988; Liebesny; Alvim; Leonardi; Aoki; 2000; Perrin; Sales, 1994).

A análise do enquadre de trabalho permitiu-nos definir como *clientes* possíveis do psicólogo: o advogado, a parte, as partes, o curador de família e o juiz. Poder-se-ia pensar que quando o psicólogo atua como *empregado* em uma instituição jurídica a própria demanda de avaliação de guarda pode assumir características específicas. Relembrando a lição de Bleger (1984), o fato de o profissional ser contratado pela instituição vai impor certas restrições à possibilidade técnica do profissional. Estão aí incluídos todos os psicólogos judiciários diretamente ligados aos tribunais, como também os profissionais que desempenham suas funções no IMESC, no *Divorce Court Welfare Office* e nas instituições especializadas em atender famílias de Israel.

Numa apreciação global do material de pesquisa levantado, pode-se afirmar que a busca por um trabalho tendo como clientes **ambos os advogados e partes, por iniciativa de psicólogos, que não sejam psicólogos judiciários, não é citado por nenhum dos autores nacionais.** Isto se coaduna com a nossa experiência na qual nunca soubemos de tal iniciativa sendo empreendida nos foros paulistas. Acredito que esta possibilidade não seja nem levada em conta pelos psicólogos convocados a atuar no contexto jurídico no cenário nacional. Levanto como hipótese para tal situação o desconhecimento do contexto deste trabalho, o que explicaria o porquê do psicólogo não começar a questionar e propor modificações do enquadre de trabalho para se adequar mais à sua ética e postura profissional. O nível de atuação ainda está restrito a poucos profissionais que estão em uma posição somente reativa a uma demanda relativamente nova e desconhecida. À medida que um posicionamento mais amadurecido e crítico puder ser alcançado, talvez o esforço para estabelecer tal enquadre seja perseguido pelos profissionais mais preocupados com a responsabilidade social de sua profissão. Com certeza isto redundaria numa distribuição maior dos casos entre *peritos contratados de comum* acordo e os *peritos nomeados* dentro dos quadros do serviço público.

Relembramos que o juiz pode continuar a nomear um *perito de sua confiança* (Alves, 2002; Ortiz, 1986) ou encaminhar para instituições jurídicas (IMESC) ou de saúde (centros de referência em saúde mental) independente do fato de existirem psicólogos judiciários disponíveis nos quadros dos tribunais. Por ora não é possível avaliar a abrangência de tal prática ou, até mesmo, a distribuição de casos para uns e outros para falarmos em uma tendência dominante. Nossos dados não permitem nenhuma inferência quanto a tal estado de coisas.

Cabe registrar também que, além do advogado (e suas partes) e do juiz, outro operador do Direito na figura do curador de família pode chamar seu perito para acompanhar o perito judicial: *o assistente técnico da Promotoria.*

Gostaríamos de chamar a atenção à diretriz de *considerar a criança a principal cliente do profissional*, independente de quem arca com os honorários profissionais, segundo as orientações da Associação Psicológica de Nebraska (EUA) citadas por Berry (1989). Parece que esta associação foi a primeira a criar diretrizes específicas em relação à guarda de filhos, dentro da autonomia que cada estado guarda em relação à federação nos Estados Unidos. Não tivemos acesso a este documento, contudo o autor traz uma versão condensada da qual reproduziremos na íntegra o item ao qual nos referimos.

> 1. A criança deve ser considerada o cliente principal. Há três grandes implicações que se derivam desta diretriz [...] a) O profissional de saúde mental deve fazer todo o esforço para avaliar todas as partes envolvidas. Isto pode demandar que o profissional contate os advogados de cada parte. Esta ação, por si só, tende a reduzir a postura adversarial do profissional de saúde mental. Na situação em que todos os esforços fracassaram e somente uma parte irá participar, o profissional está eticamente compromissado a enfatizar o caráter parcial e incompleto dos resultados, bem como a extrema dificuldade em fazer *qualquer* recomendação. Além disso, a criança deve ser levada em consideração em todas as avaliações de guarda. b) O trabalhador como um perito deve manter a imparcialidade e a neutralidade, independentemente de quem assuma a responsabilidade pelos seus honorários. c) Qualquer que for a decisão de guarda, o profissional deve levar em conta a continuidade do relacionamento de cada genitor com as crianças e estes relacionamentos devem ser considerados em qualquer recomendação feita ao tribunal [...] (Berry, 1989, p. 143-144)

É possível concluir deste item transcrito, apesar de ser a forma condensada por Berry (1989), que a referência à criança como *cliente principal* está ligada à importância que se deve dar a ela e aos seus relacionamentos na avaliação da guarda. A utilização do termo *cliente* tem outra conotação daquela que nós temos utilizado até o momento, poder-se-ia dizer que ela se aproxima da compreensão defendida por Miranda Jr. (1998), ao qual fizemos referência anteriormente. Esta mesma posição, de colocar o bem-estar da criança como primordial, é também a posição assumida pelo *Divorce Court Welfare Office* no Reino Unido.

Em 1992, a *American Psychological Association* criou as Diretrizes para Avaliação de Guarda em Procedimento de Divórcio[20] (*American Psychological Association*, 1994) por meio de um comitê de especialistas. Como diretrizes elas não são consideradas obrigatórias ou exaustivas, o seu objetivo explícito é "promover a proficiência no uso dos serviços psicológicos em avaliação de guarda de crianças" (p. 667). Portanto, além de uma seção especialmente dirigida a Atividades Forenses (itens 7.01 a 7.06 do Código de Ética dos Psicólogos Americanos[21]) (*American Psychological Association,* 1992), existem diretrizes ou parâmetros norteadores específicos para a prática da avaliação psicológica para determinação da guarda para os psicólogos norte-americanos. Esta Diretriz coloca claramente a importância social da criança a ser considerada na avaliação nos dois primeiros itens de seu documento que declaram:

> 4.4.1.1 O objetivo principal da avaliação é avaliar o maior interesse da criança.
> 4.4.1.2 Os interesses da criança e seu bem-estar são supremos. (*American Psychological Association,* p. 677)

O psicólogo que atua avaliando somente uma das partes é o *assistente técnico* e a sua posição de parcialidade (psicólogo da parte) compromete uma visão global da dinâmica familiar, aconselhando um cuidado redobrado nas conclusões e recomendações enviadas ao tribunal (Berry, 1989; Glassman, 1998; *American Psychological Association,* 1994). Em certos casos, decorre desta atuação pericial parcial uma atitude de "defesa do cliente" – o que o aproxima da atuação e função do *advogado* (Berry, 1989; Byrne, 1991; Hess, 1998; Strasburger; Gutheil; Brodsky, 1997). Isto pode apontar para uma tênue identidade profissional do psicólogo forense na área de avaliação de guarda em tribunais de Direito de Família

---

[20] *Guidelines for Child Custody Evaluations in Divorce Proceedings*

[21] *Ethical Principles of Psychologists and Code of Conduct*

(Grisso, 1987; Hess, 1998). Tal situação pode ter várias explicações possíveis e não excludentes. Em primeiro lugar, a relativa novidade desta especialidade de trabalho e o desconhecimento por parte dos psicólogos (Brito, 1993; Hess, 1998; Perrin; Sales, 1994). Pode-se falar, também, da falta de preparo técnico específico em função da inexistência de disciplinas que abarquem este tipo de atividade nas instituições de ensino (Liebesny; Alvim; Leonardi; Aoki, 2000; Ortiz, 1986; Perrin; Sales, 1994). Há ainda a possibilidade do profissional não conseguir manter uma atitude imparcial por um viés técnico em função das cargas emocionais envolvidas (Berry, 1989; Wallerstein, 1990). Todas as alternativas arroladas remetem a uma falta (de identidade, de competência, de recursos técnicos). O recurso ao assistente técnico é de interesse do advogado em sua estratégia de defesa de seu cliente. Em função da diferença de enfoque do advogado e do psicólogo, alguns autores alertam para a possibilidade de confusão quanto aos limites éticos, gerando atuações passíveis de crítica que podem ser generalizadas para toda a categoria profissional: o *hired gun* de Hess (1998), Turkat (1993); o *courtroom whore* de Mossman e Kapp (1998); e o *double agent* de Gaylin, como citado por Strasburger, Gutheil e Brodsky (1997). Voltaremos a abordar este assunto quando analisarmos os diferentes *papéis* que os psicólogos podem desempenhar na arena jurídica no Capítulo 7.

A proliferação de trabalhos de assistentes técnicos comprometidos com "a verdade" de seu cliente, confundindo verdade factual e verdade narrativa, pode levar a um descrédito tanto do profissional quanto da utilização da prova pericial psicológica (Glassman, 1998; Grisso, 1987; Stahl, 1999). Por outro lado, o trabalho dos peritos psicólogos que não conseguem abordar as questões legais, ficando na reprodução do modelo do psicodiagnóstico clínico e se autorizando a fazer recomendações sem uma maior fundamentação coloca em risco o reconhecimento social de sua função e importância institucional (Berry, 1989; Brito, 1993; Grisso, 1987; Silva, 2000).

Adentramos também na pergunta 2) **A avaliação incide sobre qual objeto?** (Capítulo 1), pois abordamos *quem o psicólogo avalia* nos diferentes enquadres contratuais.

Dentre as possibilidades visualizadas, parece que a condição mais favorável para o trabalho é a que garante o contato com

***ambas as partes*, seja por iniciativa do profissional do âmbito privado (assistente técnico ou perito independente de confiança), seja pela inserção institucional (psicólogo judiciário ou jurídico).** Nesta condição, as preocupações de assistentes técnicos e peritos do juízo se aproximam e referências às *crianças* aparecem como diretrizes da intervenção (Alves, 2002; Berry, 1989; Byrne, 1991; Castro; Passarelli, 1992; Miranda Jr., 1998; 2000a; Machado; Corrêa, 2000; Pellegrinelli, 1993; Ribeiro, 1999; Silva, 2000; Silva; Vasconcelos; Magalhães, 2001a; 2001b; Suannes, 1999). As entidades de classe também reforçam a busca pelo melhor interesse da criança por meio, por exemplo, das *Diretrizes para avaliação de guarda em procedimento de divórcio* (*American Psychological Association,* 1994) e da Associação Psicológica de Nebraska (Berry, 1989), entre outras.

Há profissionais que elegem *a família* como objeto privilegiado de intervenção (Castro; Passarelli, 1992; Machado; Corrêa, 2000; Martins, 1999; Silva; Vasconcelos; Magalhães, 2001a; 2001b; Suannes, 1999). Algumas propostas levam em consideração não só a família como foco da intervenção, mas também incluem *os operadores do Direito* como os juízes, curadores e advogados no procedimento da avaliação (Alves, 2002; Byrne, 1991; Castro; Passarelli, 1992; Ribeiro, 1999). Outros ainda elegem *o casal parental* como foco privilegiado (Barros, 1997; Clulow; Vincent, 1987; Ribeiro, 1999).

Ainda nesta parte, pudemos levantar algumas especificidades do que chamei de *enquadre jurídico,* que afetam o relacionamento parte-criança-família com o psicólogo forense. A avaliação psicológica é solicitada pelo pedido de terceiros (advogados ou juiz), configurando um relacionamento profissional com características distintas do *rapport* no atendimento psicoterapêutico. Existe um componente de "desconfiança" presente na relação, que é estimulada pelo próprio contexto jurídico (Alves, 2002; Castro, 2000; Clulow; Vincent, 1987; Melton *et al. apud* Rovinski, 2000). Em função da dinâmica de ataque e defesa do contexto jurídico em que as pessoas são avaliadas, elas são incentivadas a distorcer a verdade. Neste sentido, não se está trabalhando com resistências inconscientes (Psicanálise), mas, muitas vezes, com omissões e distorções motivadas pelo temor quanto ao resultado e/ou ressentimento pela intromissão que a avaliação representa à autonomia pessoal (Freud, 1906; Melton *et al. apud* Rovinski, 2000).

Isto cria especificidades quanto ao manejo dos instrumentos técnicos (entrevista, observação, testes) que abordaremos nos Capítulos 5 e 6.

Para finalizarmos estas conclusões parciais, existe um alerta adicional aos psicólogos atuando neste contexto adversarial de disputa de guarda de se conhecer *contra quem* estará oposto quando colocar os seus serviços à disposição do *cliente*. A duplicidade de papéis e possíveis conflitos de interesse podem minar a possibilidade de um trabalho isento tanto técnica quanto eticamente (Glassman, 1998; Hess, 1998; Karras; Berry, 1985). O exemplo mais cabal de tal distorção é a produção de um laudo com considerações psicológicas a respeito de alguém que não se avaliou pessoalmente, mas somente a partir de dados de terceiros (vide p. 107).

Na próxima seção adentraremos as especificidades do enquadre de trabalho que o profissional estabelece com as pessoas que serão avaliadas no processo pericial. Retomaremos as perguntas do enquadre, discriminadas em:

- *Como?* Quais os procedimentos utilizados pelo perito para atingir o seu objetivo.
- *Quando?* De que forma o seu trabalho é distribuído no tempo.
- *Onde?* Qual é o local deste trabalho e suas justificativas.
- *Quanto?* Como são fixados os honorários e de que forma são pagos.

Os itens do enquadre acima vão nos permitir conhecer o que os diferentes peritos fazem, efetivamente, quando dizem que fazem avaliação psicológica para determinação de guarda. Ou seja, abordaremos a questão de **o que se procura avaliar, analisar ou descobrir,** concomintantemente ao procedimento de **como é feita a avaliação**. Nem todos os trabalhos pesquisados nos possibilitam discriminar os elementos do enquadre, tais como os arrolamos acima. O enfoque e o objetivo dos diferentes trabalhos fazem com que haja uma grande variabilidade, tanto do aprofundamento quanto das justificações teóricas e técnicas da metodologia utilizada. Podemos ter, no entanto, uma visualização geral dos procedimentos e um espectro mais preciso das técnicas utilizadas. Procuraremos estabelecer alguns padrões identificáveis e traçar paralelos possíveis entre os trabalhos dentro do limite de nosso objetivo e escopo.

5. Os Procedimentos Técnicos

Ao discriminarmos abaixo os procedimentos, ditos "técnicos", realizados pelos psicólogos para conduzir a avaliação para determinação da guarda, não queremos dar uma falsa impressão ao leitor. Da forma como entendemos o trabalho pericial no enquadre jurídico, feito "sob demanda" de um "cliente" cuja realização "envolve terceiros" (periciandos ou examinandos), o trabalho técnico envolve o contato tanto com o *cliente* (ou fonte de encaminhamento, nos termos de Cunha (2000) quanto com as pessoas que serão avaliadas (membros da família). Até este ponto, examinamos a primeira parte do trabalho pericial que envolve o contato inicial com o cliente-demandante da avaliação.

Neste capítulo, nos voltaremos para a segunda parte do trabalho, o que muitos poderiam considerar **o único** trabalho: *a atividade de avaliação em si*. Defendemos a posição de que os cuidados técnicos e éticos do psicólogo perito em avaliação de guarda começam **antes** da fase de contato com as partes do processo e a criança, seu foco. Neste sentido, foi somente a partir do esclarecimento das condições do enquadramento delineadas na primeira parte é que teremos condições de estabelecer com mais precisão e rigor os passos tomados com aqueles com os quais se dará a avaliação, tanto objetos da avaliação, mas também sujeitos no intercâmbio direto com o profissional. A forma como se darão os contatos, a combinação de quem participa, de que forma, o que se solicita deles durante a interação, tudo isto vai se abrir em um leque de opções que procuraremos identificar dentro do universo que constitui nossa amostra.

Para iniciarmos o nosso levantamento das práticas profissionais ligadas aos procedimentos propostos vamos nos utilizar dos dados de duas grandes pesquisas realizadas na área: a de Keilin e Bloom (1986) e a de Ackerman e Ackerman (1997). Keilin e Bloom (1986), psicólogos das universidades de Colorado e Kansas, respectivamente, realizaram pesquisa pioneira para levantar o perfil dos peritos em avaliação de guarda. Os autores encontraram na literatura sobre guarda de crianças posições variadas de profissionais isolados, refletindo, muitas vezes, pontos de vistas conflitantes sobre vários aspectos do procedimento de avaliação. A proposta destes autores foi a de fazer um levantamento das atividades, concepções e experiências dos profissionais de saúde mental em relação à avaliação de guarda. Os resultados de tal pesquisa poderiam dar um panorama atual das práticas realizadas, bem como estimular novas pesquisas na área e, o mais importante, proporcionar uma orientação objetiva para futuras avaliações. E, de fato, o trabalho destes autores foi amplamente citado e usado por uma década, representando o padrão para a prática de avaliações psicológicas para determinação de guarda (Ackerman; Ackerman, 1997), pelo menos no cenário norte-americano. Até o momento desta dissertação, encontramos a referência a esta pesquisa somente na dissertação de mestrado de Felipe (1997) dentre os trabalhos que compõem o nosso levantamento bibliográfico. Podemos concluir daí que, se houve uma influência de tal pesquisa no cenário norte-americano, esta influência pouco se fez notar nas práticas realizadas aqui no Brasil.

Em 1997, a dupla Ackerman e Ackerman, da *Wisconsin School of Professional Psychology* e da Universidade de Denver respectivamente, reproduziram a pesquisa de Keilin e Bloom (1986). Eles aumentaram mais 42 itens aos 70 do questionário original de 1986. A amostra consistiu de 201 psicólogos (na pesquisa anterior, de Keilin e Bloom (1986), incluiu-se psiquiatras e assistentes sociais) de 39 estados americanos. No período que separa a primeira da segunda pesquisa houve, segundo os autores, muita mudança relativa à avaliação de guarda no cenário norte-americano. Eles citam o reconhecimento da necessidade de parâmetros para ajudar os psicólogos na realização desta atividade por parte das associações de psicólogos de vários estados (Georgia, Nebraska, Nova Jersey e Oklahoma). Ackerman e Ackerman (1997) assinalam o surgimento de obras especialmente dedicadas à avaliação de guarda neste intervalo entre 1986 e 1997. Os autores fazem referência, também, ao desenvolvimento de vários testes psicológicos específicos para serem utilizados neste tipo de avaliação. Abordaremos estes testes no próximo capítulo.

Em nosso país, uma pesquisa que merece destaque é a de Brito (1993). Ela é professora do curso de especialização em Psicologia Jurídica da UERJ e vem se destacando como estudiosa e pesquisadora neste campo. A pesquisa foi parte integrante de sua dissertação de mestrado pela PUC do Rio de Janeiro em 1992. A amostra consistiu de seis psicólogos que atuavam no estado do Rio de Janeiro, realizando perícias em casos de disputa de guarda. O levantamento dos dados foi feito por meio de um roteiro preestabelecido seguido durante uma entrevista previamente agendada com os sujeitos. A pesquisa compreendeu também entrevistas com questões complementares aplicadas aos profissionais do Direito (oito juízes, cinco curadores e três advogados) e um outro instrumento aplicado aos membros da Comissão de Ética do Conselho Regional de Psicologia. Destacaremos as respostas que podem ser analisadas tendo em vista nosso objetivo ao longo dos demais itens. Acompanhamos sua produção também em Brito (s.d.; 1995; 1999a; 1999b; 2000; 2002) Nery; Brito (2000), Carrielo; Brito (2000).

Outro estudo que encontramos e que se propõe a levantar "atividades e requisitos para a formação profissional", no que se denominou de "Psicologia Jurídica", foi o de Bomfim (1994), que compõe o livro *Psicólogo brasileiro: práticas emergentes e desafios para a formação*. Por ser uma obra lançada pelo Conselho Federal de Psicologia, ela tem uma inserção nacional e sua importância deve ser apreciada. A pesquisa foi feita com a análise de conteúdo por categorias temáticas a partir de *uma entrevista* com "profissional cuja produção é de visibilidade na área" e *complementada por dois questionários* aplicados a psicólogos jurídicos em exercício. Os sujeitos foram escolhidos pela autora. Não ficou claro se ela utilizou dois questionários diferentes aplicados a vários psicólogos jurídicos ou se utilizou de um questionário e sua amostra era de dois psicólogos. O trabalho não traz uma cópia do questionário nem das categorias temáticas da entrevista. Os dados que a pesquisa apresenta em relação à Vara de Família não discriminam o local, portanto não se pode saber da abrangência do que se afirma, pelo menos em um primeiro momento. O que a autora afirma sobre Vara de Família é pouco extenso, permitindo sua reprodução para posterior análise:

> Também nas Varas de Família as atividades são basicamente constituídas por elaboração de laudos e perícias a pedido dos juízes. A restrição do trabalho a essas atividades tem sido questionada pelos próprios psicólogos jurídicos. Segundo o relato da

> entrevistada E2: ... *a elaboração de perícias faz sentido quando há suspeita de doença mental. Porém, quando este não é o caso, a perícia é vista pelas partes como algo extremamente desgastante e ruim. Normalmente, o juiz pede a perícia, que é realizada através de testes ou entrevistas (na maioria das vezes por entrevistas), que é paga por uma das partes e feita com o casal, com filhos e, quando necessário, com outros membros da família. É comum as pessoas esconderem muitas coisas. "A maioria dos peritos que entrevistei não faz devolução das informações... o que observei é que, na verdade, os psicólogos fazem um julgamento... não há nenhum instrumento que lhes permita avaliar o que é uma melhor mãe ou um melhor pai, não existe isto na Psicologia... não acho que julgar é um problema dos psicólogos"*. (p. 239)

O extrato da entrevista acima não traz identificação da fonte. Desta citação vamos reter a questão da *entrevista devolutiva* (como parte do processo total de entrevistas na avaliação) que iremos abordar mais a frente neste trabalho e a questão do *julgamento,* ao qual voltaremos no Capítulo 7.

Desta obra, um outro dado que nos chamou a atenção é a oposição entre *demanda institucional* de um lado e *saúde mental e cidadania da clientela* de outro. Reencontramos neste trabalho a designação das pessoas que serão avaliadas como *clientes* do profissional. Chamamos a atenção do leitor para o fato de que a concepção da autora no uso do termo "cliente" é diferente daquela aplicada por nós neste trabalho. A conclusão desta pesquisa parece ter um tom de crítica a uma atuação que não se pensa ser voltada às pessoas que são submetidas ao trabalho do psicólogo (periciandos ou examinandos, em nossos termos).

> Trata-se de uma área em que a atuação do psicólogo necessita de mudanças de tal forma que não fique atrelada só às demandas institucionais, mas que busque promover a saúde da *clientela*
> Dada a raridade de existência de disciplinas referentes à Psicologia Jurídica nos cursos de graduação, é uma manifestação comum aos profissionais que atuam na área o reconhecimento da desinformação sobre as práticas profissionais e sobre as

> possibilidades de desenvolvimento da área. Tais profissionais têm consciência de que se trata de um mercado de trabalho que pede mais resultados e que, portanto, carece de mudanças. Mas não há dúvida de que o trabalho do psicólogo jurídico é atravessado por forças socioeconômicas e conjunturais que, na maioria das vezes, inibem a *relação profissional-cliente*, dada a existência de questões que tendem a favorecer mais o encobrimento de informações do que a uma relação de sinceridade, possibilitando a expressão de singularidades. (p. 242-243, itálico nosso)

A antinomia que parece subentendida opõe o que a instituição jurídica, no nosso caso judiciária, demanda do psicólogo e aquilo que é percebido como as necessidades dos *usuários* (para usar o termo de Suannes, 1999). Neste sentido, Bomfim diz:

> [...] é possível sugerir o atendimento aos casais nas Varas de Família, até mesmo antes que eles iniciem o processo, buscando o diálogo no decorrer de todo o processo, visando uma decisão judicial só após um acordo entre o casal. Sugere-se também orientação aos filhos sobre o que está ocorrendo, dando-lhes oportunidade de expressão mais ampla. (p. 242)

Na direção de ambas as sugestões acima, encontramos: a iniciativa do Centro de Apoio Psicossocial (CAP) e o Serviço de Conciliação implantado em Recife (PE) (Fernandes, 2001) e a modalidade de acompanhamento para implementação e facilitação das medidas de visita, ou seja, um tipo de trabalho que segue a família após a sentença, dos psicólogos mineiros em Belo Horizonte (Miranda Jr., 2000a). Pensamos que é a própria vivência dos problemas e impasses do trabalho na instituição que acaba promovendo condições para o surgimento de práticas como essas. **Talvez, pudéssemos sugerir que a vivência continuada desta realidade esteja mais próxima dos psicólogos judiciários, empregados da instituição, tendo contato com uma gama maior de casos e de seus desdobramentos.** O que buscamos ressaltar, a partir de nosso trabalho, é a complexidade da tarefa pericial em casos de Vara da Família, bem como sua importância na lógica do aparelho judiciário e as suas mais variadas expressões. Penso que seria, no mínimo, precoce descartar a perícia psicológica como uma área de atuação possível para o psicólogo. A avaliação psicológica em contexto jurídico, neste caso, para determinação de guarda em Vara de Família é merecedora, pela sua importância institucional na resolução do litígio processual e pelas suas consequências para as pessoas envolvidas, de uma atenção séria em relação às suas diversas formas de abordagem e realização.

Este capítulo está dividido em nove partes, cada uma, contemplando um momento do trabalho pericial. Procuramos dispô-los de uma forma que o leitor possa visualizar o "caminho" que o psicólogo toma para chegar ao seu objetivo. Pode-se considerar cada etapa dos procedimentos técnicos como os passos do profissional na realização da avaliação e o cumprimento de seu encargo como perito. Por uma questão de facilidade de exposição, abrimos um capítulo à parte em relação à utilização de testes (Capítulo 6). Não queremos passar a falsa impressão de que valorizamos mais os testes do que as técnicas de entrevista e observação. Na minha prática utilizo testes com crianças, raramente com adultos. A proeminência que os testes tomam nesta área de trabalho, penso, será explicada ao longo do próprio Capítulo 6. Relembramos ao leitor que estamos interessados em localizar e identificar na amostra de nossa pesquisa os *elementos do enquadre* segundo os aportes de Bleger (1984) e Ocampo (1990). Procuraremos ao longo dos Capítulos 5 e 6 responder às indagações que fizemos no Capítulo 1 nos itens **3) O que se procura avaliar, analisar ou descobrir?** e **4) Como é feita a avaliação?** Levantaremos os subsídios para adentrarmos o nosso grupo de perguntas **5) Quais são as principais dificuldades consideradas?**, que serão abordadas no Capítulo 8.

5.1 O encaminhamento

O caso geralmente se inicia com o encaminhamento feito por alguém (cliente ou não) para o psicólogo. Tivemos a oportunidade de analisar como os diversos operadores do Direito participam deste processo e o intercâmbio que se dá entre estes profissionais e o psicólogo.

Nas pesquisas de Keilin e Bloom (1986) e Ackerman e Ackerman (1997) o número de horas gastas com os advogados representam 1,3 e 1,2 horas, respectivamente. Pode não parecer muito tempo, mas isto corresponde a 6,9 e 6,3% do tempo que é gasto no total de horas para a realização da avaliação. A pesquisa de Keilin e Bloom (1986) ainda discrimina um total de 91% dos sujeitos que realizavam tais contatos com os advogados. Ribeiro (1999), psicóloga judiciária da equipe de Brasília, é a única que faz uma citação à atuação com *os advogados* no cenário nacional. Mencionamos como a sua equipe realiza reuniões com os advogados das partes, antes do início das entrevistas periciais, para explicar o objetivo da intervenção com o objetivo de diminuir a reincidência (item 4.1.2.4 do nosso trabalho). Ela coloca da seguinte forma no *Plano de Ação do Serviço Psicossocial Forense para o Quadriênio 1997-2000:*

- Convocação das partes para atendimento psicossocial, via telegrama e, quando possível, por telefone.
- Convocação dos advogados das partes, por telegrama, para entrevista, objetivando o esclarecimento a respeito do trabalho a ser realizado pela Seção (p. 168).

Como explicar a disparidade entre os dados das pesquisas americanas e a pouca referência que se faz ao contato com os *advogados* nos trabalhos brasileiros?

A resposta não é difícil. Uma diferença entre a amostra de profissionais das pesquisas americanas e a amostra de trabalhos nacionais é que há uma proporção muito maior de *profissionais autônomos* (peritos independentes) na amostra americana. Ora, o psicólogo contratado pela parte ou pelo seu advogado, necessariamente, precisará estabelecer um intercâmbio de trabalho maior com o referido profissional. Este contato não é só importante para se saber de que trabalho se trata, mas também esclarecer aquilo ao qual se comprometerá e de que forma será pago pelos serviços prestados.

Assumindo que se está em contato com um *cliente em potencial*, alguns autores, com maior familiaridade no exercício da atividade pericial vindo da prática privada, alertam que é neste momento que se definem os *parâmetros da avaliação* e qual é a questão legal em jogo (Melton *apud* Schaefer, 1992; Blau, 1998). Melton (*apud* Schaefer, 1992) sugere que é da responsabilidade do profissional abordar:

a) os limites do conhecimento na área;
b) as limitações em avaliar o que se pede e de fazer previsões;
c) os resultados possíveis;
d) a posição do profissional quanto a uma posição conclusiva[1] na questão legal (especialmente se a posição do profissional é, a que o autor citado recomenda, de não dá-la).

Parece-nos que o esclarecimento das questões acima delineadas diminuiria em muito o mal-entendimento entre o que se pede que o psicólogo faça e o que ele faz. Em nossa experiência, no entanto, o nível de conhecimento das questões, tanto legais quanto psicológicas envolvidas neste tipo de avaliação no cenário brasileiro, está muito aquém da possibilidade dos profissionais compreenderam a importância destes esclarecimentos.

Perrin e Sales (1994), psicólogos do Arizona, e Hess (1988), psicólogo forense de Montgomery, são unânimes em afirmar a importância de se definir a *questão dos honorários* e quem se responsabilizará por eles, ainda neste contato inicial. Se havia alguma dúvida de quem é *o cliente*, isto ficará esclarecido ao se falar do arranjo financeiro. Os autores consultados recomendam que o profissional estabeleça o recebimento dos honorários **antes** da participação em audiência. Esta seria uma medida que aumentaria as chances quanto ao cumprimento do combinado e garantiria que os resultados da avaliação não estejam atrelados ao pagamento dos honorários. Uma prática comum entre os advogados é fazer contratos em uma base contingencial, ou seja,

[1] O autor refere-se aqui sobre responder ou não com quem deve ficar a criança. Abordaremos esta questão no Capítulo 7.

atrelar o pagamento de honorários à possibilidade de sucesso na lide. Se isto serve aos advogados, esta prática é fortemente desaconselhada para psicólogos, pois isto colocaria o profissional em posição de interesse pessoal no ganho de causa do cliente de seu cliente, colocando em dúvida a isenção de suas afirmações como *expert* (Knapp; Vandecreek, 2001).

As pesquisas de Keilin e Bloom (1986) dão uma ideia dos honorários cobrados neste tipo de atividade. O valor médio da hora para entrevista e testagem era $88 (oitenta e oito dólares), enquanto que o valor médio da hora para participação em audiência foi de $114 (cento e quatorze dólares). Um total de 32% dos que responderam exigiam pagamento adiantado antes do início das avaliações, enquanto que 58% pediam o pagamento antes de irem para a audiência. Os resultados quanto ao custo de um estudo de avaliação de guarda completo variaram muito: de $150 (cento e cinquenta dólares) a $5.000 (cinco mil dólares) com média em $965 (novecentos e sessenta e cinco dólares). Os autores ponderam que há uma discrepância entre o valor da hora e o valor final, atribuindo a tal discrepância fatores que limitariam o pagamento integral dos honorários, tais como arbitramento do juiz, padrões das instituições em que trabalham os profissionais ou a própria incapacidade dos pais de pagarem. Na pesquisa de Ackerman e Ackerman (1997), as cifras são as seguintes: $45 (quarenta e cinco dólares) a $250 (duzentos e cinquenta dólares) para aplicação de testes; $40 (quarenta dólares) a $500 (quinhentos dólares) para participação em audiência. O valor da hora média para testagem ficou em $120,63 (cento e vinte dólares e sessenta e três centavos) e para participação em audiência foi de $154,77 (cento e cinquenta e quatro dólares e setenta e sete centavos). Quarenta e um por cento dos que responderam cobravam o mesmo para *aplicação de testes* quanto *participação em audiência*. Metade dos sujeitos preferia receber os honorários integralmente antes da avaliação, enquanto 44% diziam receber uma quantia parcial dos honorários adiantado. Havia uma diferenciação quanto ao pagamento em relação à *participação nas audiências*: 88% dos sujeitos pediam adiantado à ida ao tribunal, 7% pediam pagamento parcial e 10% não colocavam nenhuma condição. O custo total do processo de avaliação ficou, em média, em $2.645,96 (dois mil, seiscentos e quarenta e cinco dólares e noventa e seis centavos). Os preços cobrados por avaliação variaram de $650 (seiscentos e cinquenta dólares) a $15.000 (quinze mil dólares). O custo médio de um estudo de avaliação psicológica para guarda quase que triplicou em dez anos. Não temos dados comparativos quanto a honorários sendo cobrados nos trabalhos brasileiros, acredito que haja uma grande variação de preços praticados por falta até de um parâmetro muito claro da quantidade de trabalho aí implicado e da novidade deste tipo de atividade.

Em nossa prática no Fórum João Mendes em São Paulo (SP), temos recorrido ao procedimento de fazer o primeiro contato com *as partes* por meio dos *advogados*. Quando fazemos tal contato, quer dizer que o caso já veio para designação de um psicólogo. Ele foi designado e aceito pelo juiz da causa, sendo que só posteriormente os autos do processo são encaminhados à Seção para leitura e início. Todo este processo pode levar semanas, não temos dados precisos sobre este tempo. Na hora da convocação, geralmente temos os telefones dos advogados discriminados nos autos. Em vez de recorrer a uma *intimação via cartório*, na qual se perde pelo menos duas semanas para o trâmite, é mais rápido e econômico ligarmos para os advogados, informá-los que estamos iniciando e solicitar os telefones de contato das partes. Geralmente, os advogados informam os telefones sem problemas. Alguns preferem levar ao cliente os horários que oferecemos como alternativas. A possibilidade de contato direto conosco cria a oportunidade do advogado querer adiantar algum dado. Muitas vezes, isto é um reflexo do estado de expectativa que a determinação de perícia causa nas pessoas. Simplesmente esclarecemos que gostaríamos de entrar em contato com os dados do caso *diretamente* com as partes envolvidas sem estarmos, de antemão, "alertados" sobre isto ou aquilo. Já soube de advogados que insistiram em participar das entrevistas psicológicas com seus clientes. Pessoalmente, nunca tive tal experiência. As partes, às vezes, se fazem acompanhar pelos seus advogados como forma de enfrentar uma situação desconhecida e ansiogênica. **Receber bem os advogados, neste contexto, é propiciar uma qualidade melhor de interação com a própria pessoa que é o seu cliente. Ele ou ela, sentindo que o seu advogado está a par da situação, normalmente, sente-se reassegurado(a), o que nos dá melhores condições de trabalho dentro de um nível de ansiedade ótimo (nem muita nem pouca).**

Depreende-se do que foi dito de regra com todos os outros estudos da amostra, com exceção de Martins (1999) (item 5.4 mais adiante).

Alves (2002) foi a única profissional que refere o estabelecimento de contato com o *juiz* como parte do procedimento: seria uma forma de apreciar "as condições particulares da transferência que a família estabelece com o juiz, bem como revela em que aspectos dessa relação viu-se o mesmo em dificuldades, tendo de recorrer à perícia" (p. 53). Considero que este dado também esteja subrepresentado na amostra de trabalhos, ou seja, *o contato com o juiz deve ocorrer com maior frequência do que é referido pelos autores.* Utilizamos a nossa própria experiência, na qual realizamos contatos com o juiz pontualmente para solicitarmos a *dilatação de prazo*[2], caso o tempo inicial conferido pela autoridade judiciária não seja o suficiente para terminarmos o trabalho, e ao final, no despacho do laudo (leva-se o laudo em mãos para o magistrado). No primeiro caso, podemos justificar pessoalmente as razões da necessidade de maior tempo para a execução do trabalho. No segundo, podemos discutir as conclusões do laudo pericial. Sem mencionar ocasiões extraordinárias que, em função de sua importância para o andamento processual, nos obrigam a procurar o juiz da causa. Talvez pudéssemos assinalar que o fato de o psicólogo judiciário estar lotado no mesmo local físico que os juízes, o contato é mais fácil de ser feito em comparação àqueles profissionais que estão baseados em outros locais (consultório e instituições prestadoras deste serviço). Todo este tempo do trabalho normalmente não é computado, mas desempenha papel importante no conjunto do procedimento técnico. Principalmente, no caso de se considerar o juiz como o demandante final do trabalho a ser realizado.

O contato com o *curador de família* também é uma possibilidade, embora rara no nosso trabalho. Uma vez que trabalhamos em um fórum (Central de São Paulo) que conta com uma assistente técnica da Promotoria, parece-nos correto supor que a maioria das dúvidas na matéria da psicologia será encaminhada a esta profissional. Não obstante, já tivemos a oportunidade de sermos procurados

---

[2] "A entrega do laudo, em regra, ocorrerá dentro do prazo fixado, mas, havendo motivo legítimo, o juiz poderá conceder a ampliação daquele prazo (art. 420)" (Theodoro Jr., 2002, p. 432).

diretamente por um ou outro curador solicitando esclarecimento de algum aspecto em particular por meio de uma conversa. E normalmente tal conversa não é computada como passo metodológico para a feitura do laudo pericial, embora ela possa ter sido útil para a orientação do trabalho.

Para aqueles que trabalham com a instituição judiciária há mais uma razão para se atentar para o tempo despendido nestes contatos com os operadores de Direito. É preciso considerar que o tempo investido no esclarecimento de dúvidas pontuais tem um caráter eminentemente elucidativo, tanto de um lado quanto do outro, além de ser uma oportunidade para se fazer conhecer como um profissional técnico com uma especificidade distinta. Cabe lembrar que as famílias que passam por avaliação psicológica "passam", mas os profissionais do Direito "ficam" na instituição, valendo a pena que eles saibam melhor qual é a nossa função e papel com a maior clareza possível. Ademais, computar estas horas de atividade, como elas efetivamente são "de trabalho", pode aumentar a visibilidade de uma atividade que não é facilmente captada pelas estatísticas de praxe da instituição. Explico-me. Costuma-se elaborar uma estatística do movimento pelo número de processos recebidos e terminados. Ora, esta quantificação não deixa transparecer o montante de trabalho investido em um único caso, que se compõe das horas gastas em contato com os membros da família e demais pessoas e profissionais que a atividade pericial exige. Sem contar o tempo despendido com transcrição, correção e análise de testes e redação do laudo (A valorização deste tempo está bem quantificado na cobrança realizada pelos respondentes das pesquisas americanas). Aqui se pode aproveitar o ensinamento de Bleger (1984) em insistir que o tempo gasto com o esclarecimento da tarefa que está a cumprir "não é tempo perdido, mas faz parte integrante da tarefa" (p. 48).

Em relação aos profissionais que trabalham em instituições de referência (IMESC, Unidade de Divórcio e instituições especializadas em família, na nossa amostra), portanto que não estão ligadas administrativamente aos tribunais, observamos uma situação de pouco contato com a autoridade judicial. Talvez porque a solicitação se faça por intermédio de documentos (ofícios) ou caminhos institucionais, o contato direto entre os profissionais raramente se dá. Martins (1999), psicóloga perita do IMESC, apesar de enfatizar a abordagem relacional no trato com os periciandos, não apresenta nenhum relacionamento direto com o *juiz* como demandante da solicitação. Ela faz menção ao respaldo de suas conclusões pelos *peritos psiquiatras* que atuaram no mesmo caso, depreendendo daí algum tipo de interlocução, mas não discriminado como parte de sua metodologia. Ou seja, não é possível saber a forma de trabalho em conjunto, se é que ela existe. Vamos à citação:

> O aspecto interessante que salientamos naquela ocasião foi que, na discussão sobre nossos achados, realizada com os psiquiatras envolvidos nas perícias desse caso eles nos relataram que haviam observado muitos pontos por nós obtidos com a análise relacional, mas que faltavam-lhes referencial teórico para fundamentar tais impressões. (p. 211)

Na parte inicial, quando falamos da demanda encaminhada pelo juiz, também nos referimos à experiência dos comissários da Unidade do Divórcio (Clulow; Vincent, 1987) em Londres que recebiam a determinação de realizar as investigações por meio de ofícios padronizados, sem outros esclarecimentos (item 4.1.1.3 de nosso trabalho).

5.2 A leitura dos autos do processo judicial

A leitura dos autos é um passo importante para o entendimento da questão legal em jogo, bem como para apreciar toda a dinâmica processual. Os ofícios e documentos vem devidamente dispostos cronologicamente. O diálogo inexistente entre os protagonistas na vida real toma forma a partir das alegações e contra-alegações, por meio da manifestação dos legítimos defensores. A colega do Fórum de Pinheiros, Suannes (1999), caracteriza a impressão que passa a primeira leitura dos autos.

> Se acompanharmos os processos de Vara de Família, veremos como são repletos de queixas e denúncias. Acusações graves e banais são apresentadas com a mesma ênfase: pedidos para que

> o juiz resolva questões corriqueiras são concomitantes ao relato de situações que aparentemente seriam graves e envolveriam riscos ou sérios prejuízos para a criança. Depreende-se também da leitura destas petições que os litígios são apresentados como se as partes envolvidas fossem estranhas umas às outras, como se a pessoa com quem se disputa algo não tenha sido, ou seja, ainda, objeto de investimento libidinal. Os conflitos são enunciados como resultado de inadequação do outro, como problema externo ao sujeito, como se a pessoa que pede alguma coisa não tivesse implicação pessoal no estabelecimento daquele quadro. (p. 94-95)

O que Suannes (1999) descreve acima pode ser entendido como um processo de "dessubjetivação", como o chamou Alves (2002) para explicar como o dispositivo jurídico visa "criar um conflito administrável" e, por fim, criar a própria verdade que levaria ao término do litígio. O seu trabalho apoia-se na leitura de juristas renomados, com os quais ela vai desmontando o mecanismo discursivo que dá sustentação à cena do judiciário, no qual se vai travar a batalha pela guarda de filhos. Remetemos ao leitor interessado para a obra que é muito rica para ilustrar a lógica judicial na construção de um paradigma de operatividade do conflito.

Ribeiro (1999), colega de Brasília, discrimina como primeiro passo "recebimento, leitura e resumo dos autos".

Concluindo em relação à leitura dos autos, destaca-se uma finalidade pragmática que não varia muito dentre os trabalhos: procura-se subsídios para traçar uma estratégia de avaliação. Castro (2000), por exemplo, refere-se ao *estudo do processo judicial* com o "objetivo de compreender as razões alegadas, processualmente, para pleitearem mudanças em relação à guarda ou a visita dos filhos" (p. 58).

Na minha prática, costumo deixar registrado nos próprios laudos que redijo, como parte do método utilizado, o item que chamo "leitura crítica dos autos do processo". Esta leitura me possibilita *avaliar o tempo* que transcorreu desde o início da demanda (requerimento inicial) até o momento, além de saber dos *dados factuais dos envolvidos* (dados de identificação em geral, nome completo, idade, estado civil etc.). Presto atenção às manifestações dos operadores do Direito, procurando discriminar da parte dos advogados qual é a *queixa* que subsidia a ação e o que se *demanda* (no presente estudo, a mudança de guarda); da parte do curador e do juiz quais são as manifestações em relação a tais queixas. Se houve *audiência* anterior é importante notar se *testemunhas* foram chamadas e identificá-las para, caso haja necessidade, chamá-las para entrevista. Solicito xerocópia de todos os *laudos* anexados, bem como dos *quesitos* endereçados a mim. Os quesitos normalmente são elaborados pelos advogados, mais raramente pelos assistentes técnicos, e servem como diretrizes para a investigação. Tais quesitos devem ser respondidos ao fim das entrevistas, observações e testagens como conclusão de todo o processo. Discorreremos sobre os quesitos no item 5.7 na sequência.

A pesquisa de Ackerman e Ackerman (1997) revela que os psicólogos estão gastando mais tempo no estudo do material do que há dez anos, o tempo médio gasto constatado foi de 2,6 horas (mais de 10% do tempo total do estudo de avaliação).

5.3 A entrevista

A entrevista psicológica é a técnica por excelência à qual se associa o trabalho do psicólogo. Mais do que aplicação de testes ou observação, o imaginário popular tende a associar a atividade psicológica com atendimento e atendimento com conversa. A conversa que tem suas regras e uma técnica: a entrevista. No meio forense não se faz referência à entrevista psicológica como *sessão* (associada ao modelo clínico). Existe um *atendimento* das partes e menores, mas *atende-se* à demanda de um terceiro. A entrevista pericial opõe perito e periciando. As combinatórias podem variar (dois peritos e um periciando, um perito e dois periciandos, etc.), mas a natureza da tarefa pericial condiciona e limita, mas também favorece o surgimento da questão psicológica que tem uma interface com a questão legal. Procura-se abordar esta matéria interligada entre psíquico (privado) com o legal (público) no fogo cruzado entre adultos e crianças.

5.3.1 O enfoque em equipe

Trabalha-se com uma família em litígio avaliando, no mínimo, três pessoas (requerente, requerido e objeto da disputa). Abordar a família em um momento conflitivo, no qual se disputa o próprio filho, pode ser uma tarefa desgastante. Pensando nisto existem modalidades de entrevista que contemplam a possibilidade de *mais de um entrevistador* por família.

Felipe (1997) menciona Jackson *et al.* (1980) e Volgy e Everett (1983) que sugerem *avaliações em equipe*, nas quais os pais e as crianças tivessem diferentes avaliadores. Jackson e sua equipe defenderiam, segundo Felipe (1997), uma equipe multidisciplinar – no qual um psiquiatra, um psicólogo clínico, uma assistente social psiquiátrica, um pediatra e outros profissionais participam do processo (Keilin; Bloom, 1986) – em que o profissional que estivesse atendendo a criança não se sentiria sobrecarregado com as necessidades dos pais. Eles entendem que informações cruciais podem ser obtidas por meio de *observações da interação pai-criança*. Volgy e Everett também mencionam o dispêndio de energia para se manter uma postura objetiva em meio aos pais que buscam alianças com o profissional. Desta forma, sugere-se a formação de uma *dupla de avaliadores de cada sexo*, sendo que um atenderia os pais e o outro, a criança. Este último tendo duas funções: funcionar como *consultor* das necessidades da criança e ser alguém que facilitaria a manutenção da objetividade. A presença de ambos os sexos ajudaria a eliciar dimensões relativas ao papel sexual nos *encontros conjuntos e familiares*, como também a identificação com o terapeuta do mesmo sexo. Pode-se depreender da segunda proposta acima que, embora o conjunto dos procedimentos inclua *entrevistas individuais* (pai, mãe e criança por sua vez) em situação bipessoal, não só podem ocorrer *entrevistas conjuntas* (pai e mãe) em situação de co-terapia como *entrevista familiar em coterapia*, havendo a integração entre os profissionais do processo com os membros da família. Em ambas as propostas ressalta, pelo menos no recorte que Felipe (1997) faz, a questão da necessidade de manter uma "objetividade" entendida como uma equidistância entre desejos e necessidades conflitantes.

Em relação a uma *proposta em equipe* ou com co-participação, na pesquisa de Keilin e Bloom (1986), 48% dos sujeitos endossavam a utilização de um *coterapeuta ou coavaliador* ocasionalmente. Deste subgrupo, sabemos que trabalhavam com alguém em 25% dos casos (ou seja, um caso a cada quatro). Um total de 45% declarava sua preferência em trabalhar com alguém do sexo oposto, enquanto que, para o restante (54% da amostra[3]), o sexo do colega era indiferente. Passados dez anos, o cenário mudou: somente 16% dos psicólogos da amostra da pesquisa se utilizavam de um coavaliador. Quando este recurso era utilizado, um colega do sexo oposto era preferido em 57% das vezes, enquanto que em 39% das ocasiões eles não tinham preferência (Ackerman; Ackerman, 1997). O que poderia explicar esta mudança? E isto refletiria uma tendência à diminuição de um enfoque em equipe? Não sabemos responder, pois não há dados suficientes.

Em nossa amostra, encontramos a utilização do modelo em equipe em Clulow e Vincent (1987), Ortiz (1986), Ribeiro (1999). Vamos expor a posição de Ortiz (1986), ex-psicóloga do judiciário paulista, que escreve do lugar de perito independente e assistente técnico de parte. A autora chama a sua proposta de *diagnóstico situacional*, destacando o uso dos *dados processuais*, *entrevistas* e *observação do comportamento* nas entrevistas. Percebe-se que existe uma atenção voltada a "fatos", "dados objetivos" configurando uma preocupação com a discriminação de uma realidade objetiva oposta a uma realidade psíquica.

O seu enfoque de *trabalho em equipe* refere-se à participação na perícia de um "especialista em psicodiagnóstico". Nesta proposta a perita não seria a *expert*, pelo menos em psicodiagnóstico. A autora argumenta que "o prévio conhecimento do processo judicial poderá *contaminar* as conclusões do perito" (p. 28). Para evitar tal viés ela sugere que o dito "especialista em psicodiagnóstico" seja chamado – apontando a especialidade do Rorschach como a que a sua especialista adota. A profissional faria a avaliação, às cegas, *dos adultos* (sabe-se somente os dados de idade, sexo, escolaridade, profissão e o contexto da prova ou a que ele se destina) e colocaria o resultado da avaliação

---

3 A somatória não totaliza 100% porque estamos desprezando o valor decimal.

ao perito. Vê-se que o *coavaliador* é utilizado para aumentar a garantia de objetividade da análise, "contaminada" pela leitura prévia do processo. A própria pressuposição de uma objetividade viesada parte de uma concepção positivista, utilizando-se, então, do Rorschach como um "fiel da balança".

Ortiz (1986) destaca o uso do *ludodiagnóstico com crianças*, mas não deixa claro quem é que o realiza, se ela mesma ou se o especialista. De qualquer forma, é inegável o privilégio do enfoque sobre os adultos, bem como a preocupação em isolar "fatos" e "realidades" numa posição pericial *stricto sensu* de "certificar-se dos fatos para dar conhecimento deles ao Julgador" (p. 26). É uma posição que defende o uso instrumental e técnico da Psicologia, em que o examinando é abordado como objeto em cuja posse "a verdade" se encontra "refém", resgatável pelo saber-poder técnico do "especialista" e confirmada pelo lugar legitimado do perito. Passemos agora para uma outra proposta de trabalho.

O enfoque do grupo de psicólogos judiciários de Brasília (Ribeiro, 1999) é baseado na *teoria sistêmica* e tem a *família* como objeto. Já vimos como eles procuram engajar os próprios advogados no trabalho (item 4.1.2.4). A autora esclarece que a abordagem utilizada levou o grupo a "privilegiar o atendimento conjunto das partes". O objetivo explícito é de que "as partes cheguem a um acordo". A diferença que percebemos do enfoque sistêmico de Martins (1997) é que existe um trabalho grupal na Unidade de Assessoria Psicossocial, ao contrário da atuação isolada de Martins (1999) no IMESC, que também se utiliza do referencial sistêmico. **Cabe lembrar que tradicionalmente o papel de perito é desempenhado por uma pessoa e não por uma equipe.** Ribeiro (1999) ainda aborda atividades grupais de suporte técnico, tais como reuniões de estudo de casos, supervisão com profissionais da Seção e externos ao Tribunal de Justiça do Distrito Federal. A autora não esclarece, no entanto, se a *entrevista* dos membros familiares se dá por um profissional ou também em coavaliação. Uma vez que nada foi dito, pressupomos que o trabalho ainda seja conduzido por apenas um profissional, o que é o mais comum no enquadre pericial. Já participei de procedimentos de avaliação com a utilização de *sala com espelho*, onde o restante da equipe fica a observar a interação que se dá a partir da condução de um ou uma dupla de avaliadores (Bichard; Shine, 1995). Este tipo de infraestrutura não é referida em nenhum dos trabalhos nacionais.

Ribeiro (1999) dá notícias de mais uma inovação que está sendo tentada pelo grupo multiprofissional de Brasília. Em função do aumento de demanda dos casos, eles começaram a realizar *atendimento multifamiliares*, nos casos em que a solicitação de guarda por um parente não configure litígio com os pais do menor de idade. Ribeiro (1999) justifica que "essa metodologia tem a vantagem de permitir que membros de uma família se favoreçam do conhecimento da outra para resolver questões similares, criando uma rede de autoajuda que converge com nossos objetivos de possibilitar às famílias a busca de soluções em seu seio ou no da comunidade" (p. 166). Ou seja, além de trabalhar em grupo com um grupo familiar, propõe-se outro enquadre em que estejam presentes membros de mais de um grupo familiar. A autora promete um trabalho expondo esta atividade para breve. Cabe notar que a ausência do aspecto litigioso não é o mais comum em casos de Vara de Família, pelo menos naqueles em que se solicita a avaliação psicológica.

Finalizando a proposta sistêmica encabeçada por Ribeiro (1999), gostaríamos de indagar se tal abordagem, dita *familiar*, em sua operacionalização no enquadre judicial, da forma que é exposto, *não privilegiaria os adultos em detrimento das crianças*. Senão por que tal intervenção teria como alvo preferencial "as partes" e não a família? Pensamos que esta ênfase nos adultos (nas *entrevistas conjuntas* e no *acordo* possível) parte já da pressuposição que é uma problemática da separação do casal conjugal (e não parental) que institui e mantém o litígio. Ainda a reforçar a ênfase no casal parental está a própria possibilidade de se terminar o litígio a partir da modificação da posição litigiosa dos adultos, posição esta, que manteria a criança subjugada à problemática conjugal. Tal acento no "acordo" pode ser a assunção por parte dos psicólogos do ideal da instituição judiciária: eliminar o litígio processual. **Se esta análise estiver correta, podemos dizer que a influência da instituição sobre a concepção teórica e orientação técnica dos psicólogos judiciários impôs uma *hipertrofia da atenção* voltada aos adultos**

em uma abordagem que se pretende levar em conta, igualmente, a todos os seus membros.

Clulow e Vincent (1987), terapeutas-pesquisadores da Tavistock, trabalharam no projeto com a Unidade do Divórcio por dois anos e meio. No período de 12 meses, a pesquisa orientou-se em montar um perfil das pessoas atendidas pelo serviço por meio de um *questionário* para cada caso atendido, o que totalizou 110 casos. Como a proposta da pesquisa era vivenciar de dentro a experiência, os pesquisadores formaram *duplas com os comissários* atendendo 23 de uma amostra de trinta casos, em várias combinações. Ao fim de oito meses após o término da investigação e remessa do relatório, foi enviada uma *carta* aos casais da amostra, convidando para uma *entrevista* cujo objetivo seria obter um *feedback das famílias* examinadas, a fim de melhorar o atendimento prestado pela Unidade. Da amostra inicial de sessenta pessoas (ou seja, os casais dos trinta casos), foram entrevistados 19 homens e 24 mulheres. A partir das entrevistas, eles concluíram que 12 homens e 12 mulheres estavam motivados a participar das entrevistas para registrar suas *insatisfações*. Cinco dos homens e seis mulheres expressaram sua *satisfação* com o que tinha acontecido. Quatro mulheres não pareciam estar motivadas nem de um jeito nem de outro. Dois homens e duas mulheres estavam *pedindo ajuda* explicitamente. **No balanço final, a razão entre insatisfação e satisfação com o processo investigativo ficou na proporção dois para um.** O estudo procurou analisar a vivência tanto dos pais na situação de investigação quanto a dos comissários.

A Unidade do Divórcio que foi pesquisada ficava localizada em um prédio do tribunal. Sua equipe integrava cinco mulheres assistentes sociais com pelo menos seis anos de experiência profissional. O tempo médio de experiência de trabalho do grupo era de doze anos. Os recursos técnicos de que contavam iam desde a utilização de *insights* numa linha psicodinâmica até conceitos de teoria sistêmica e técnicas de terapia familiar. Vamos fazer o recorte nos procedimentos técnicos que nos interessam.

Em termos de convocação para a investigação, geralmente, *os pais eram chamados em conjunto*, por meio de uma carta, já no primeiro contato. (Lembrando que estamos nos referindo ao procedimento técnico para a elaboração do relatório e não da entrevista de pesquisa ao fim do processo investigativo). O objetivo da *entrevista conjunta* era explorar e delimitar as questões em desacordo, avaliar a interação entre os membros da família e negociar a possibilidade de um acordo. Foram oferecidas *entrevistas individuais* nos casos que: haviam passado por tentativas de conciliação e falhado, nos com risco de violência, quando haviam se separado há muito tempo, para os que moravam longe um do outro e quando havia um segredo que não se quisesse compartilhar. Era sempre dito, no início, que *além de informar aos juízes, eles estavam lá para ajudar as famílias*. Os autores dão testemunhos das reações adversas à abordagem conjunta, principalmente das *mães* que suspeitavam da iniciativa de uma tentativa de reconciliação ou de uma aliança com o ex-marido. As reações foram mais extremadas nos casos em que se convidou para trazer *as crianças* (13 dos casos). **Apesar de terem recebido respostas positivas, os autores afirmam ter subestimado a capacidade de engajarem os adultos como pais responsáveis quando estavam "preocupados com a criança machucada e temerosa dentro deles"** (p. 101).

O tempo despendido em entrevistas com os membros da família variou de uma a trinta horas, a maioria dos casos levou de cinco a 15 horas. Calculando o tempo em que o relatório foi solicitado até o momento em que foi enviado chegou-se ao dado de que: 76% dos casos foram terminados em menos de seis meses, contra 23% que terminaram abaixo de três meses. O tempo maior gasto representou o montante maior de trabalho investido na família, levando-se em conta que havia o problema prático de agendamento, pois os comissários-pesquisadores somente tinham um dia na semana para realizar as entrevistas. O tempo entre a solicitação, a atribuição do caso e seu início era, normalmente, de duas semanas ou menos. É bastante ligeiro para os padrões forenses paulistas. Apenas sete do total de 140 casos demoraram até seis semanas. Oito dos casos – 27% da pesquisa e 18% dos casos da amostra de controle – não tinham retornado ao tribunal após o período de um ano. O *não retorno* das famílias ao tribunal com o mesmo processo ou outro é um bom dado quanto à possibilidade de resolução do conflito.

A abordagem de 23 dos 30 casos foi feita em parceria com o colega da Unidade de Divórcio. O efeito para os trabalhadores, da abordagem em dupla, foi uma sensação de liberdade maior, pois poderiam se fiar no colega de que não estariam perdendo a objetividade em se aprofundar na interação com um ou outro dos pais. O *feedback* dos pais também foi favorável, especialmente dos homens que se sentiam especialmente em desvantagem em conseguir a guarda em função do seu sexo, quando a entrevista era conduzida por somente uma mulher. Coloca-se a questão da objetividade e a identificação pelo gênero do entrevistador.

Não é nosso objetivo focar as dinâmicas observadas nos diferentes casais estudados, seria um outro trabalho. Gostaríamos apenas de ressaltar que em suas conclusões os autores se inclinam a pensar que **sempre haverá pessoas que precisarão da intervenção de uma figura de autoridade que venha a resolver por eles uma situação que não conseguem lidar sozinhas.** Muito honestamente, eles admitem o início do projeto com "grandes esperanças" e a dura evidência de que alguns casais não saiam da situação litigiosa a despeito de seus melhores esforços.

Por que poucos profissionais se referem à utilização do enfoque grupal para avaliação em uma situação de difícil manejo com famílias em litígio? Na nossa experiência, sabemos de poucas iniciativas neste sentido e nada muito regular. Talvez uma explicação possível seja o fato de ser raro conseguir um colega com base teórica e técnica comum e afinidade pessoal, além do custo atrelado ao ocupar dois ou mais profissionais em uma mesma e única atividade. Para o psicólogo judiciário, cuja retribuição financeira fica a cargo do erário público, o trabalho em conjunto representa mais tempo para reuniões e processamentos dos dados. Não vamos esquecer também que o lugar pericial, tradicionalmente, é ocupado por uma pessoa. Os juízes não estão acostumados a receber um laudo com duas assinaturas de peritos.

No enquadre pericial há que se considerar também a situação de um *trabalho em conjunto "forçado"* pelas circunstâncias, em que pouco controle se tem sobre quem será seu "coperito": é o caso do assistente técnico que participa da interação com os membros da família *em conjunto.* Tivemos a oportunidade de assinalar tal ocorrência no trabalho de Martins (1999), psicóloga do IMESC, que teve um coavaliador "psiquiatra e psicólogo" que adentra a sua sessão com a criança sem, ao que nos pareceu, nenhuma combinação prévia de como iriam conduzir a observação em conjunto (vide item 5.4). Difícil, sem dúvida, mas é uma situação que está se tornando mais comum (a participação de assistente técnico) a partir da maior utilização do recurso pericial psicológico em âmbito jurídico observado a partir da década de 1980. Não encontrei nenhum trabalho que enfoque a *atividade pericial com participação do assistente técnico.* Penso que tal assunto poderia trazer muitos subsídios quanto aos manejos técnicos e éticos de tão delicada situação. Vamo-nos voltar agora para as atuações periciais *solo,* que, afinal, se constituem em sua maioria. Relembrando que estamos preocupados, neste momento, com a estruturação das entrevistas.

5.3.2 O enfoque individual

A entrevista psicológica em situação bipessoal, isto é, perito e periciando, é o procedimento técnico mais utilizado em avaliação psicológica de guarda. Este dado é corroborado pela pesquisa norte-americana de Keilin e Bloom (1986) com a totalidade dos peritos utilizando a entrevista individual clínica com o pai e a mãe. Há apenas uma pequena queda neste percentual (98,8%) no que diz respeito à entrevista clínica individual com cada criança. A entrevista clínica com as crianças em conjunto (em casos de mais de um filho) é endossada por 67% dos profissionais. E a entrevista conjunta dos pais com os filhos? Elas entram na categoria de observação lúdica à qual nos referiremos mais adiante. Portanto, se todos entrevistam os adultos em todos os casos, em alguns raros casos a criança não é entrevistada.

Na pesquisa de Samper (1995), em Madri, a entrevista aparece como a técnica mais utilizada, mas com índice de 34,5% sobre o total. Aqui cabe esclarecer que a metodologia de Samper foi a *coleta de dados a partir do que os laudos informavam sobre a utilização de técnicas.* Portanto, se o psicólogo não discriminou algum item no laudo, este não será computado no final. Neste sentido, deve-se considerar que pode haver itens sub-representados. De qualquer forma, levanta-se a indagação: algum profissional faria uma avaliação psicológica para determinação de guarda *sem a utilização sequer de uma entrevista com as partes e a criança.* Parece-nos que basear um estudo pericial apenas no resultado de provas, sejam elas projetivas ou questionários, seria uma prática sujeita a muitas críticas. O dado que "mascara" este resultado é que o contato com a família também está presente no item *observação*, no qual se pressupõe uma interação mínima entre o profissional e os examinandos.

A pesquisa de Keilin e Bloom (1986) traz o dado quantitativo de horas dedicadas a cada atividade. Os profissionais reportam que gastam, em média, *duas horas* em entrevista com cada um dos pais (ou partes, que não necessariamente são os pais biológicos) e uma *hora e meia* com cada criança. Este dado não sofre muita alteração depois de dez anos, segundo a pesquisa de Ackerman e Ackerman (1997), que reproduziram a pesquisa citada acima somente com psicólogos, apresentando quase os mesmos números. **Comparando-se o dispêndio de tempo e de trabalho, pode-se dizer que os adultos recebem mais tempo do que as crianças.**

A quantificação do número de entrevistas realizadas, como parte da metodologia de avaliação, é fornecida por alguns autores. Muitas vezes a metodologia da avaliação não é exposta como um todo, por não fazer parte da preocupação do autor do trabalho dentro do escopo que orienta a sua realização. Portanto, os dados que deixam entrever as questões que nos interessam apresentam-se de forma lacunar em muitas das obras que analisamos.

Castro (2000), por exemplo, discrimina a realização de *quatro encontros* com cada adulto. Ela se utilizou de *duas entrevistas semi-dirigidas,* cujo objetivo era triplo: colher dados do histórico, aprofundar as razões alegadas para mudança de guarda e formular hipóteses quanto à estrutura e dinâmica da personalidade. O estudo foi complementado com uma sessão de aplicação do *TAT* e outra do Rorschach. O seu objetivo era apreciar da maneira mais profunda possível a estrutura de personalidade dos casais. O referencial teórico da autora é a psicanálise francesa não lacaniana, marcadamente a escola de psicossomática de Pierre Marty. A pesquisadora não faz referência a entrevistas com crianças, mas sabemos, por nossa experiência de trabalho no mesmo setor, que ela as realiza, muito embora não aplique o Rorschach na população infantil. No primeiro dos três casos que utiliza para sua tese, ela realizou um total de 12 entrevistas: seis com a requerida (mãe), quatro com o requerente (pai) e duas com a menina de três anos e três meses. Tratava-se de um caso de visitas e se discutia o pernoite para o pai.

Felipe (1997), que buscava verificar a utilidade dos testes psicológicos Desenho da Família e Estória (de Walter Trinca) e do *CAT*, aborda a utilização de *aproximadamente três entrevistas individuais em média*. A amostra analisada de dez casos foi colhida de três profissionais da Vara, dentre elas a autora. Portanto, a metodologia refletia uma prática discutida e seguida, em comum, pelo grupo, *embora realizada independentemente por cada uma*. A entrevista com os pais também tinha um outro objetivo, além de conhecê-los e de avaliar sua dinâmica. As profissionais realizavam "colocações no decorrer dos atendimentos que visavam favorecer uma compreensão quanto à situação psicológica e necessidades emocionais da criança; quanto à dinâmica das relações interpessoais, ou no que se refere a aspectos inconscientes da própria pessoa, que estivessem exercendo influência sobre aquela questão" (p. 68). A pesquisadora classifica estas colocações como *formas de intervenção*. Intervenção entendida em oposição à perícia *stricto sensu*. Portanto, a autora se alia aos profissionais que entendem que a perícia não inviabiliza práticas no sentido interventivo.

Alves (2002) afirma realizar, em média, *quatro ou cinco entrevistas individuais com cada pessoa da família*, discriminando os pais e filhos. Sua proposta de uma perícia psicanalítica baseia-se estritamente no manejo transferencial apoiado por uma fina atenção aos dispositivos que engendram mesmo a possibilidade de seu exercício no encontro de duas práticas distintas: a psicanalítica e a jurídica. Para tal, a autora se apoia nos trabalhos de Marlene Guirado, propondo uma "migração" dos conceitos do terreno clínico clássico no qual se originou a psicanálise para o âmbito jurídico.

Pellegrinelli (1993) e Suannes (1999), ambas psicólogas judiciárias paulistas, aproximam-se na utilização do referencial psicanalítico apoiado em J. Bleger (*op. cit.*). No entanto, não discriminam o número de entrevistas com adultos ou crianças.

Suannes (1999) também destaca a utilização de *entrevista semi-dirigida*, o que daria margem para que o interlocutor expusesse com maior liberdade o conteúdo de seu pensamento, ao mesmo tempo, que revela a dinâmica do seu comportamento na interação.

Pellegrinelli (1993) aborda a questão da perícia não ser uma "asséptica coleta de dados" em função mesmo do objeto histórico, e por conseguinte, em constante transformação. Portanto, segundo esta psicóloga, "a própria pesquisa diagnóstica já pode se constituir em interferência na estrutura do conflito enfocado pelo processo" (p. 2).

Barros (1997) e Miranda Jr. (1998; 2000a; 2000b; 2000c; 2002) utilizam o referencial psicanalítico lacaniano para construírem o seu entendimento da posição dos pais. Ambos deixam entrever a opção por uma ação *interventiva*, mesmo considerando os limites da atuação pericial.

Barros (1997), da Vara da Família de Belo Horizonte, faz uma crítica à posição do perito comprometido em fornecer uma verdade do sujeito, questionando mesmo tal possibilidade a partir da ótica lacaniana. O seu argumento baseia-se na conclusão de que o sujeito do inconsciente (da Psicanálise) não pode ser "traduzido" para o sujeito da racionalidade cartesiana (do Direito). Tentá-lo a partir do lugar do perito corresponderia à inviabilização da posição do analista que se outorgaria ao lugar de um "saber real" e não "suposto". Em suas palavras:

> Qual é a função de um laudo pericial que revela aquilo que ainda está velado, porque foi o resultado de testes, entrevistas, dinâmicas, etc... Qual o efeito desta revelação no campo do sujeito e em suas relações sociais e no próprio campo do direito? Qual é a ética que sustenta esta atuação no campo da "psicologia jurídica"? (p. 44)

Mais à frente ela complementa, utilizando-se de uma citação de um outro trabalho próprio:

> A posição cartesiana do perito serve, apenas, para garantir a onipotência narcísica do profissional que acredita ser possível responder à demanda jurídica com a verdade cartesiana. Nada serve ao sujeito pois não provoca uma retificação subjetiva e nem serve à Justiça, pois o saber apresentado como verdade cristalizada é uma "ficção psicológica". (Barros *apud* Barros, 1997, p. 44)

A crítica ao perito positivista bem que poderia ser endereçada a Ortiz (1986) na forma como aquela idealiza a perícia, que vimos anteriormente (item 5.3.1). Problematizado o lugar pericial, a autora consegue ver uma saída? Ela responde:

> Um lugar a ser inventado no caso a caso, um lugar comprometido com a ética, um lugar mediador, promovendo a possibilidade de uma operação simbólica, um deslocamento da demanda [...] uma retificação subjetiva, onde ocorra um processo de separação. (p. 45)

A autora não se refere como tal lugar poderia ser mantido, talvez aí fosse outro trabalho. A indicação de uma "retificação subjetiva para que ocorra a separação" nos faz pensar que Barros (1997) também se alinha aos autores que consideram o litígio em família originário e subsidiário dos problemas de separação do par conjugal: "Nas Varas de Família ouvimos o eco das apelações insatisfeitas, os desencontros amorosos causando uma demanda de reparação, esperando que a lei possa colocar-se em boa posição, regular o irregulável" (p. 40). Daí que a retificação subjetiva (entendida dos adultos) poderia atingir o cerne da manifestação de mal-estar que se configura como uma demanda deslocada a uma instância jurídica. O trabalho de Abreu (2000) traz o mesmo entendimento quanto à retificação subjetiva e o impasse na escritura do laudo.

A posição de Miranda Jr., colega com quem tenho aprofundado muitas das reflexões aqui expostas, tem um posicionamento menos pessimista da atividade pericial. Ele explicita como imagina a função pericial, que foge ou amplia a definição legal *stricto sensu:*

> O trabalho do psicólogo é desconstruir o litígio, escutar de cada um qual a sua parte naquela história. Sem uma intervenção clínica no litígio, muitas vezes o sofrimento permanece travestido das mais diversas demandas num processo judicial interminável. E o desejo das crianças? Envolvidos nestes jogos parentais, as crianças começam a ter problemas na escola, nos relacionamentos com seus amigos e parentes. Entram em um conflito de lealdade com os pais, não sabem como responder às suas demandas. Este sujeito ainda emaranhado na teia fantasmática familiar sofre por não saber dizer sobre este imaginário que não permite que ele se coloque como sujeito, restando-lhe apenas a vertente do assujeitado. Em alguns casos, quando os pais não se dispõem a nenhum trabalho de elaboração subjetiva porque o sintoma não permite nenhuma abertura, um trabalho com as crianças consegue fazer efeito. Elas começam a contestar as demandas parentais e tentam não participar do jogo litigioso no qual são as maiores prejudicadas. Infelizmente, estes casos são raros. (Miranda Jr., 1998, p. 33)

A colocação de Miranda Jr. deixa perceber que o foco de sua atenção se volta aos pais, pois as crianças são "envolvidas nos jogos parentais", apresentam sintomas (problemas na escola) e ficam presas no "conflito de lealdade", em posição de "assujeitamento". Vimos que existe uma concepção de que a criança, de certa forma, é o sintoma de outrem. Portanto, busca-se a mobilização de uma verdade enrijecida e concreta, por meio de uma "ressignificação do conflito". Vemos que no percurso de Miranda Jr., ele tem tentado responder ao desafio de ocupar o lugar pericial debruçando-se sobre seus casos e produzindo a partir daí, diversos trabalhos (Miranda Jr., 1999; 2000a; 2000b; 2000c; 2002). Ao privilegiar a exposição clínica do caso e nos convidar a acompanhar seus pensamentos, à medida que vai entrando em contato com a verdade de cada um, Miranda Jr. faz parecer fácil uma atividade cheia de riscos e armadilhas. Neste momento assinalaríamos que o autor, embora considere as crianças e adolescentes os "principais clientes" (no sentido de beneficiários da intervenção do psicólogo e não como demandantes do serviço), dirige sua atenção mais à posição e aos conflitos do par parental. Parece haver a "aposta" de que a libertação destes por meio da "retificação subjetiva" acabaria por "desassujeitar" a criança.

Felipe (1997) classifica a prática de *entrevistas conjuntas com os pais* como "mais recente" na metodologia do grupo de psicólogos de Ribeirão Preto (SP). Ela assume o seu caráter *interventivo*. Dos dez casos da amostra em sua pesquisa de mestrado, tal modalidade foi proposta em três casos, sendo que apenas em um deles o casal concordou em participar. Ela esclarece que no caso, em particular, tal abordagem tomou lugar *dois anos* após o primeiro contato com as pessoas da família, sendo que a solicitação do juiz se referia à realização de uma *intervenção* e não de uma perícia.

A amostra de Keilin e Bloom (1986) revela que somente a metade dos profissionais que responderam à pesquisa reportavam a utilização da entrevista conjunta com os pais, com apenas 1 ou 2 horas gastas nesta modalidade.

Volgy e Everett, citados por Felipe (1997), afirmaram que as sessões conjuntas realizadas no *início da avaliação* tenderiam a exacerbar a polarização entre o casal, cada um puxando o profissional para formar uma aliança consigo. O procedimento era: as entrevistas iniciavam individualmente com cada par e diferentes avaliadores; os profissionais conversariam, após esta sessão, e determinariam a viabilidade de oferecer uma sessão conjunta com ambos *os terapeutas* (Volgy; Everett *apud* Felipe, 1997) caso se percebessem a potencialidade de estabelecer acordos cooperativos. Estes profissionais são contrários à realização de *sessões conjuntas de pais e filhos* porque não seriam necessárias e serviriam para reforçar os conflitos e fantasias de reconciliação dos pais. Depreende-se que os filhos não seriam necessários para a formulação de possíveis acordos entre os pais, embora estes filhos sejam o foco da disputa.

Em minha prática tenho me utilizado da *entrevista conjunta com pais* com certa regularidade. Estabeleço este momento somente após um contato individual com cada um e de ter me avistado com a(s) criança(s) em disputa. Apresento como meu objetivo conversar sobre tópicos de interesse comum – normalmente, uma questão prática (como a escolha de uma escola, período de férias, preocupação com estado de saúde da criança) que aparece nas entrevistas e serve de tema. Não coloco como uma opção dos pais, mas uma exigência minha para o objetivo da própria perícia (avaliar a relação do casal parental tendo em vista um interesse comum em relação à criança). Não me proponho a "resolver" a pendência, mas a acompanhar e assinalar as dificuldades em se chegar a um resultado satisfatório ligando com a questão mais ampla da guarda. Isto tem me dado elementos de como o casal funciona enquanto tal e como me insere "no meio do problema" deles. O benefício secundário (acordo sobre algum item), muitas vezes, surte um efeito mobilizador no conflito litigioso. O referencial teórico-técnico dos autores ingleses Pincus e Dare (1981), Box (1994) e dos terapeutas familiares brasileiros Meyer (1987) e Ramos (1992a; 1992b) tem-me ajudado a pensar a dinâmica relacional. Em uma família de pai, mãe e um filho, costumo propor a avaliação em *cinco encontros*: dois são individuais com cada um, o terceiro em conjunto (pai-mãe, pai-filho, mãe-filho) e o último com todos. Quando há mais de uma criança, início com um encontro em conjunto com todos os irmãos e faço um contato individual, posteriormente. Só então aplico testes, se considerar necessário. Dependendo dos casos consigo chegar até a *entrevista familiar*, em outros, o trabalho termina antes (questão do prazo processual, grandes resistências, etc.). Exponho o meu pensamento sobre este trabalho em Shine (2002).

Quando penso em realizar a *entrevista familiar*, levo em conta que existem poucas chances de a criança estar presente com ambos os pais, na maioria dos casos de alto grau de animosidade, e que esta pode ser uma oportunidade única. Isto pode colocar no profissional certa pressão em "querer proteger a criança", mas se levarmos em conta que o aspecto infantil dos pais também deve ser considerado, entendo que há um "empate técnico". Como diz Box (1994), a situação de desamparo não é exclusiva da condição infantil, os pais podem se sentir muito impotentes e agirem "infantilmente". Assim como as crianças se sentem, por vezes, onipotentes e poderosas. Procuro encarar a criança tanto como parte do problema quanto parte da "solução". Deixá-la de fora, seria perder um elemento valioso da família. Passaremos a avaliar, na sequência, as propostas de contato com as crianças.

5.4 A observação lúdica com criança

Referimo-nos anteriormente ao trabalho de Martins (1999) que se baseia numa concepção de trabalho do modelo sistêmico-construtivista. Relembramos o leitor que a experiência da autora é a partir do Núcleo de Perícias Psiquiátricas, que faz parte do IMESC. Verificamos que, pela abordagem da autora, a construção da estratégia de avaliação se baseou na *leitura dos autos* e do *pedido explícito do cliente-juiz*: "Avaliação psicológica do menor e dos genitores visando conhecer a afinidade da criança com os pais e o que seria melhor, sob o ponto de vista psicológico, em termos de guarda por um dos genitores" (p. 196). É o pedido clássico, mais comum em disputa de guarda. Martins (1999) realizou, *primeiramente, uma sessão de observação lúdica diagnóstica com a menina de três anos e oito* meses na ocasião. A partir daí realizou *entrevistas conjuntas*, a que chama de *relacionais*, discriminando: 1) o subsistema parental; 2) o subsistema formado pelos genitores com a menina (ou seja, mais duas sessões). O quarto passo ela denomina *observação relacional* do subsistema formado pela menina Taís com os dois genitores (ou *entrevista familiar*, em nossos termos). Aqui nos ocorreu a indagação de se os três membros da família abordados na perícia eram considerados *subsistema*, o que a autora consideraria o sistema familiar total. Na discriminação dos passos da perícia, a seguir, a autora usa indistintamente os termos *entrevista* e *observação*, pelo menos no que diz respeito à participação da menina, seja com um ou com ambos os pais. A autora cita a utilização dos instrumentos chamados: *perguntas circulares* desenvolvidas pela Equipe de Milão (Palazzoli, Boscolo, Cecchin e Prata). Tais perguntas ou questionamentos visariam à expressão do ponto de vista de cada membro sobre as relações existentes entre os outros membros da família, como também têm o objetivo de permitir "a pesquisa dos padrões de comunicação familiares, podendo ser descritivos, reflexivos, triádicos ou orientados para outra pessoa" (p. 129). Foi utilizado também o *genograma* que consiste de uma representação gráfica da estrutura (mapa) da família e seu nível multigeracional. Este instrumento permitiria verificar a estrutura básica e o funcionamento das relações familiares por meio dos dados da história e da análise dos padrões relacionais e dos modelos familiares e suas repetições. Permitiria, ainda, identificar os processos de mudanças no ciclo vital e desvendar os mitos e segredos familiares (Carter *et al.*, 1995).

Observamos que a entrevista com os pais entra como o *segundo passo* da avaliação. O objetivo é diferente daquele pensado por Felipe (1997) e colegas enquanto algo *posterior* à avaliação propriamente dita. Ela faz parte do próprio procedimento da perícia que, ao se utilizar dos recursos propostos (perguntas circulares e genograma), propiciaria à autora descobrir "repetição de padrões familiares disfuncionais, com a tendência de ambos os genitores a agirem segundo o contra-modelo". Mesmo nesta proposta a criança (de três anos e oito meses) fica numa posição subalterna aos desígnios paternos de "repetição de padrões", muito embora possa se argumentar que ela é a primeira pessoa a ser considerada e a partir de quem a estratégia de avaliação teria sido pensada. Não é possível saber se, na proposta de Martins (1999), todos os casos se iniciariam com a criança. No caso analisado (n.º 5 de sua pesquisa), a menina participou de quatro entrevistas (ou observações) contra três, com cada um dos genitores.

Chamou-nos a atenção, no trabalho da autora, uma aparente contradição entre um modelo relacional de abordagem dos examinandos e uma postura de trabalho individual como perita. Apesar de realizar uma atividade complementar por requisição do perito psiquiatra da mesma instituição (caso n.º 6 de Regulamentação de Visitas), a abordagem dos periciandos é feita *separadamente,* sem a consideração de uma estratégia de uma equipe multiprofissional em trabalho integrado, exatamente porque não é isso o que ocorre na realidade institucional em que estava inserida. No caso n.º 5, foco da análise, por se tratar de avaliação para determinação de guarda, a psicóloga diz que:

> A sessão de Observação Lúdica Diagnóstica foi acompanhada em seu início, pelo Assistente Técnico indicado pelo genitor. Assinalamos que o Assistente Técnico identificou-se como psiquiatra e psicólogo e chegou atrasado à perícia, interrompendo a sessão que já havia sido iniciada. (p. 197)

Mais à frente sabemos que:

> Ele formulou algumas perguntas à menina Taís (três anos e oito meses na ocasião do exame), tal como: com qual dos genitores gostaria de morar. Taís respondeu, prontamente, que gostaria de residir com o seu pai e com a avó paterna. (p. 197)

A autora não faz nenhuma referência a uma combinação prévia de entrevista em conjunto com este profissional "psiquiatra e psicólogo", nem mesmo faz considerações a respeito de sua intervenção na sessão que estava conduzindo. Pareceu-nos um ponto cego em seu trabalho que, cuidando tanto da abordagem relacional entre os membros da família, não considere com mais rigor, nem preserve seu enquadre de entrevista da entrada de outro profissional. E mais, a fazer uma intervenção que atinge o cerne mesmo da avaliação. Como permitir que o assistente técnico aborde diretamente a criança em sua presença, fazendo com que ela se comprometa com tal resposta (que obviamente favorece o cliente do assistente técnico) frente ao perito? Todo o cuidado em abordar indiretamente a criança na questão mais delicada do processo tomado por Felipe (1997) recebe aqui uma desatenção inexplicável.

No trabalho de Felipe (1997), psicóloga judiciária de Ribeirão Preto, a ênfase recai sobre as avaliações das crianças. Sabemos que as entrevistas ocorrem em um período que varia de *um a dois meses*. As entrevistas com as crianças eram *semidirigidas em enfoque psicanalítico*. Fazia parte do enquadramento da avaliação sempre colocar para a criança o motivo de estar ali, lembrando-a sobre a questão da discordância entre os seus pais. Procurava-se esclarecer os objetivos do trabalho, colocado em linhas gerais como *o de entender melhor o que se passava com sua família para tentar ajudá-la*. Não se questionava diretamente sobre sua preferência. Ao deixar a criança livre para se expressar, procurava-se ao longo da entrevista abordar:

> os seus sentimentos diante daquela situação; o seu relacionamento com ambos os pais; com outras figuras significativas da família, ou mesmo do ambiente da criança; aspectos relacionados à sua rotina de vida; interesses, preocupações; ou ainda

> outros aspectos específicos referentes ao caso, ou trazidos pela criança. (p. 67)

Discriminam-se claramente as entrevistas das sessões de aplicação dos instrumentos (*CAT* e DE-F). A autora não discrimina a duração das entrevistas.

Parece-me que esta autora é quem mais se dedica à abordagem da criança, até mesmo em seu interesse de melhor entender como a criança compreende sua situação. A autora cita várias motivações que levavam as crianças a escolher um dos pais ou não: a necessidade de proteger o genitor sentido como mais fraco, aliança com o genitor mais "intolerante" e ataques àquele que "aguentaria" mais sua pseudo-rejeição e, até mesmo, o caso de uma criança que não tomou partido, *teoricamente uma posição mais saudável*, mas porque tinha sérios comprometimentos de inibição intelectual e depressão. Assim, a colega resume o dilema do posicionamento final:

> A título de exemplo, poderíamos colocar a seguinte questão: diante de uma situação em que a criança forma uma aliança com um dos pais, num movimento defensivo que ocultaria seus desejos e necessidades mais profundos, o que seria mais indicado? Respeitar a defesa (que tem sua razão de existir) ou atender ao desejo? A princípio pensávamos que, na medida em que a criança não estivesse implicada nesta escolha, sendo seu desejo atendido – e autorizado – por um terceiro (o Juiz), haveria uma atenuação de seus conflitos e, portanto, da utilização de defesas. Será? A partir de alguns casos dos quais tivemos notícia posteriormente (justamente por terem persistido problemas, ou seja, em reavaliações) pudemos constatar a força com que se impunham as atitudes defensivas, a despeito de qualquer "permissão externa" para o desejo (ver casos 1, 8, 9). Mas o que terá ocorrido com os outros casos, que não retornaram? E o que ocorre quando se atende à defesa? No caso 10, em que isto ocorreu a partir de um acordo feito pelos próprios pais, pudemos constatar que tal medida foi sucedida por um reforço nas atitudes defensivas da criança, ao ponto de ocorrer um rompimento temporário nas relações com sua amada – e odiada – genitora. Neste mesmo caso, por outro lado, pudemos observar uma reversão deste quadro de

> rompimento a partir de uma abordagem interventiva então realizada. Pensando então nestes casos, talvez possamos considerar seriamente a hipótese de que qualquer escolha que façamos (pai ou mãe; defesa ou desejo) seja sempre insuficiente para preservar a saúde mental dos filhos. Ou seja, a *abordagem jurídica e diagnóstica* do problema seria insuficiente requerendo *intervenções psicoterapêuticas* para uma resolução de fato. (p. 301)

Vemos que o dilema inicial da criança e do juiz (pai ou mãe), foi decomposto em dois termos pelos quais se orientou a análise do psicodinamismo infantil: defesa ou desejo. Ora, na verdade não existe escolha possível nestes termos, uma vez que a defesa só faz sentido frente ao desejo, eliciado por toda culpa edípica (ou pré-edípica) atuante na sua interdição. Não se vive só de um ou de outro, o par é complementar e a presença de um requer o outro. Talvez o mesmo possa ser colocado quanto a pai e mãe. Um contraponto a esta posição é a de Suannes (1999), que diz:

> À medida que se parte de pressupostos que pai e mãe têm funções distintas e importantes para a criança, a questão não se coloca para o psicanalista como oposição entre dois pólos, ou seja, não se trata de um conflito de interesses no qual o vínculo com o pai exclua a mãe de seu lugar, ou vice-versa. Desse modo, o problema não se configura como conflito dual, mas triangular. A perícia, portanto, não estará direcionada para a avaliação de qual genitor é merecedor da guarda ou da visita aos filhos, ou, tampouco, para a detecção de qual deles estaria mais apto para exercer as funções parentais, mas à compreensão da dinâmica das relações familiares. (p. 96)

O leitor pode ter percebido que a concepção de perícia difere bastante de uma autora a outra, apesar de ambas se reportarem à psicanálise. Mas dizer que o perito não escolhe entre pai e mãe não elide a questão legal. O conflito polarizado entre o casal parental necessita de uma resolução pelo juiz, que, por sua vez, ao nos convocar a ajudá-lo, implica-nos igualmente. A saída "poética" de Felipe (1997) para ilustrar o dilema da escolha foi feita por meio do poema "Verdade", de Carlos Drummond de Andrade. Ela remete a uma opção por uma verdade "conforme o capricho, ilusão ou miopia" de quem a faz. **O problema da verdade na esfera jurídica, como demonstra Foucault (1999), é que ela é construída pelo próprio discurso jurídico, que convida a Psicologia a dar o seu parecer a partir do lugar de legitimidade científica e não moral.** O ponto que gostaria de levantar é se temos o *direito* de escolher pela criança com qual genitor ela viverá. É o que abordaremos na questão da recomendação ou julgamento, ao focalizarmos os papéis de perito imparcial e adversarial no Capítulo 7.

Na experiência dos comissários do tribunal em Londres, *o contato com as crianças* foi o momento mais complicado e cheio de fantasias persecutórias, do ponto de vista dos pais, levantados pela entrevista de seguimento (*follow up*) após o término dos inquéritos na Unidade de Divórcio. Relembrando que os autores-pesquisadores realizaram esta entrevista com os pais que responderam à carta-convite para participar deste levantamento, oito meses após o término do inquérito judicial. Clulow e Vincent (1987) colocam que as fantasias que apareceram eram de que: a) os comissários poderiam causar um "mal" à criança que estava sendo protegida até agora pela mãe ou pai; b) os comissários fariam "lavagem cerebral" na criança para ela aceitar ver ou visitar o outro genitor. O contato foi intermediado por *material gráfico e lúdico*, mas não se referiu a nenhuma técnica de observação lúdica em especial. Os autores reconhecem a presença mais marcante dos adultos em detrimento das crianças em seu trabalho. Eles admitem que a própria formação como *terapeutas de casais* (os pesquisadores eram da *Tavistock Marital Studies Institute),* os tenha feito se direcionar mais para os casais. Justificam que isto ocorreu também por dois outros motivos: o primeiro, porque os casais se colocavam mais à frente, buscando atenção e tentando ser mais que o outro, ao mesmo tempo que se mostravam relutantes em "tirar as crianças da proteção de suas asas"; segundo, porque os profissionais acreditavam que os pais eram aqueles que poderiam proporcionar o bem-estar das crianças. Neste sentido, alinham-se aos demais autores que enxergam no casal parental a "chave" para a solução do litígio e libertação da criança.

Vimos que Alves (2002), outra autora que se reporta à psicanálise, recomenda de *quatro a cinco entrevistas*, em média, com cada componente da família, incluindo aí a criança. Como seu referencial é a psicanálise, ela designa o contato com a criança também como de *observação de atividades lúdicas*. Ela exemplifica sua abordagem, retirando daí conclusões sobre as questões que a perícia contempla em um dos três casos que examina como exemplos. Trata-se da disputa em torno de um menino de seis anos e de seu irmão de doze. O pai solicitava a guarda dos meninos que moravam com a mãe desde a separação. Os meninos iam às visitas, mas se recusavam a morar com ele. A autora relata o primeiro contato com o caçula em seu consultório particular (lembramos que a autora é *perita independente* atuando por designação do juiz), no qual este se entretém olhando peixes em um aquário na sala de espera. Quando a perita se apresenta e o chama para entrar, ele diz que quer levar o aquário para casa. O menino faz uma "cena" repetindo o seu desejo a chorar, com a mãe buscando acalmá-lo. Ao ser questionado diretamente pelo menino, a perita responde que o aquário não é dela, portanto não poderia dá-lo. Um colega havia comprado e trazido para o consultório para tornar a sala de espera mais divertida. O menino acalmou-se e quis saber se o dono estava lá. A perita explica que ele estava atendendo. Depois disso, o menino a acompanhou para a sala.

Nas sessões, o garoto mostrou-se interessado em desenhar e brincar e menos afeito ao diálogo. Ao ser perguntado pela perita se gostava dos passeios com o pai, ele responde que "não ia com a cara" da nova namorada. Disse que o pai está querendo "pegar o dinheiro" da mãe. E isso "não é justo". O menino também teria dito que estava "cheio" da briga e gostaria que "os dois (mãe e pai) voltassem a ficar juntos". A autora propõe o entendimento desta situação como própria da situação transferencial que opõe o conflito judicial dentro da perspectiva pericial, enquadre no qual poder-se-ia utilizar do ferramental psicanalítico mediatizado pelo recurso da análise do discurso por meio do entendimento que "Marlene Guirado[4] formula sobre uma certa

[4] GUIRADO, M. *Psicanálise e análise do discurso:* matrizes institucionais do sujeito psíquico. São Paulo: Summus, 1995 e *A clínica psicanalítica na sombra do discurso:* diálogos com aulas de Dominique Mangueneau. São Paulo: Casa do Psicólogo, 2000.

concepção do sujeito psíquico" (p. 14). Vejamos como a autora ilustra o seu entendimento da referida cena acima à luz da tarefa pericial. A acuidade da percepção da profissional fica bem ilustrada, assim como a construção de sentido que faz a partir mesmo do contato inicial com a criança. Peço licença ao leitor para reproduzir o longo trecho, no qual a autora expõe a situação e sua análise, que demonstra a sua forma de compreensão e trabalho.

> Tomemos, agora, a cena de B. com o aquário na sala de espera. O menino configura uma situação cujo sentido se faz a partir da relação transferencial com a perita. B., de saída, lhe propõe um problema: trata-se de um impasse a ser resolvido. A cena é destinada à perita. Ou melhor, a cena é fabricada com a perita, cuja resposta confirma em parte a posição em que é colocada pela criança. Assim, a perita responde desde o lugar do juiz: não se pode dar aquilo que não se possui. A fala da perita é uma fala normativa, indica o direito de propriedade que não pode ser violado. O acento normativo se coloca em função do lugar de perita. Conforme descrito logo acima, B., nas poucas ocasiões em que se pronunciou verbalmente sobre a situação familiar, afirmou que o pai estaria querendo "pegar dinheiro" de N. (a mãe) e os filhos, e isso não é "justo" (O termo não poderia ser mais justo!). Então, alguém quer pegar algo de outro e isso tem provocado o efeito ou a interpretação de não ser "justo", em um lugar que é, precisamente, o fórum, a instância judicial, o contexto do litígio entre os pais. Ora, esta é a situação composta na sala de espera com o aquário. E neste caso, é a perita a dizer o que não é justo... B. dispõe a problemática judicial sob a forma do impasse, em uma cena que dispara de modo instantâneo assim que a perita se apresenta a ele. A perita responde de modo normativo, sendo este um dos atributos do seu lugar que, junto da função de escuta analítica, caracteriza a sua posição transferencial híbrida. Por essa razão dissemos que a cena do aquário na sala de espera foi fabricada pela criança junto com a perita, situação cujo sentido se faz a partir desta relação transferencial. Mais uma vez, a cena judiciária se recria na transferência com a perita psicanalista, havendo as singularidades de B. no modo como a processa. (p. 179)

Mais à frente a autora vai retomar o exemplo e complementar a sua análise, sempre baseando-se nos conceitos psicanalíticos e atenta à disposição institucional em que se encontra:

> B., irmão de G., atua a cena judiciária, encarnando o que para ele constitui o conflito litigioso entre seus pais. Ou seja, na situação armada com a perita na sala de espera, ele é o lugar e o veículo de expressão deste conflito. Já vimos que a cena disposta na transferência dizia respeito ao seguinte: alguém quer pegar algo de outra pessoa – o aquário da sala de espera, o "dinheiro de N. e os filhos" – e isso tem provocado o efeito ou a interpretação de não ser "justo". Além disso, o choro, o impasse e o constrangimento foram experiências afetivas que integraram o contexto da cena transferencial. B. está no centro desta situação, ao mesmo tempo como requerente e requerido. Requerente do aquário da sala de espera e requerido como filho disputado pelos pais.
>
> Deste modo, podemos entrever algo da posição singular desses meninos a partir da transferência instituída no campo pericial. Observamos G. e B. identificados com personagens e lugares determinados, de acordo com suas respectivas versões da cena judiciária recriada com a perita. De forma geral, nas entrevistas com crianças estamos sempre atentos às posições identificatórias que estabelecem, levando em conta que tais posições se armam a partir da cena judiciária em que a família está implicada, e em presença do perito. (p. 191)

Ao reproduzir esses trechos, a nossa finalidade foi de colocar diretamente, sem intermediação, o raciocínio que embasa a análise do extrato do atendimento. Chamamos a atenção que o aquário foi a peça decorativa fortuita "usada" pela criança para protagonizar o dilema familiar, via transferência da cena judiciária como entende a autora. Em sua análise, o objeto de desejo (aquário) era apenas um substituto da criança mesma, enquanto objeto de disputa de alguém que "injustamente reclamava o seu direito de tê-lo". Isto parece evidenciado na acusação explícita ao pai de que "quer o dinheiro de N. (mãe)." Não nos escapou à observação tampouco, por estarmos formados neste tipo de disputa em análise, que a cena protagonizada por B. é feita por *identificação ao lugar materno* (tal qual o seu irmão G. que a autora demonstra em seu relato e que não transcrevemos aqui). Poder-se-ia pensar, como hipótese, se B. não estaria veiculando a acusação de N. (mãe e ex-esposa do pai) contra a "nova namorada" do pai (representada negativamente por B.), pois "ela quer tomar o pai que pertence, por direito, à mãe". Se pensarmos a relação transferencial que já se estabelece (e seria lícito dizer que já estava preestabelecido pelo conflito judicial) entre B., a perita e a mãe, podemos dizer que esta não consegue dar o limite que a perita é chamada a opor porque se encontra *contra-identificada* com este filho, "também querendo algo que não lhe pertence mais de direito". Portanto, se falarmos do infantil presente não só na criança em seu estatuto legal, mas também na mãe, em seu estatuto como sujeito psíquico que traz seu infantil sempre vivo dentro de si, são *duas crianças* chorando e fazendo birra para transformar a realidade de acordo com desejos infantis onipotentes.

Muitos profissionais sugerem realizar *observações conjuntas da interação da criança com os pais*. Metade dos sujeitos da pesquisa de Keilin e Bloom (1986) refere tal prática com o dispêndio de 1,2 horas em média. "Observações" tomam 2,6 horas dos sujeitos da pesquisa de Ackerman e Ackerman (1997). Um psicólogo clínico da Flórida, Turkat (1993), sugere gravar em *videoteipe* as interações dos pais com crianças para serem analisadas *a posteriori* com a ajuda de outros colegas. Ele oferece tarefas para serem realizadas durante tais observações, tais como jogar um jogo, resolver um problema ou ensinar à criança algo novo. São observações estruturadas que se opõem às observações lúdicas mais livres dos demais autores aos quais nos referimos. Os profissionais que partem da concepção de *avaliar competências parentais mais adequadas aos filhos* utilizam-se desta técnica.

5.5 Contatos colaterais

O contato estendido para além do círculo familiar é utilizado como forma de ampliar o conhecimento da situação que se avalia. O contato com amigos e parentes (os *terceiros significativos* citados por Melton *et al.*) é realizado por quase metade dos sujeitos (48,8%) de Keilin e Bloom (1986), consumindo 1,32 horas de trabalho. Ackerman e Ackerman (1997) trazem o dado de 1,6 horas de trabalho com estas pessoas. Notamos que os primeiros autores se utilizam do termo "conversas com pessoas significativas" (*conversations with significant others)*, enquanto Ackerman e Ackerman (1997) já utilizam o termo "entrevista" *(interview)*, que é o mesmo termo utilizado no intercâmbio com os pais e crianças (*Interviewing parents* e *interviewing children)*. Não sabemos se o uso do termo "conversação" se refere a um estatuto, digamos, menos formal que a entrevista. De qualquer forma, estabelece uma distinção entre o *contato com a família* e o *contato com amigos e parentes*, como para designar que *os examinandos* são uns e os outros servem como *subsidiários*, tal qual na prática de anamnese com os pais no atendimento psicoterapêutico infantil.

Em relação à nossa experiência, nunca chamamos os *amigos* sejam das partes ou das crianças envolvidas. Os parentes que são chamados são considerados *parte integrante da família*, tais como avós e tios das crianças. Eles são entrevistados nas mesmas condições que os demais membros da família. Houve ocasiões que chamamos a *empregada doméstica,* por ser alguém com contato diário e frequente com a criança na realidade da população brasileira que costumamos atender.

Felipe (1997) cita tal prática em seu trabalho, incluindo, além dos parentes e "outras pessoas encarregadas do cuidado às crianças" (no qual pressupomos que *empregadas domésticas* e *babás* estivessem incluídas), os companheiros atuais dos pais e professores. Parece ser ponto pacífico a necessidade de se entrar em contato com os *companheiros atuais* que vão desempenhar uma função de suporte ou de exercício de cuidados e orientações típicas da função parental. Não raras vezes, a entrada em cena deste novo companheiro ou companheira é um fator importante na própria decisão de pleitear a guarda. Não vamos adentrar a estas questões, uma vez que, no momento, não é nosso interesse nos aprofundarmos nas razões psicológicas dos pais para requererem esta medida.

Stahl (1999), perito independente americano, adverte que deve se procurar manter um equilíbrio na avaliação repetindo as condutas tanto em um ambiente quanto em outro, ou seja, ao entrevistar o companheiro da parte de um lado, dever-se-ia fazê-lo em relação à outra parte também. Tal alerta faz sentido dentro do enquadre jurídico, pois o perito pode ser acusado de *parcialidade* se tomar condutas em relação a um lado que possa ser interpretado como favorecimento ou desfavorecimento. Uma vez fui interpelado pelo pai exigindo explicações do porquê eu havia chamado os pais de sua ex-mulher e não feito o mesmo com os seus. Aparentemente, o seu receio era de que o maior contato do "time contrário" comigo possibilitaria melhores condições de "fazer a minha cabeça". O mesmo raciocínio aplicava-se em relação à interação que o círculo familiar materno tinha com o filho em questão. O alerta acima não quer dizer que o psicólogo, pelo menos é a nossa posição, deva reproduzir todos os passos de um lado da família ou do outro, mas ficar consciente de que tal interpretação é favorecida pelo contexto em que trabalha. Isto nos faz lembrar das *provas sociais* citadas por Foucault (1999), em que o número de pessoas que depunham a favor de alguém era o fator decisivo da resolução do conflito judiciário (p. 16 do nosso trabalho).

Alves (2002), perita psicanalista de confiança do juízo, como ela se intitula, não costuma chamar pessoas de fora da família, fazendo-o eventualmente se "demonstrarem grande importância na vida dos menores". A autora não fornece nenhum exemplo para podermos analisar esta prática em sua estratégia de avaliação.

É preciso estar atento também, pois quando pessoas do círculo social ou familiar mais amplo (em oposição à família nuclear) fornecem dados sobre os examinandos, eles estão sob o mesmo tipo de pressão a atuarem de acordo com a lógica judicial. Neste sentido, como bem lembra Melton *et al.* (*apud* Rovinski, 2000), as pessoas podem distorcer aquilo que viram e sabem. E mesmo que isto não ocorra, deve-se tomar cuidado para o peso que se dá a dados que são de "segunda mão". Em um caso que atendi, a assistente técnica inferia um perfil psicológico a partir do que *os primos* disseram sobre o pai que disputava a guarda, com quem nunca se avistara. Ou seja, além de não ter tido contato direto com o sujeito de quem faz afirmações técnicas, baseou-se em dados secundários. É uma prática claramente falha, do ponto de vista técnico, e escusa, do ponto de vista ético. O item n.º 11 das Diretrizes para Avaliação Psicológica de Guarda

(*American Psychological Association*, 1994) traz discriminada esta possibilidade sob a recomendação geral de que " o psicólogo deve se utilizar de múltiplos métodos de coleta de dados":

> Psicólogos podem também entrevistar a família extensa, amigos e outros indivíduos quando se considera que possam oferecer informações úteis. Se a informação colhida a partir de terceiros for significativa e constituir-se a base para as conclusões, os psicólogos deverão corroborá-la com pelo menos outra fonte sempre que possível, devendo registrá-la e documentá-la no laudo. (p. 679)

Pensamos que recomendações neste sentido foram idealizadas para prevenir atuações questionáveis, como a do exemplo acima citado. Passaremos a abordar, no próximo item, os contatos *fora* do local regular de trabalho do perito.

5.6 Diligências

A execução de certos serviços judiciais fora dos respectivos tribunais ou cartórios tem esta designação. Ela é utilizada aqui para se referir aos momentos em que o profissional se desloca de seu local usual em que realiza a avaliação psicológica. As diligências mais comuns são realizadas à *escola da criança* em questão e ao *domicílio das partes*, mas podem ser feitas aos consultórios de psiquiatras, psicoterapeutas, psicopedagogos, enfim, profissionais ou instituições que têm contato com a criança e seus responsáveis.

As *diligências domiciliares* e aquelas realizadas à *escola* são referidas como prática usual por 30% dos sujeitos da pesquisa de Keilin e Bloom (1986). Vimos que usualmente os psicólogos avaliam os membros da família seja no recinto do fórum no qual estão lotados (psicólogos judiciários) ou aos quais prestam serviços (psicólogos em desvio de função) e nos próprios consultórios particulares (perito de confiança vindo da prática privada). O objetivo de tais diligências é ampliar o conhecimento que se tem de uma devida situação, sendo recomendada por autores como Melton *et al.*, conforme citado por Rovinski (2000).

A diligência externa é uma prática corrente entre os psicólogos judiciários do Fórum João Mendes em São Paulo. É difícil apreciar a abrangência desta modalidade seja em relação aos demais psicólogos do Estado e muito menos do resto do País. Soubemos da adoção da *diligência domiciliar* de alguns colegas psicólogos que a realizam *em conjunto com a assistente social*, uma vez que elas têm por conduta usual fazê-la (Pinto, 1993), mas novamente trata-se de uma referência pontual e não temos como aferir a abrangência do trabalho em conjunto com esta outra profissional. Em minha experiência, já participei de uma *diligência domiciliar* em conjunto com a colega assistente social que trabalhava no caso, da mesma forma realizei uma *diligência à escola da criança* em questão com a assistente técnica do Ministério Público. No entanto, não se trata de prática usual. De qualquer forma a adoção de tal prática pressupõe a insuficiência dos dados coletados pelos meios clínicos tradicionais (entrevista, observação e testagem) quando a avaliação ocorre neste contexto jurídico. Cabe enfatizar, porém, que ao perito lhe é outorgado a independência técnica de se valer de quaisquer meios que considerar pertinente e necessário para a realização da perícia[5]. Como opção é um recurso com que os psicólogos não têm muita familiaridade, pois não é uma prática que esteja integrada ao ferramental usual, portanto não parece ser muito utilizada. A situação menos favorável é quando é determinada pelo juiz, como temos conhecimento de sua ocorrência. Saunier (1999), psicólogo argentino e presidente da *Asociación de Psicólogos Forenses de la República Argentina,* faz referência a esta situação quando fala da implantação no âmbito da Justiça Nacional dos *Juzgados de Menores y los Tribunales Orales de Menores.*

> Es así como en esta especialidad los psicólogos que actualmente desarrollan tareas lo hacen como Delegados Judiciales. Su función dependerá de las que le asigne el juez a cuyo cargo trabajen ya que no se han sistematizao ni reglamentado aún las tareas a

[5] Art. 429 – "Para o desempenho de sua função, podem o perito e os assistentes técnicos utilizar-se de todos os meios necessários, ouvindo testemunhas, obtendo informações, solicitando documentos que estejam em poder de parte ou em repartições públicas (CPC)."

> cumprir. Por lo general desarrollan trabajos equivalentes a los de los Asistentes Sociales ya que deben realizar visitas domiciliares con el fin de cumplimentar los informes Socio Ambientales. Por lo general los psicólogos que cumplen esta función son malos asistentes sociales ya que, en tanto psicólogos priorizamos otras questiones. Así es como, ante una visita domiciliaria, por ejemplo, no siempre prestamos atención al documento o a la libreta matrimonial ni a cuántos dormitorios hay o si hay o no agua corriente. En tanto entrenados para trabajar con la palabra es el análisis del discurso lo que priorizamos dando por válido que aquél que se presentó como Juan Pérez sea efectivamente Juan Pérez. (p. 42)

Reafirmamos a nossa posição de que cabe ao psicólogo informar ao seu cliente como melhor pensa que pode cumprir aquilo que se pede, a não ser que o que se peça seja da alçada de outro profissional, competindo-nos recusá-la. Não raras vezes encontramos uma confusão quanto à especificidade do psicólogo, confundido com o assistente social. Como qualquer outro cliente, o juiz pode, por desconhecimento ou confusão, solicitar algo de forma ambígua, cabendo ao profissional aclarar o que realmente se espera dele na solicitação que se faz.

Felipe (1997), psicóloga judiciária de Ribeirão Preto, também relata em um dos seus casos uma *visita domiciliar em conjunto com a assistente social*. O caso em questão, um dos dez analisados em sua pesquisa, envolvia duas crianças: um menino de nove e sua irmã de seis anos. Para a autora, neste exemplo pelo menos, a diligência foi oportuna para apreciar a interação dos adultos com as crianças, pois a profissional destaca aspectos ligados aos comportamentos destas com a mãe e o companheiro desta quando em visita. As crianças estavam sob a guarda do pai durante a avaliação. Este fazia queixas de maus-tratos dos filhos contra a mãe e o seu atual companheiro. A visita domiciliar parece que trouxe dados interessantes à avaliação, pois as profissionais encontraram as crianças, em suas próprias palavras, literalmente "pendurados" no colo do companheiro da mãe, afastando-se dele na presença delas. O que não correspondia nem à alegação paterna nem aos comentários depreciativos das crianças em relação a este companheiro feitas durante entrevistas.

O *feedback* dos casais entrevistados na pesquisa de Clulow e Vincent (1987) trouxe dados controversos sobre a *diligência domiciliar*. O trabalho inglês tem o mérito de trazer dados quanto à vivência da avaliação do ponto de vista dos examinados. De uma maneira geral, as pessoas preferiam ser vistas em um contato informal, o que fazia do contato domiciliar um ambiente mais familiar e menos ameaçador. No entanto, foi percebido que as pessoas se ressentiam muito com a ida dos profissionais à casa, como se fosse uma invasão à intimidade. Em relação aos profissionais, também não havia dúvida: os comissários preferiam os contatos *em sua casa*, ou seja, no recinto da Unidade de Divórcio.

Uma outra ocorrência que temos observado na nossa prática é a adoção de tal medida de levantamento de informações indo a escolas, principalmente por parte dos assistentes técnicos. Escudados pelo Art. 429 do CPC, alguns psicólogos têm-se adiantado em realizar visitas a escolas e a outros profissionais em busca de outros dados. Novamente estamos em uma área sujeita a polêmicas, quanto ao direito ou não do profissional assim proceder. A escola ou o profissional podem fornecer informações de sua área de competência, pensando que está prestando um serviço à justiça e não à parte que retém o profissional sob o contrato de trabalho. Mesmo que o profissional psicólogo aja com isenção, é muito provável que a informação que o advogado selecionará seja parcial a favor de seu cliente. Ademais, se a parte contrária já considera, muitas vezes, invasivo que o perito judicial adentre outras áreas de convivência da criança, ela se ressentirá mais ainda de tal entrada realizada pelo profissional contratado pelo genitor antagonista. **A atitude mais recomendável do profissional assistente técnico seria, nos parece, entrar em contato com o perito e definir as estratégias que pensa usar para eliminar possíveis sobreposições.** A informação que o perito levantar pode ser colocada à disposição dos assistentes técnicos para discussão de sua correta interpretação. Se a informação vier de um dos assistentes técnicos, o viés da imparcialidade já está dado desde o início. Esta compreensão é corroborada por Rosa (1999), magistrado capixaba:

Ainda nesta linha de raciocínio, conclui-se que, passando o assistente técnico a ser considerado mero assessor da parte[6], ou como prefere José de Moura Rocha, autêntico perito particular[7], cuja simples intimação chegou mesmo a ser dispensada pelo legislador (Código do Processo Civil, artigo 433, parágrafo único), poderá o mesmo utilizar-se de todos os meios necessários para o desempenho de sua função, mas sem qualquer poder legal. Quer dizer, se por um lado o perito tem o poder legal para ouvir testemunhas, obter informações, solicitar documentos que estejam em poder de parte ou em repartições públicas, por outro lado não o terá o assistente técnico. Isto implica na seguinte consequência: o perito poderá valer-se do poder legal de que dispõe para o desempenho de sua função, o que não ocorrerá com o assistente técnico, que, pelo fato de não possuir poder legal, não poderá usar dos meios legalmente postos à disposição do perito para o desempenho de suas funções. Sim, pois, ao excluir o assistente técnico da relação de auxiliares da justiça, o legislador divorciou, com clareza, a atividade privada (de interesse específico da parte) típica do assistente técnico, da atividade pública, de maior relevância, do perito do juiz (verdadeiro auxiliar da justiça)[8]. (p. 120)

5.7 A redação do laudo e dos quesitos

O laudo é a peça mais importante da perícia do ponto de vista processual. É o documento produzido ao término da avaliação que consubstanciará as conclusões a que o perito chegou. Por se tratar de uma prova, ele traz em si a obrigatoriedade, conferida pelo lugar que ocupa no contexto jurídico, de ser inteligível, autoexplicativo e convincente. Encontramos poucos autores que se debruçam sobre esta questão, destaco Rovinski (1998; 2000) e Harvey (1997). Dada a importância que ocupa no dispositivo jurídico é de se estranhar

[6] Cf. nota 8 ao artigo 433 do CPC de Theotonio Negrão, p. 342.

[7] Cf. José de Moura Rocha, Atualização do Código de Processo Civil, p. 28.

[8] Cf. Reis Fried, *Comentários à Reforma do Direito Processual Civil Brasileiro*, p. 100.

que não haja mais trabalhos enfocando esta atividade. Percebemos, por outro lado, uma certa ausência na preocupação dos psicólogos em geral em bem transcrever as análises e inferências psicológicas em linguagem escrita. Na própria área clínica na qual se dá a prática do psicodiagnóstico há pouca valorização da organização dos resultados e redação do diagnóstico (Faivichenco, 1977). Esta é uma área a ser mais bem pensada nos cursos de formação tendo em vista a inserção dos documentos produzidos pelos psicólogos no sistema jurídico como um todo. A recente promulgação da Resolução CFP N.º 30/2001 institui parâmetros que devem ajudar os psicólogos na tarefa da escrita de documentos técnicos. Abordaremos esta diretriz federal aos psicólogos brasileiros na próxima seção deste trabalho.

Uma menção especial deve ser feita em relação aos *quesitos*, que são perguntas escritas e articuladas relativas aos fatos a serem periciados. Eles podem aparecer em dois momentos: logo no início, quando o juiz nomeia o perito (Art. n.º 421), as partes têm cinco dias a partir da intimação do despacho para "indicar o assistente técnico e apresentar *quesitos*" (*grifos* nossos); eles podem aparecer após a entrega do laudo, como perguntas que objetivam esclarecer dúvidas (abordaremos a referida situação quando falarmos sobre Participação na Audiência, no próximo item).

O psicólogo não acostumado ao linguajar jurídico pode estranhar a formulação de tais perguntas. Além de estranhamento tenho observado, tanto em mim quanto em colegas, uma certa ojeriza em relação a estas perguntas que remetem à dificuldade da tarefa de respondê-las. Muitas vezes caímos na tentação de desconsiderá-las, pois parecem muito distanciadas das questões que, como psicólogos, consideramos as mais pertinentes. O que é um erro, pois é justamente nos quesitos que se encontra a questão legal em jogo. Uma das funções mais importantes do perito psicólogo é transformar este quesito legal em um *quesito psicolegal,* nos termos de Perrin e Sales, 1994, na hora de respondê-los. Queremos dizer que é preciso se atentar para esta interface da preocupação legal em jogo e nisto abordar as questões psicológicas pertinentes. Dentro de nossa ótica, se a perícia tem como endereço certo o juiz como cliente último do trabalho, o resultado deve contemplar aquilo que é do seu interesse. O que não quer dizer perder a especificidade técnica própria da Psicologia, nem confundir o lugar institucional com a pessoa e, simplesmente, sem crítica, fazer o que um juiz em particular determina. Para ilustrarmos o que queremos dizer sobre o linguajar que se espera e o valor atribuído aos quesitos, peço licença ao leitor para reproduzir o entendimento de um douto da área. Trata-se da apreciação feita por Rosa (1999), magistrado, em obra específica sobre perícia judicial:

> Os quesitos apresentados deverão ser redigidos dentro das características da redação oficial, com características próprias da redação técnico-científica, por ser uma comunicação técnico-científica de natureza oficial, que tem como destinatário o juízo que determinou a perícia. Com efeito, não se pode deixar de ter em vista que o diálogo parte-perito, pergunta-resposta, tem destinatário certo: o juiz, sendo importante ressaltar, também, que o perito responderá, o quesito diretamente ao juiz, e não à parte que o formulou.
>
> Sendo assim, os quesitos deverão ser claros e inteligíveis; precisos, de modo a não comportar diferentes interpretações nem originar ambiguidade; e objetivos, atendo-se exclusivamente ao objeto da comunicação e ao que necessita ser exposto; pautando-se ainda, pelo padrão culto de linguagem, pela impessoalidade e pela formalidade e padronização.
>
> Tais considerações são importantes para se deixar claro que o indeferimento de quesitos poderá basear-se não só na pertinência, mas também na linguagem. Assim, por exemplo, quesitos ininteligíveis, imprecisos, que comportem interpretações e originem ambiguidades poderão, por estas condições, ser indeferidos, ainda que pertinentes. (p. 124)

Ao ler essas linhas acima, o leitor desacostumado poderá sentir-se incomodado com tamanho formalismo. Contudo, pode-se argumentar que o autor é um jurisconsulto e que não está escrevendo para o psicólogo que responderá os quesitos, mas aos advogados que os redigirão. Isto é correto, no entanto, não invalida o fato de que os operadores do Direito esperarão o mesmo rigor e as mesmas características atribuídas às perguntas (redação técnico-científica, clareza, inteligibilidade, precisão, objetividade, padrão culto da linguagem, impessoalidade, formalidade, padronização) para as respostas do psicólogo. Se o advogado corre o risco de ter seu quesito impugnado pelo juiz por falha nos aspectos acima explicitados, apesar de pertinentes, a possibilidade do conteúdo da comunicação do psicólogo não ser considerado incorre na mesma probabilidade. *Mutatis mutandi* devemos considerar as mesmas resistências psicológicas do magistrado em entrar em contato com nosso referencial técnico e linguístico. Quanto à questão do formalismo acima, faço um paralelo com uma experiência pessoal. Certa vez, fui impedido de entrar no gabinete do juiz por não estar "trajado adequadamente" (paletó e gravata). O funcionário da porta pensava que eu era um advogado, é certo, uma vez esclarecido que era psicólogo pude entrar sem problemas. Moral da história: na área jurídica, a aparência pode ajudar a abrir portas.

As pesquisas de Keilin e Bloom (1986) e de Ackerman e Ackerman (1997) trazem o dado quantitativo em relação ao tempo médio gasto na redação dos laudos dos profissionais que fazem avaliação de guarda nos Estados Unidos. Na amostra de 1986 este tempo é de 2,83 horas em um total de 18,8 horas gastas em todo o procedimento (incluindo a participação na audiência que veremos a seguir). Passados dez anos o tempo gasto na elaboração do laudo foi para 5,2 horas em um total de 21,1 horas para a realização de todo o estudo.

A pesquisa de Clulow e Vincent (1987) não discrimina o tempo gasto na elaboração dos relatórios, mas traz o testemunho e a análise qualitativa do ponto de vista do profissional que redige o laudo. Observemos, no entanto, que o estatuto legal do trabalho do comissariado não é especificamente de uma perícia, como explicamos. Apesar disto, as considerações mantêm sua validade. Os autores consideram que o processo de redação do relatório funciona como um processo integrativo para os comissários (diga-se de passagem, importante para a sua saúde mental). Seria a possibilidade de representar visões discrepantes e encontrar uma explicação plausível em uma situação de muita emoção e conflito. O relatório final é considerado um "documento diplomático":

> A estória era contada diplomaticamente e as partes eram sempre apresentadas da melhor forma possível. Neste sentido, nós e nossos colegas comissários éramos, às vezes, insinceros com nossos sentimentos, mas fiéis aos nossos propósitos. Assim como

> informar aos juízes, o relatório tinha o objetivo de servir como um bálsamo aos ferimentos dos litigantes na esperança de que tivesse um efeito curativo. O relatório era, então, um documento diplomático que tentava fazer jus à visão de ambos os lados e dar uma saída honrosa a todos no interesse de restabelecer a paz. (p. 188)

Havia uma intenção clara de escrever um relatório que fosse aceitável para todos: crianças, pais, comissários e tribunais. Dos 22 casos da amostra da pesquisa, quinze recomendações foram seguidas à risca e sete com pequenas alterações. Isto daria, segundo a pesquisa, uma sensação de gratificação muito grande aos comissários (Apontamos que os juízes não estão adstritos ao laudo, o que é garantido pelo Art. 436, na realidade brasileira). Os autores não desconsideram o fato de o serviço, ligado ao tribunal, criar a possibilidade de alianças colusivas na qual o comissário poderia antecipar aquilo que o juiz fosse decidir e direcionar seu relatório em conformidade. O que os autores oferecem é a experiência pessoal de que, mesmo conhecendo as tendências dos juízes, isto não impediu que descrevessem a situação e oferecessem a recomendação com isenção. A satisfação com o trabalho empreendido pelos comissários, apurada na entrevista de seguimento (*follow up*), revelou que estava na proporção de dois insatisfeitos para cada satisfeito. O que estava muito na dependência da decisão final do tribunal. Uma recomendação favorável no relatório era a evidência definitiva de apoio e reconhecimento legal. Os relatórios foram produzidos em 27 dos 30 casos. Em dois casos, os pais retiraram o processo (pedido de visita) e em outro houve acordo que tornou desnecessário o relatório. Uma vez que as recomendações foram seguidas em 22 dos casos, os autores ponderam que a satisfação com o processo do inquérito estava ligada com a satisfação com a decisão final. Satisfação que, diga-se de passagem, também é sentida pelos comissários em ter suas recomendações aceitas e seguidas.

5.7.1 Normas para redação de documentos

A Resolução do Conselho Federal de Psicologia N.º 30/2001 instituiu o Manual de Elaboração de Documentos produzidos pelo psicólogo, decorrentes de Avaliações Psicológicas[9]. Este documento traz princípios norteadores tanto técnicos (uso da linguagem escrita e uso de instrumentos psicológicos) quanto éticos (referência ao Código de Ética e demais documentos legais). O referido documento considera que o psicólogo tem sido solicitado a apresentar informações documentais no exercício profissional, destacando a necessidade de referências para subsidiar a produção qualificada de trabalhos decorrentes de avaliação psicológica. Tal necessidade levou em conta ainda a "frequência com que representações éticas são desencadeadas a partir de queixas que colocam em questão a qualidade dos documentos escritos, decorrentes de Avaliação Psicológica, produzidos pelos psicólogos" (p. 331). O seu objetivo principal está em precisar o uso dos diversos termos referentes a documentos escritos (atestado, declaração, relatório psicológico, parecer e laudo), oferecendo parâmetros para sua confecção (definição, objetivo, modelo e exemplo). Trata ainda da validade de tais documentos, bem como da condição de guarda deles. Esta iniciativa me parece vir ao encontro da necessidade de melhores esclarecimentos quanto à forma como o conhecimento psicológico precisa ser endereçada a outras instituições, em particular à instituição jurídica. A necessidade de um guia como este é defendida por Perrin e Sales (1994) em relação ao Código de Ética e Conduta dos psicólogos norte-americanos. Como faremos referência ao documento mais à frente e levando em conta sua importância histórica, tanto para a categoria quanto para o assunto que tratamos, optamos por colocá-lo na íntegra em sua versão original (ver anexo).

O questionamento do trabalho do psicólogo que atua na área jurídica tem se utilizado de uma outra "instância judiciária": por meio de queixas aos Conselhos Regionais de Psicologia. Uma queixa que seja acolhida pelo CRP dará início à instauração de um procedimento que repete o cenário do julgamento, tendo o psicólogo como réu. Uma hipótese interessante de pesquisa seria a de levantar as diversas queixas contra psicólogos e verificar se avaliações psicológicas em enquadre jurídico se prestam a outros questionamentos éticos e se isto

---

[9] A Resolução do CFP n.º 07/2003 é a revisão das resoluções anteriores (n.º 30/2001 e n.º 17/2002). Ela pode ser baixada por meio do site do www.crpsp.org.br, pelo *link* "Legislação". Optei por deixar em anexo a Resolução original porque é a única versão do documento que traz exemplos dos quais utilizei para fazer certas análises.

estaria reproduzindo a dinâmica de litígio das partes que se avaliam. Lembrando Foucault (1999), a reprodução da instância de julgamento se dá nas mais variadas instâncias segundo a lógica disciplinar.

A Resolução N.º 30/2001 especifica que o laudo e o relatório psicológico são sinônimos. Utiliza-se *laudo* "quando sua solicitação decorre de instâncias judiciais" (anexo, p. 279). Vale ressaltar que o exemplo especificado de *Relatório Psicológico* é de uma avaliação para subsídio em ação de revisão de guarda. Aponta também o *parecer* como uma demanda típica da esfera judicial, no qual o psicólogo restringir-se-ia à análise de uma "avaliação psicológica" constante nos autos, verificando a existência de falhas técnicas ou éticas. É de surpreender que a apresentação de pareceres nesta concepção não seja mais frequente em Vara de Família.

Ao discriminar as diversas partes que devem conter o documento, bem como dos cuidados quanto à exposição dos dados, da observância dos princípios éticos e, principalmente dos cuidados quanto às conclusões, o documento é útil como um parâmetro ao profissional psicólogo. Já vi vários relatórios intitulados psicológicos que reproduzem a estrutura, ou então o linguajar, tanto do serviço social quanto da psiquiatria. Talvez isto explique em parte uma confusão comum entre os operadores do direito de quais são as especificidades de cada profissional. De qualquer forma, vimos no início desta investigação que o trabalho de avaliação para determinação da guarda é um campo que se abre para todos os profissionais de saúde mental.

5.8 A participação na audiência

Nas pesquisas americanas, parte do tempo com as autoridades judiciárias está discriminada no item que faz referência à *participação em audiência*. Em Keilin e Bloom (1986) quase 80% da amostra afirma participar de audiência, gastando em média 2,29 horas. O montante de tempo gasto referido em Ackerman e Ackerman (1997) foi o mesmo. No cenário norte-americano, o perito normalmente é questionado pelos advogados a respeito do laudo constituindo-se em um momento de especial tensão para o profissional. Citamos um exemplo disto no capítulo seguinte sobre a utilização de testes psicológicos (item 6.2).

No Brasil, pelo menos na nossa prática, esta participação é rara. Ela pode ocorrer, em nossa experiência, num momento inicial do processo, quando o juiz, ao realizar a audiência de conciliação, percebe alguma questão a respeito da qual gostaria de um parecer do psicólogo *no ato*. Ele pede ao psicólogo que estiver disponível (para isto temos sempre alguém em plantão) que compareça à audiência, momento no qual lhe é colocada a situação. Muitas vezes a única manifestação possível é sugerir a realização de uma perícia, oportunidade em que podemos agendar as pessoas e criar um tempo de estudo e avaliação da situação, antes de uma manifestação. Frente a poucos dados é sempre melhor se manifestar cautelosamente. A tensão gerada pela pergunta "no ar" em uma situação na qual a decisão "está em suspenso", a espera da palavra técnica, pode ser muito forte. É importante não dissolver a tensão, simplificando uma pergunta que pode envolver aspectos complexos e desconhecidos por meio de uma resposta banal. Como psicólogos, penso que, necessitamos mobilizar a motivação das pessoas para que queiram vir à perícia nos "convencer de suas verdades". Enquanto a resposta do psicólogo também está "no ar", existe a esperança e o desejo de cooptar o psicólogo para o seu lado (e nós, do nosso lado). Neste contexto jurídico, temos não só de contar com esta predisposição como também instrumentalizá-la a nosso favor.

Entrar em contato com as versões discrepantes e, ao mesmo tempo, manter em suspenso nosso julgamento de valor é um desafio a cada caso a testar nossos limites. Isabel Kahn, que supervisionou colegas do judiciário na prática das Varas da Infância e Juventude, traz esta indagação com propriedade e que serve a nós, psicólogos da Vara da Família:

> Um primeiro ponto a ser considerado diz respeito ao lugar que a escuta psicológica, particularmente influenciada pela psicanálise, ocupa dentro de uma instituição jurídica onde a clientela atendida está sendo julgada. Se um dos princípios básicos do trabalho psicológico é a neutralidade e a supressão de julgamentos para permitir que a pessoa atendida possa expressar seus conflitos e

> encontrar formas de enfrentá-los, indaga-se como fazer isso quando já existe um submetimento a uma culpa ou uma expectativa de resolução colocada nas mãos de um poder absoluto, que o judiciário representa. (Marin, 2000, p. 175)

A participação na audiência pode ser feita, ao final, *após a entrega do laudo*, quando há a solicitação de uma das partes ou do próprio juiz para que estejamos disponíveis. O juiz pode estabelecer uma estratégia de condução da audiência e, por alguma razão, quer que o psicólogo esteja disponível. Em um destes casos, por exemplo, o juiz ouviu as partes e seus advogados e solicitou nova avaliação, saindo as partes comunicadas e já agendadas da audiência.

O questionamento do laudo não ocorre como no cenário norte-americano em um debate aberto durante as audiências. Quando há dúvidas ou questionamentos, a parte que desejar esclarecimentos do perito e do assistente técnico requererá ao juiz que mande intimá-lo a comparecer à audiência, formulando desde logo as perguntas, sob forma de *quesitos*. É o que reza o Art. 435 do Código do Processo Civil. Acrescenta ainda o parágrafo único do mesmo artigo: "O perito e o assistente técnico só estarão obrigados a prestar os esclarecimentos a que se refere este artigo, quando intimados 5 (cinco) dias antes da audiência". Entende-se que nesta ocasião podem ocorrer perguntas orais elucidativas em função das respostas dadas aos quesitos escritos de esclarecimento.

Qualquer psicólogo que passou pela experiência de participar de uma audiência, na qual espera-se dele alguma palavra definitiva sobre a matéria em questão, está familiarizado com a terrível sensação de pressão e tensão. Isto pode ser percebido pelo relato de uma psiquiatra da Clínica de Tavistock falando de sua experiência de servir como perita em casos envolvendo crianças no tribunal. Ela fala de uma "terrível sensação de culpa" não porque não acredita no que fez, mas porque ela sabe que será forçada a tomar uma posição definitiva do que é certo a respeito da criança naquele determinado momento. Em suas palavras, a partir de uma tradução livre:

> Eu me sinto muito ansiosa, particularmente porque, a meu ver, a maioria de nossas evidências não são sólidas (*hard evidence*),

> mas muito pelo contrário. É uma questão de opinião subjetiva e por mais que eu saiba que o que eu estou afirmando é o máximo que consigo como ser humano, e que estou fazendo isto pelo bem de uma criança e sua família, eu considero esta situação de fazer estas afirmações definitivas algo extremamente difícil. (King; Trowell, 1993, p. 92)

A contrapartida desta sensação, também mencionada pelos autores acima, é a do profissional se sentir "excitado e poderoso" com toda a atenção e deferência que é recebido no tribunal. Daí partir para afirmações "acima de qualquer dúvida" imbuído da autoridade da posição de perito é um passo. Parece-me que o risco aí é algo muito próximo daquilo que se fala no meio jurídico, como um complexo que afeta os juízes: *a juizite* (ou seja, acreditar-se um deus).

A necessidade de defender as conclusões técnicas do trabalho e "jogar o jogo legal" pode levar o psicólogo a confundir os valores e as definições legais com o seu julgamento clínico. Ou seja, o direito requer verdades como evidências claras e incontestáveis. As conclusões de uma avaliação psicológica podem advir de um convencimento do profissional obtido a partir da convergência de muitos dados (julgamento clínico), mas a pressão do aparelho judiciário ao qual está atrelado o seu trabalho pode fazer com que "defenda a sua opinião técnica" com uma veemência e uma tática mais próxima da atividade do advogado. Vejamos um outro exemplo extraído de King e Trowell (1993).

> Uma psiquiatra infantil deu um exemplo de um caso no qual a mãe com um histórico de incompetência e negligência estava requerendo a guarda de seu filho. A psiquiatra era favorável à continuação do contato desta criança com a mãe, mas contrária a que a criança fosse devolvida a ela. Esta psiquiatra disse que "foi levada a tomar uma posição de dizer que a mãe era extremamente terrível" e de "acabar com ela totalmente" ao proceder a um "assassinato de seu caráter" para evitar que a criança fosse devolvida a ela, que era incapaz de assumir seus cuidados. Ao adotar uma posição tão extrema ao dar seu parecer pericial, a psiquiatra se deu conta de que ela corria o risco do tribunal

suspender totalmente qualquer contato da criança com a mãe, resultado que ela considerava prejudicial à criança. Foi a situação, a seu ver, que a forçou a adotar esta estratégia no tribunal porque ela temia que o advogado da mãe pinçasse qualquer coisa dito a favor da mãe para utilizar como argumento na defesa do retorno da criança para casa. (p. 93)

Fazemos o esclarecimento que a situação acima é a disputa da guarda entre a mãe e o interesse do Estado, pois claramente se tratava de uma criança cuja opção era a instituição e não o pai em disputa de guarda. É um caso com características de Vara de Infância e Juventude, no entanto, o contexto jurídico influenciando na tomada de posição do profissional de saúde mental é ilustrativo da situação vivenciada em uma disputa em que se toma um dos lados (perito adversarial, em nossos termos, que abordaremos no Capítulo 7, no item 7.4).

5.9 A entrevista devolutiva

A entrevista devolutiva é um ponto polêmico em avaliação psicológica em contexto jurídico, e veremos a sua especificidade na área de família. Rovinski (1998) faz uma discussão a respeito das posições sobre oferecer ou não a devolutiva, ou quem a deveria fazer. A autora cita Cunha (1993) destacando que a responsabilidade pela devolução, segundo esta autora, é de quem encaminha o processo (médico, juiz, etc.): "Neste caso, não estaria o psicólogo se abstendo da devolução, mas apenas encaminhando a mesma a quem seria o verdadeiro receptor do processo" (p. 62). Em nossa leitura da edição mais recente dessa obra não encontramos referência explícita à devolução no contexto da perícia (Cunha, 2000).

Rovinski (1998) escreve que, segundo Clemente (1995), "o psicólogo teria a obrigação de comunicar a seus clientes as informações obtidas sobre seus aspectos psicológicos durante a avaliação" (p. 62). Chamamos a atenção do leitor para o fato de que, segundo o contexto, a utilização do termo "cliente" na citação acima se refere aos próprios *sujeitos examinados* e não ao demandante da avaliação. Em uma obra mais recente, Rovinski (2000) cita Ávila e Rodriguez-Sutil

(1995), quase nos mesmos termos de Clemente, alinhando-se entre aqueles que pensam que o psicólogo tem a obrigação de comunicar as informações obtidas ao próprio examinando. A autora faz referência ao Código de Ética Profissional que dita a obrigatoriedade da devolução ao examinado. É o Art. n.º 23 em seu 2º parágrafo:

> O Psicólogo, quando solicitado pelo examinado, está obrigado a fornecer a este as informações que foram encaminhadas ao solicitante e a orientá-lo em função dos resultados obtidos. (Manual do CRP – 06, p. 113)

Como esta questão tem sido abordada pelos profissionais que realizam este tipo de avaliação? Na prática de Felipe (1997), colega do Tribunal de Justiça de Ribeirão Preto (SP), a *entrevista de devolução* era sempre oferecida aos pais e à criança e constituía-se no outro momento, além das colocações durante o atendimento, de *intervenção*. Dos dez casos analisados em sua pesquisa, sabemos que três deles não compareceram (a entrevista devolutiva não tem caráter obrigatório). A autora afirma que também eram realizadas *orientações* "no sentido de encorajar modos mais amadurecidos de funcionamento, sempre enfocando-se as necessidades dos filhos" (p. 68). Além disso, algumas vezes eram feitos *encaminhamentos psicoterápicos*.

Há que se indagar, contudo, se os pais e as crianças *estão* interessados em obter ajuda psicoterapêutica ou simplesmente aplacar a angústia de não saber qual é a influência que o psicólogo exercerá sobre o juiz. A devolutiva da avaliação torna-se fonte de angústia e de todo tipo de fantasia persecutória ou paranoica quando se espera dele "a verdade final". Entendida aí como aquela palavra que definirá o destino da criança. Neste sentido e neste contexto não haveria de ser diferente. Por meio da minha experiência de trabalho conheço situações em que a devolutiva foi oferecida, logo após o término da avaliação, que redundou em reações negativas de revolta, ocasionando tentativas de impugnação do referido trabalho.

Em relação a esta questão vamos voltar à posição de Rovinski (2000), que em seu trabalho mais recente se posiciona na questão sugerindo uma conduta específica e expondo suas razões. Cumpre notar que os trabalhos desta psicóloga forense, professora e pesquisadora do

Rio Grande do Sul, debruçando-se sobre as questões técnicas e éticas da perícia psicológica, procura oferecer delineamentos mínimos para atuação na área. Rovinski (2000) reconhece a diretriz do Art. n.º 23 de "fornecer a este (periciado) as informações que foram encaminhadas ao solicitante, mas", segundo ela, "não diz em que momento essas informações deveriam ser prestadas" (p. 192). A autora afirma que a: "prática sugere que seria de bom senso o psicólogo colocar-se à disposição do periciado para esclarecimento de dúvidas, quanto ao laudo, depois de o mesmo tornar-se público em audiência com o juiz" (p. 192). E ela explica a lógica deste raciocínio expondo que não se deveria criar "uma via de comunicação independente ao processo judicial". Pois, assim, o psicólogo poderia sair do papel original de "assessor" para assumir "a coordenação do próprio processo". Termina ela dizendo que tal atitude, além de extrapolar a sua competência, "colocaria o profissional frente a situações que não poderia manejar" (p. 192). Esta posição nos parece reforçar o alerta que Bleger (1984) faz de "não formar superestruturas que desgastem ou se sobreponham com as autoridades" (p. 48).

A explicação nos parece fazer sentido, tendo em vista a posição pericial *stricto sensu*. Como também se voltarmos à nossa forma de entender o enquadre a partir da demanda original, nada mais coerente que o *cliente* receber o produto dos serviços em primeiro lugar. Mas e nossa obrigação quanto às pessoas que avaliamos? Aqui se recoloca a questão de que não estamos operando com nossas técnicas sobre objetos, mas com pessoas, cujas necessidades não deveriam estar subordinadas ao interesse maior de outrem. Poder-se-ia voltar à imagem de Clulow e Vincent (1987) e indagar se poderíamos "servir a dois mestres" (item 4.1.1.3), pois é o que parece aqui: considerar os interesses dos membros da família ou o interesse do demandante, e em última instância da instituição. Não temos uma resposta elaborada para esta questão, se é que ela pode existir no estágio atual desta prática. Continuamos com a opção de *trabalhar na tensão* entre um pólo e outro. No momento, procedo de forma a comunicar, durante a entrevista ou observação, aquilo que percebo do que ocorre na interação, pois é algo que se elabora **na** relação pertencente aos agentes da interação. Nisto seguimos Bleger (1984) que pensa a atuação do psicólogo como um observador participante ou profissional-pesquisador cuja modalidade de observação chamou de *indagação operativa*[1]. **Ora, a meu ver, neste intercâmbio está ocorrendo a "devolução" daquilo que o examinando vai colocando e em função do que ambos se permitem perceber e conversar**. Aquilo que não cabe ser explicado ao examinado diz respeito à interface legal, à função judicante. Ao juiz cabe julgar, à parte cabe buscar sua vantagem. Se o psicólogo não se coloca no lugar do juiz, ele não "deve" à parte algo que não compete a ele dar (a sentença). Dito de outro modo, o que mais poderíamos devolver à parte senão o efeito (impacto emocional) e a compreensão (justificativa e motivação) que pudemos ter de sua "verdade"?

Ao juiz competiria o recebimento das informações "dentro dos limites estritamente necessários aos fins a que se destinou o exame" (Art. n.º 23 do Código de Ética Profissional) para que ele cumpra sua função. Portanto, se a parte "confunde" devolução com "sentença" isto nada mais é que uma outra faceta a ser analisada dentro do contexto psicológico. Entendo, no entanto, que não seria necessário esperar a própria audiência para, só depois, marcarmos uma devolutiva. Em nossa prática, ao término do laudo, despachamos pessoalmente com o juiz. Ele será a primeira pessoa que entrará em contato com o trabalho, uma vez que foi ele quem o determinou. Já explicamos que o contato pessoal permite uma primeira aproximação ao estudo psicológico por meio de uma conversa informal. Uma vez despachado, este laudo vai aos autos e os advogados são chamados a se manifestar. É neste momento que comunico às partes que o trabalho finalizou e me coloco à disposição para conversarmos sobre o laudo pessoalmente. É uma opção, não é algo obrigatório. São poucos os que marcam e vêm conversar.

Na experiência dos comissários da Unidade de Divórcio ao término dos atendimentos, foi sempre tentado um contato para encontrar os pais e permitir que eles leiam o relatório antes do encaminhamento ao tribunal (Clulow; Vincent, 1987). Na maioria dos casos isto ocorreu. Lembremos que os autores consideram que o laudo deveria atuar como um "bálsamo" (item 5.7) para as feridas, tomando o extremo cuidado para não provocar o efeito inverso – de fomentar o litígio com

[1] Cf. p. 106.

argumentos técnicos como referido por Ribeiro (1999). Nas entrevistas de seguimento, a maior parte dos entrevistados reconheceu a "justeza" das colocações no laudo, no sentido de representar seu ponto de vista, embora alguns tenham ficado chocados em se ver retratados na cena conflitiva que viviam. O grande número de adesões e o *feedback* quanto à fidelidade do que foi transcrito me parecem ser uma forma de gratificação no trabalho que o profissional poderia esperar deste lugar.

5.10 Como é feita a avaliação?

Faremos uma síntese dos dados de nosso levantamento, ao longo deste capítulo, a fim de respondermos as perguntas que elaboramos no início. Na nossa pergunta **3) Como é feita a avaliação?** nos indagamos sobre os referenciais físicos (local), temporais (duração) e técnicos.

Podemos dizer que a avaliação se inicia com o contato inicial com os adultos, seja em conjunto ou separadamente. Encontramos apenas uma única exceção (Martins, 1999) que prefere estruturar a estratégia de avaliação a partir de uma observação lúdica com a criança, reservando-lhe maior tempo no cômputo total da avaliação.

O tempo de interação com os membros da família segue uma tendência dominante de um maior contato com os adultos do que com as crianças. Em parte, tal opção se baseia na concepção de que os pais são os responsáveis pela dinâmica do litígio familiar e, portanto, são aqueles que mais devem merecer a atenção do profissional. Subsidia tal concepção uma ética terapêutica-interventiva, na qual o "trabalho" feito com os adultos pode "liberar a criança do conflito", como também o juiz e o próprio psicólogo de se arrogar no lugar de quem vai decidir *pela* família (Barros, 1997; Clulow; Vincent, 1987; Felipe, 1997; Miranda Jr., 1998; 2000a). Esta concepção se encontra institucionalizada no Serviço de Conciliação do Tribunal de Pernambuco, no qual a equipe técnica tem como função a busca do acordo (Fernandes, 2001).

O problema pode ser familiar, ou originário da relação conjugal; no entanto, a intervenção sobre a relação (*entrevista conjunta*) é pouco escolhida para avaliar ou intervir nesta problemática.

Prepondera o enfoque que parcializa o problema, procurando ouvir, entender e devolver *individualmente*. A *entrevista ou observação conjunta de pais e filhos* também tem mais um acento de coleta de dados do que de cunho interventivo. Por que eleger a criança como foco privilegiado da avaliação e tomar mais tempo com os adultos? Não seria mais condizente com a realidade da prática dizer que o foco privilegiado na avaliação (ou na interação) são os adultos, muito embora espere-se que a criança seja seu maior beneficiário? Quem coloca claramente esta posição é Clulow e Vincent (1987), admitindo que, por formação profissional (terapeutas de casais) e por acreditarem que a solução para os filhos resida na relação entre os pais, elegem estes como os principais focos do trabalho (p. 153).

Os psicólogos judiciários, que advogam a primazia da criança, parecem "contaminados" com o discurso da instituição judiciária que tem "no interesse da criança" o critério norteador, daí a noção de que "o principal cliente é a criança". Se fizermos uma analogia, na Psicologia Clínica, quando se configura a criança como cliente (a pessoa que é atendida) em psicoterapia infantil, gasta-se mais tempo com ela do que com os pais; no tribunal, ocorre o inverso. É a mesma realidade do advogado que gasta mais tempo com seu "cliente" (adulto) e, às vezes, nem conhece o filho deste que está sendo disputado. O mesmo pode se dizer do juiz que decide em sentença sem nunca ter visto a criança. Será que a criança é vítima passiva a ser protegida tanto dos pais quanto do sistema judiciário? Investigar a participação da criança na configuração do litígio processual, nos parece, seria uma linha de pesquisa rica e complementar à tese de Castro (2000) de que não é *sempre* uma separação mal resolvida que está na origem do conflito. Formulando uma hipótese: a criança é elemento passivo na constituição do conflito familiar levado aos tribunais como litígio? Se não, qual a sua participação?

O número de contatos dos profissionais com os membros da família varia muito (de uma a 30 horas). As pesquisas americanas (Keilin; Bloom, 1986; Ackerman; Ackerman, 1997) dão as médias de 18 e 21 horas para a realização do estudo total, respectivamente. Se considerarmos o número de cinco entrevistas por pessoa, em uma família de três, isto representará 15 horas (considerando uma hora de entrevista) sem levar em conta o tempo gasto com outros contatos, diligências, correção e análise de testes, redação do laudo e participação na audiência. **Em termos de duração, há dados que falam de um a dois meses (Felipe, 1997), como de até seis meses (Clulow; Vincent, 1987). Os contatos parecem ser pensados numa frequência semanal.**

O *local* da realização vai depender da natureza do vínculo do profissional. Se o profissional é o perito independente, a avaliação será realizada em seu local de trabalho (clínica privada, com direito à "aquário"), se funcionário de instituições, nos recintos reservados nestes locais (com as limitações próprias de instalações públicas). Há queixas de colegas do sistema, não exclusivamente em São Paulo (vide Brito, 1993, que fala do cenário no Rio de Janeiro), da falta de salas, privacidade para os atendimentos, necessidade de deslocamento físico de uma comarca a outra, etc.

A Seção de Psicologia das Varas da Família do Fórum João Mendes Jr. (SP), onde exerço minhas funções, presta serviços a doze Varas da Família e Sucessões. (Isto representa doze juízes e todo o aparato de cartório para cada juiz). Ela é a única seção, dentro da instituição judiciária paulista, que está administrativamente ligada a um juiz da própria Vara da Família. Uma vez que a "porta de entrada" dos psicólogos judiciários paulistas foi por meio da Vara da Infância e Juventude, todos os demais colegas continuam administrativamente ligados a uma chefia única de psicologia (quando tem chefia) e à estrutura administrativa pertinente ao Juiz da Infância e Juventude. Esta realidade institucional faz com que muitos colegas tenham de administrar pressões institucionais alheias ao próprio caso de Família, em função de sua inserção institucional. Por outro lado, trabalhar dentro do judiciário, ao contrário do *perito independente*, também pode favorecer trabalhos no sentido de se conseguir uma normatização institucional que dê maior liberdade à ação do psicólogo. Como exemplo, temos o Serviço de Conciliação de Pernambuco (Fernandes, 2001), com uma regulação institucional que permite a abordagem do litígio em um momento inicial, aumentando a possibilidade de atuação para além de uma perícia *stricto sensu.*

Parte da avaliação se dá diretamente "no campo", discriminando-se a *escola* e o *domicílio residencial* com locais proeminentes. Os sentimentos persecutórios de invasão são acirrados nestas intervenções, devendo o profissional proceder com cautela redobrada. Ainda mais, por se tratar de prática que se confunde com a área do assistente social. Há poucos trabalhos que pensem a integração dos dados obtidos por diligência aos levantados pela avaliação pelo método clínico.

A necessidade de ampliar o escopo da avaliação a partir de contatos colaterais é referido por muitos autores (Alves, 2002; Felipe, 1997, Keilin; Bloom, 1986; Melton *et al.*; Rovinski, 1998; Stahl, 1999), constituindo-se em fase complementar ao tripé clássico da avaliação psicológica (entrevista, observação e testes). A inclusão de pessoas significativas para aumentar o escopo da avaliação parece ser própria da exigência de "objetividade", característica do discurso jurídico e eminentemente centrado no caráter de *prova* fidedigna que o laudo assume. Portanto, a avaliação psicológica será exigida dentro dos dispositivos jurídicos como comprovação de algo, o que a aproxima perigosamente a uma atividade detetivesca (na busca de indícios objetivos) que está fora, pelo menos, do escopo do referencial teórico e técnico do modelo clínico. Em função desta objetividade, aumenta-se o campo investigativo (diligências e contatos colaterais), como também procura-se "checar" as informações colhidas. Alguns autores propõem técnicas como a *co-avaliação* e a *avaliação em equipe* como forma de resposta a estas demandas (Ortiz, 1986; Volgy; Everett, 1983).

Os dados sobre honorários (*Quanto?*) revelam uma prática cara, cujo preço tem aumentado, pelo menos no cenário norte-americano. O preço é elevado por ser um recurso trabalhoso dentro de um procedimento de resolução de conflito também caro (o recurso judicial). Vimos que a população que ingressa nestas disputas se dispõe entre as camadas mais favorecidas da população. O incentivo econômico, portanto, para a atuação na área é grande. A exceção fica por conta da atuação da Procuradoria de Assistência Judiciária que se encarrega das pessoas sem recurso para pagar advogados. Dentre as famílias avaliadas, estas que vêm representadas pelos procuradores do estado perfazem uma minoria.

No cenário brasileiro, o trabalho pericial em Vara de Família configura-se como uma especialidade, dentre outras possíveis, formalmente reconhecida pelo Conselho Federal (Psicologia Jurídica). Urge estabelecer parâmetros e diretrizes que norteiem uma conduta profissional séria e comprometida com os princípios éticos e de responsabilidade social da profissão. Esta modalidade de trabalho ainda é pouco conhecida nas próprias instituições de ensino.

Identificamos também um passo importante no processo de avaliação de guarda como um todo que é o seu produto final: o laudo psicológico. **É um tema sub-representado na amostra de trabalhos, mas as referências e críticas que lhe são feitas e, principalmente, o lugar estratégico que ocupa dentro do dispositivo jurídico justificariam uma maior atenção por parte dos psicólogos.**

Outro item que aparece pouco tematizado nos trabalhos é o contato com os operadores do direito (advogados, juiz e curador). **Uma vez que se pensa que o trabalho "técnico" só remete às pessoas que passarão pela avaliação, deixa-se de contemplar com maior cuidado e critérios aqueles que são os principais demandantes do trabalho nesta instituição.** Talvez fosse recomendável atentarmos para este fato, há vários alertas no sentido de tomar cuidado para que a avaliação aborde as necessidades daquele que o solicita (Cunha, 2000; Grisso, 1987; Hess, 1998; Perrin; Sales, 1994). O cuidado nos contatos com os profissionais do direito e da interação com seus problemas e questões é o que confere uma especificidade ao trabalho dentro desta área, denominada jurídica.

No próximo capítulo abordaremos a utilização dos testes psicológicos em avaliação para determinação de guarda. Como explicamos anteriormente, tomamos a opção de destacar a utilização deste recurso técnico de dentro dos demais procedimentos levados a cabo pelo psicólogo. Em primeiro lugar, por se constituir prática exclusiva do psicólogo (pelo menos no Brasil), o que leva ao estabelecimento de uma associação imediata entre teste e psicólogo, influindo na constituição mesmo de sua identidade profissional. Em segundo lugar, o montante de informações colhidas dentre os trabalhos justificou a abertura de um capítulo à parte. Esperamos responder a pergunta feita no Capítulo 1: **4) O que se procura avaliar, analisar ou descobrir?**

6. O Psicólogo e o uso de Testes em Avaliação para Determinação de Guarda de Crianças em Vara de Família

Os testes psicológicos são instrumentos de uso exclusivo do psicólogo para a realização de um diagnóstico psicológico.[1] Os testes são importantes como meios de obtenção de dados psicológicos relativos a capacidades específicas, limitações e dinâmica dos envolvidos, como também no fornecimento de indícios quanto às necessidades, defesas psicológicas e prejuízos psíquicos decorrentes da situação de disputa (Brodzinski, 1993; Castro, 2000; Felipe, 1997; Ortiz, 1986; Rovinski, 1998; 2000; Silva, 2000; Stahl, 1999). A situação de aplicação do teste possibilita, ainda, a observação sob condições controladas do periciando, permitindo ao profissional uma oportunidade de verificar a forma como este encara a própria avaliação, levando em conta se o indivíduo tende a viesar o resultado pela simulação ou dissimulação[2] (Brodzinski, 1993; Rovinski, 1998). Castro (2000), psicóloga judiciária e supervisora de psicodiagnóstico infantil, justifica a importância dos testes psicológicos no contexto jurídico em comparação com o clínico nestes termos:

a) é um material concreto ao qual os vários psicólogos envolvidos (peritos e assistentes técnicos) podem reportar-se dentro de uma polêmica;

---

[1] Resolução CPF n.º 25/2001 que define teste psicológico como método de avaliação privativo do psicólogo e regulamenta sua elaboração, comercialização e uso.

[2] Rovinski (1998) discrimina simulação quando o sujeito tenta fingir sintomas que não existem. Ela é caracterizada no DSM-IV (1995) sempre pela existência associada a um incentivo externo. A dissimulação é a tentativa de encobrir ou minimizar sintomas que existem, associada à tentativa de evitação de uma privação de direitos (p. 61).

b) certamente a entrevista psicológica é de grande valia – inclusive no tribunal – mas como os periciados, como dissemos antes, podem mentir e ocultar deliberadamente, nos testes eles ficam mais desorientados acerca do certo e do errado do que dizer – principalmente no Rorschach – e deixam aflorar um material que desejariam não comunicar (p. 23).

No entanto, o uso de testes psicológicos em avaliações judiciais também foi o foco de críticas quanto ao seu emprego inapropriado (Brodzinski, 1993). Veremos que a crítica em relação ao mau uso deste instrumento se liga a um ataque maior ao próprio papel do perito judicial em avaliação de guarda e visita, principalmente no meio norte-americano (Keith-Spiegel; Koocher, 1985; Melton; Petrila; Poythress; Slobin, 1987; Mnookin *apud* Brodzinski, 1993).

Retomando os dados referentes ao uso de testes na amostra pesquisada pela dupla da Universidade Estadual do Colorado (EUA), Keilin e Bloom (1986), temos que 75% responderam que usavam testes psicológicos com os pais e 74% usavam testes com crianças e adolescentes.

Os quatro testes mais utilizados para os adultos foram:

- *Minnesota Multiphasic Personality Inventory* (*MMPI*);
- Rorschach;
- Teste de Apercepção Temática (*TAT*);
- Escala de inteligência Wechsler para Adultos (*WAIS*).

Os três primeiros testes são todos de personalidade, sendo o primeiro considerado um inventário e os outros dois, projetivos. Chama a atenção que o *MMPI* seja utilizado por quase dois terços dos sujeitos que responderam. O Rorschach é utilizado por 41% e o *TAT* por 37%.

Em relação às crianças e adolescentes, temos:

- Testes de inteligência, sejam as Escalas de Inteligência Wechsler para Crianças (*WISC*) ou de adulto (*WAIS*) e o Stanford-Binet;

- O *TAT* e o Teste de Apercepção Temática Infantil (*CAT*);
- Desenhos projetivos gráficos variados[3];
- Rorschach.

O teste de inteligência com crianças é apontado como utilizado por 45% dos profissionais. Os testes de personalidade caem para 39%, 32% e 29% respectivamente, sendo que alguns testes para adultos são utilizados na população adolescente. Todos os testes citados até agora são conhecidos e utilizados no Brasil.

Vale a pena observar que estes testes são frequentemente utilizados em avaliações psicodiagnósticas no trabalho clínico. Keilin e Bloom (1986) também levantaram a porcentagem de casos em que cada teste era utilizado. O *MMPI* era utilizado em 87% dos casos, o *TAT* e o *CAT* em 67% para adultos e 74% em crianças, respectivamente. O teste de inteligência atingia 66% dos casos de adultos avaliados, contra 85% dos casos de crianças e adolescentes. O Rorschach comparece em 67% dos casos de adultos e 77% dos casos de crianças. Os índices são muito altos se comparados com o cenário paulista. Não tenho conhecimento de um caso sequer de uso de *MMPI* ou *WISC* em avaliação de guarda. Aliás, a utilização de instrumentos de medida de inteligência quase nunca é aplicada, concentrando-se mais nos projetivos de personalidade. Ainda assim, a Seção de Psicologia das Varas de Família e Sucessões do Fórum Central de São Paulo tem à disposição os testes de inteligência *RAVEN* e *WISC*.

Em um trabalho anterior (Shine, 1995), mencionei o *TAT* e o *CAT* como testes utilizados em avaliação de guarda. Silva (2000) acrescenta os testes projetivos gráficos (*HTP* – Teste do Desenho da Casa, Árvore e Pessoa e Desenho da Família), Teste Desiderativo, Fábula de Duss e Teste das Pirâmides Coloridas de Pfister, além dos já citados *TAT*, *CAT* e Rorschach. Felipe (1997), em seu trabalho de mestrado, justifica a utilização do *CAT* e do Desenho da Família e Estória (DF-E) de Walter Trinca (1989), da seguinte forma:

---

[3] Os autores não discriminam quais testes, agrupando os sob a rubrica de *miscellaneous projective drawings* (p. 341).

> Observou-se que as técnicas projetivas pesquisadas (*CAT* e DF-E) acrescentaram informações relevantes, especialmente quanto: às imagens parentais (trazendo aspectos que permaneciam negados ou que não podiam ser diretamente expressos); e a fatores centrais na dinâmica de personalidade; aspectos estes que ampliaram bastante a compreensão da situação emocional da criança frente à disputa familiar (de uma tal forma que dificilmente seria possível apenas a partir de entrevistas e observações lúdicas), fornecendo indícios quanto a suas necessidades afetivas; ao caráter defensivo de posicionamentos que eram tomados por elas (alianças), e quanto aos prejuízos psíquicos decorrentes de modo mais amplo (p. 305)

Castro (2000), em sua pesquisa de doutorado, utilizou-se do Rorschach para uma caracterização do tipo de personalidade de casais em disputa de guarda. Ortiz (1986) também se refere ao Rorschach na sua prática, mas realizado pela "especialista em psicodiagnóstico", como já mencionado (p. 134).

Em uma pesquisa realizada no Estado do Rio Grande do Sul, por Rovinski e Elgues (2000), levantou-se que 87% dos psicólogos forenses pesquisados utilizavam instrumentos além da entrevista clínica. A preferência recaiu sobre os projetivos e gráficos (*TAT,* Teste do Desenho da Figura Humana de Machover, HTP e Desenho da Família). Neste estudo, há que se fazer a ressalva, o grupo de psicólogos forenses se compunha de 38 psicólogos, sendo 16 do Poder Judiciário, 11 da Febem e 11 do Sistema Penitenciário, não especificando aqueles que se dedicam especialmente à avaliação de guarda em Vara de Família. Os inventários e escalas não só são menos utilizados como são menos conhecidos pela população pesquisada. Quanto às vantagens encontradas na utilização de técnicas e testes psicológicos são citadas a possibilidade de confirmação e complementação dos achados clínicos, a facilidade de levantamento de dados rápidos e confiáveis e a falta de controle do periciando sobre suas respostas. No levantamento das dificuldades foram apontadas a falta de validação e a não adequação a grupos específicos, assim como à área jurídica. Também foram lembradas a demanda de tempo exigida, a falta de local e material adequado, a falta de controle do uso dos testes e a falta de preparação do próprio psicólogo. As autoras salientam a inexistência de instrumentos específicos de avaliação forense, constituindo-se prioridade, segundo elas, adaptar os instrumentos clínicos à população atendida nas avaliações forenses.

Samper (1995), atuando na Espanha, apresenta outra pesquisa, analisando 85 laudos psicológicos recolhidos de seis dos sete tribunais de Família de Madri. Ela observou uma distribuição dos testes psicológicos da seguinte maneira:

- 28,5% são de questionários, os quais ela cita na ordem em que eles aparecem: 16PF, TAMAI, EPQ, CHTE, CEP e outros;
- 25,5% são provas projetivas de personalidade: Rorschach, Desenho da Família, Machover, *TAT* e outros.

Nesta realidade pesquisada, pode-se ver que a utilização de questionários supera as provas projetivas de personalidade, por outro lado não comparecem testes de inteligência. Os dados referentes ao cenário brasileiro não indicam a utilização dos questionários citados por Samper (1995).

Gudjonson (*apud* Rovinski, 1998) afirma que, em uma pesquisa feita com membros da Sociedade de Psicologia Inglesa, 96% dos psicólogos declaram usar testes psicológicos habitualmente quando realizavam uma avaliação forense. Infelizmente não tenho como discriminar o quanto desta mostra se refere especificamente à avaliação da guarda. Esta mesma autora recorre a Ávila e Rodríguez –Sutil para trazer o dado de que o uso de instrumentos para avaliações clínicas na prática forense inglesa confirma uma realidade já constatada em outros países da Europa.

6.1 A Especificidade dos Instrumentos Psicológicos nas Avaliações de Guarda

Lanyon (1986), psicólogo e professor na Universidade Estadual do Arizona (EUA), realizou uma pesquisa para levantar o estado da arte no que se refere a avaliações psicológicas em enquadres jurídicos. Em relação à questão de avaliação da guarda, ele destaca a complexidade e a alta individualização dos casos de guarda, o que demanda uma avaliação também muito individualizada, na qual a utilização de testes psicológicos mais conhecidos são integrados de uma forma peculiar pelos profissionais. Enfatizou, ainda, que as áreas mais relevantes para a avaliação nestes casos dizem respeito aos relacionamentos: "a qualidade do relacionamento entre os pais, ou seja, cooperação, concordância e ausência de conflito, como também a qualidade do relacionamento da criança com ambos os pais e com outras figuras que tomam contam dela" (p. 264).

Este autor destaca o desenvolvimento recente de instrumentos especificamente desenvolvidos para questões referentes à guarda. Como exemplo ele cita o *Blicklin Perceptual Scales*[4], que tem a função de fornecer informações estruturais a respeito das percepções que as crianças têm de seus pais em quatro áreas: competência, apoio, consistência e posse de características admiráveis de personalidade. O teste procura ter acesso às percepções infantis, evitando as respostas a níveis conscientes do que elas "deveriam" achar ou pensar. Lanyon alerta, no entanto, que são necessárias pesquisas para validação e formalização de normas do instrumento.

Este autor ainda arrisca indicar dois campos nos quais o desenvolvimento de instrumentos psicológicos de avaliação seriam interessantes. Um deles seria algum teste que pudesse avaliar o conhecimento e as atitudes dos pais em relação às práticas de educação de filhos, incluindo tópicos sobre o uso de punições disciplinares e desenvolvimento de autoestima. O autor antecipa a crítica, reconhecendo que ter o conhecimento nesta área não garante que o pai ou a mãe irá utilizá-los. Outro campo que o autor sugere para se desenvolver um teste seria o do relacionamento pai – mãe, no sentido de se levantar aspectos relevantes de tal relacionamento.

No estudo de Ackerman e Ackerman (1997), que replica a pesquisa de Keilin e Bloom (1986), apenas 8% dos participantes

---

[4] BLICKLIN, B. *Blicklin Perceptual Scales*. Furlong, Village, 1984 (*apud* Lanyon, 1986, p. 265).

responderam que **não** usavam testes com crianças e 2% **não** os usavam com os adultos. Ou seja, a esmagadora maioria se vale de testes para realizar seu estudo. Comparado com os resultados de 10 anos atrás, a pesquisa de Keilin e Bloom (1986) mencionada anteriormente, 25% dos participantes declararam não usar testes seja com crianças ou adultos. É necessário fazer a ressalva que a amostra de Keilin e Bloom não era composta somente de psicólogos, diferente da amostra de Ackerman e Ackerman (1997). Nesta pesquisa mais recente, o número médio de testes administrados para crianças foi de 4,8, contra 4,5 para adultos. É um número considerável de testes e que parece superar, em muito, a quantidade de testes aplicada pelos psicólogos judiciários de São Paulo. No entanto, não disponho de dados estatísticos comparativos, tratando-se de apenas uma observação empírica em meu meio com os colegas psicólogos judiciários e seus laudos.

Assim, a partir dos dados que levantei na pesquisa de Ackerman e Ackerman (1997) podemos fazer uma classificação dos testes mais utilizados, da seguinte forma:

Para crianças:

- Testes de inteligência (*WISC*, Stanford Binet, *K-ABC*[5], Mc-Carthy) usado por 58% da amostra em 45% dos casos; – *CAT*, *TAT* usado por 37% dos participantes em 53% dos casos;
- *Blicklin Perceptual Scales* usado por 35% da população forense em 66% dos casos;
- Testes de completar palavras usados por 29% dos sujeitos em 76% dos casos;
- Testes de performance[6] usado por 28% da amostra em 56% dos casos.

---

[5] K-ABC = *Kaufman Assessment Battery for Children*.

[6] Os autores não discriminam quais os testes a que se referem.

Para adultos:

- *MMPI* utilizado por 92% dos sujeitos em 91% dos casos;
- Rorschach usado por 48% dos sujeitos em 64% dos casos;
- *WAIS* usado por 43% dos sujeitos em 49% dos casos;
- *Millon Clinical Multiaxial Inventory II* ou *III* usado por 34% dos sujeitos em 73% dos casos;
- *TAT* usado por 29% dos sujeitos em 56% dos casos.

Fazendo uma comparação dos dados podemos observar que o projetivo gráfico *HTP* (*House-Tree-Person*), que é muito utilizado em nosso meio, nem aparece entre os quatro testes mais usados com crianças. Ele é discriminado como sendo utilizado por 19% dos sujeitos em 76% dos casos. Na pesquisa de Keilin e Bloom (1986), este teste projetivo gráfico aparecia como o terceiro mais usado, embora fosse utilizado por 10% (valor arredondado) dos sujeitos em 82% (valor arredondado) dos casos. O Desenho da Família, outro projetivo gráfico de fácil aplicação, aparece sendo usado por 18% dos sujeitos em 87% dos casos no estudo de Ackerman e Ackerman (1997). Em Keilin e Bloom (1986) aparece com 9% dos sujeitos, sendo utilizado em 94% dos casos.

Fazendo uma análise comparativa dos dados das pesquisas de 1986 e de 1997, Ackerman e Ackerman (1997) concluem que, em relação às crianças:

- a utilização de desenhos cresceu consideravelmente em 10 anos;
- muitos testes têm sido utilizados mais frequentemente agora do que no passado;
- houve um aumento considerável do uso de um teste que nem aparecia na pesquisa há 10 anos que é o *Bricklin Perceptual Scales*.

Quanto aos dados obtidos em referência aos adultos é possível observar que o *Minnesota Multiphasic Personality Inventory*

***(MMPI)* continua sendo o teste mais utilizado em avaliação de guarda.** Ackerman e Ackerman (1997) constataram um aumento de mais de 20% de sujeitos que se utilizam deste teste em comparação com a pesquisa anterior. O *MMPI* é um teste cansativo para o testando, pois consiste de vários itens de falso e verdadeiro que depois de respondidos vão alimentar escalas que diferenciarão 10 categorias clínicas e 3 escalas de validade. As categorias clínicas medem vários traços de personalidade e as escalas de validade (K) o grau de sinceridade, defesa, viés para positivo ou viés para negativo. Esta escala de validade deve influir para a escolha deste teste para a população forense, lembrando que se trata de obter informações tentando controlar a tendência consciente de simulação ou dissimulação.

Se o *MMPI* é cansativo para o examinando, ele é, pelo contrário, de fácil aplicação e correção para o aplicador. Talvez isto também contribua para a sua popularidade, pois não requer uma alta especialização e sofisticação por parte do profissional. Hoje em dia, as correções são feitas por programas de computador.

Já há uma variação do *MMPI*, o *MMPI-2,* que, na pesquisa de Ackerman e Ackerman (1997), foi juntado ao *MMPI* original (alguns dos sujeitos não especificavam qual utilizavam). Normalmente, o *MMPI-2* é um instrumento utilizado para aventar hipóteses sobre traços de personalidade, levando em conta que pode haver variação conforme a situação de estresse, circunstâncias de vida ou mesmo efeito de psicoterapia. O *MMPI-2* também mede os traços caracterológicos que podem ser consistentes com distúrbios crônicos de personalidade. Os traços de personalidade identificados no *MMPI-2* são consistentes com os Eixos I e II de traços de personalidade do DSM-IV (*apud* Stahl, 1999).

Ackerman e Ackerman (1997) alertam que pesquisas com este instrumento no meio forense chegou a uma média K de 60.7, o que praticamente descarta a utilização das escalas clínicas para hipóteses interpretativas (*apud* Ackerman; O'leary, 1995). Ou seja, as indicações para as hipóteses diagnósticas dadas pelos valores alcançados nas escalas clínicas perdem sua validade frente ao alto grau de defesa e viés medido pela média K.

O Rorschach mantém o seu lugar de segundo teste mais utilizado nos adultos, aumentando em 6% o número de sujeitos que o utilizam na amostra de Ackerman e Ackerman (1997) em comparação com a amostra de Keilin e Bloom (1986). Dentre os projetivos, ele é considerado o mais objetivo pelo uso do sistema de pontuação Exner (*apud* Stahl, 1999). No meio brasileiro, este teste também é muito respeitado e conhecido. Ou, pelo menos, corrente é a sua fama de ser um teste completo e à prova de manipulação dos resultados.

Outro resultado que Ackerman e Ackerman (1997) destacam é o aparecimento de um novo instrumento ocupando o lugar de quarto teste mais utilizado pelos sujeitos da amostra: o *Millon Clinical Multiaxial Inventory – II* e *III* (*MCMI-II* e *MCMI-III*). Este teste entra, tal qual o *MMPI*, no rol dos inventários. Ele consiste de 175 itens falso-verdadeiro. Também possui escalas clínicas e de validade. O teste mede traços de personalidade e se correlaciona com o Eixo II do DSM-IV. Observando o alto número de sujeitos que se utilizam deste instrumento, os autores alertam para uma questão de viés na sensibilidade do teste, uma vez que ela foi idealizada para ser aplicada em uma *população clínica* e não para uma população presumivelmente normal das pessoas que estão em disputa de guarda. (Há sempre a possibilidade de defender o teste, justificando que pessoas que levem o litígio a um grau extremado de disputa de guarda não devem ser muito "normais").

Ackerman e Ackerman (1997) tecem considerações específicas em relação aos novos testes que foram criados especificamente para avaliação de guarda ou são endossados para este fim. Estes testes são:

1. O *Ackerman-Schoendorf Parent Evaluation for Custody Tests* (*ASPECT*) (Ackerman, 1992), criado pelo coautor do artigo, é um instrumento clínico objetivo para fazer recomendações quanto à guarda. Ele se compõe de questionários para os pais e as crianças, integrando os escores de outros testes psicológicos tais como o *MMPI-2*, o Rorschach, os testes de inteligência para os pais, desenhos e os escores de QI das crianças.

O *ASPECT* agrupa três subescalas: a Escala Observacional (baseado na aparência e apresentação dos pais), a Escala social (baseado nas interações dos pais com os outros, até mesmo com a criança) e a Escala Cognitivo-Emocional (baseada nos escores dos demais testes). Cada pai tem, ao final, um escore total chamado de Índice de Guarda de Filho (*Parental Custody Index – PCI*) com 56 itens. Os dados brutos do *PCI* são convertidos em escalas T com uma média de 50 e desvio padrão de 10. A avaliação da adequabilidade para a guarda é feita comparando-se as escalas T dos *PCI* dos pais. De acordo com Ackerman e Schoendorf (1992), qualquer escore T com diferença de 10 pontos é interpretável, ou seja, aquele que possuir maior pontuação é considerado mais apropriado para o exercício da guarda. As diferenças de escore T com menos de 10 pontos não são interpretados quanto à preferência de um sobre o outro. Os autores colocam, no entanto, que escores *PCI* altos (acima de 60) são indicativos de que ambos os pais são guardiões eficientes. Neste caso, a diferença do escore T não determina o guardião preferencial.

2. Três testes desenvolvidos por Barry Bricklin:

- O *Bricklin Perceptual Scales* (*BPS*), como mencionamos anteriormente, é aplicado em crianças para medir a percepção infantil sobre a competência dos pais, consistência, apoio e posse de traços admiráveis de personalidade. O instrumento tem 64 questões, sendo metade referente ao pai e a outra, referente à mãe. Para cada questão, solicita-se que a criança pontue o quão bem o genitor é capaz de funcionar em uma determinada área, ou caracterizada por determinados comportamentos ou traços. As crianças respondem as questões dentro de uma escala numérica de 1 a 60. O genitor com maior pontuação é considerado "o genitor escolhido" em relação à guarda.
- O *Parent Awareness Skills Survey* (*PASS*) funciona com escores que mediriam a sensibilidade e eficiência dos pais a respeito das várias questões sociais, da habilidade dos pais de encontrar soluções adequadas a problemas, do grau de valorização atribuído à comunicação com sua(s) criança(s), do grau de valorização ao reconhecimento dos sentimentos da(s) criança(s).

- O *Perception of Relationships Test* (*PORT*) (Bricklin, 1995) mede o grau em que cada criança procura por interações positivas com cada genitor e o tipo das tendências comportamentais, tanto adaptativas quanto mal-adaptativas que a criança teve de desenvolver para realizar as interações com cada um. Bricklin publicou os fundamentos e princípios de seus testes em 1995 (*apud* Stahl, 1999).

3. *Parent Perception of Child Profile* (*PPCP*).
4. *Parent-Child Relationship Inventory* (*PCRI*) (Gerard, 1994) é um inventário idealizado para avaliar como pais de crianças entre 3 e 15 anos de idade compreendem a tarefa de serem pais e o que sentem a respeito dos seus filhos. Ela utiliza uma escala de quatro pontos que vai de "concordo plenamente" a "discordo absolutamente", dando medidas em escalas de apoio parental, satisfação com a paternagem/maternagem, envolvimento, comunicação, disciplina, autonomia e orientação. Com um escore médio de 50 e variação entre 40 e 60, o *PCRI* apresenta-se especialmente útil quando os escores estão abaixo desta faixa, o que revelaria problemas específicos naquela escala. Stahl (1999) considera este teste útil para avaliar as atitudes dos pais, embora pondere que não existe uma medida de correção para respostas socialmente desejáveis, ou seja, é difícil estabelecer a diferença entre os pais que se sentem legitimamente satisfeitos nos papéis de pais, daqueles que querem passar tal imagem. Este autor recomenda a integração dos escores com dados de entrevista.
5. *Custody Quotient* (Gordon, 1988) é um dos primeiros instrumentos desenvolvidos especificamente para avaliação de guarda, mas está ainda em fase experimental.

Quarenta e nove por cento dos sujeitos que responderam à pesquisa de Ackerman e Ackerman (1997) não se utilizavam de nenhum destes testes. O *ASPECT* foi o teste mais utilizado com adultos, enquanto que o *BPS* foi o mais utilizado em crianças. O *PCRI* não foi originalmente desenvolvido para o uso em avaliação de guarda, mas é divulgado como útil para este fim. Em pouco menos de dois anos desde sua publicação, tornou-se o oitavo teste mais frequentemente utilizado em avaliação de adultos para determinação de guarda (Ackerman; Ackerman, 1997).

Em relação ao *ASPECT* e o *BPS,* tanto Ackerman e Schoendorf quanto Bricklin apresentaram dados preliminares sobre a confiabilidade e validade dos instrumentos (*apud* Brodzinsky, 1993). No entanto, este mesmo autor alerta que se deve manipular os dados de tais instrumentos com cuidado, pois há polêmica quanto aos próprios critérios pelos quais se possa checar a validade dos instrumentos para avaliação da guarda. Por exemplo, os dados obtidos por meio destes testes deveriam ser validados a partir das decisões de guarda, ou da dimensão das consequências para a criança, ou da dimensão das consequências para os adultos, ou, ainda, pelo índice de volta dos casos em novos litígios?

6.2 Aspectos técnicos quanto ao uso de Testes Psicológicos

Os instrumentos de avaliação devem ser elaborados a partir de um conjunto de normas e conhecimentos teóricos e práticos resultantes de pesquisas científicas, sob condições específicas bem delimitadas e submetidas a rigoroso controle. Tal controle se dá a partir de sua validade (segurança que o teste mede o que se propõe a medir), precisão (fidedignidade nos valores quanto à homogeneidade e estabilidade dos resultados) e sensibilidade (adaptabilidade do teste ao grupo examinado) (Erthal, 1987).

A primeira ressalva técnica que pode ser feita em relação à sensibilidade dos testes projetivos, usualmente utilizados na clínica, é que eles não foram desenvolvidos na população forense específica ao qual estão sendo aplicados. Tal observação já foi feita por Samper (1995) apoiado nos trabalhos de Grisso (Grisso, 1986; 1987).

> Las técnicas utilizadas para evaluación psicológica, provienen, en su totalidad, de la prática clínica, no presentando adecuación

> a este contexto legal, quedando dudosa la posibilidad de concluir sobre quien es el mejor padre o madre. Además de la inadecuación al contexto, presentam una escasa fiabilidade y validez. (Samper, 1995, p. 317-318)

Rovinski (2000) faz eco a essas recomendações. Segundo Grisso (*apud* Rovinski, 2000), os instrumentos adequados ao meio jurídico estão em desenvolvimento no meio anglo-saxão. Estes são chamados Instrumentos Específicos de Avaliação Forense (FAIS – *Forensic Assessment Instruments*). Alguns exemplos destes instrumentos aparecem na pesquisa de Ackerman e Ackerman (1997), como referido anteriormente.

Para Grisso (*apud* Rovinski, 2000), esses novos instrumentos foram desenvolvidos para serem utilizados de maneira conjunta com outros métodos clínicos de avaliação, especialmente para definir a relação entre "termos psicológicos e clínicos" e "critérios legais para competências". Eles têm como preocupação comum a necessidade de padronização de métodos quantitativos, com os quais se possa observar, identificar e medir comportamentos diretamente relevantes às questões legais. Em nosso caso procurar-se-ia medir a maior ou menor competência para o exercício da guarda (voltamos e aprofundamos esta concepção no item 6.5). Os testes que se propõem a medir especificamente tal competência, que são o *Bricklin Perceptual Scales* ou o *Custody Quocient*, ainda necessitam de pesquisas de validação. No Brasil, necessitariam ainda passar por todo um processo de tradução e validação, tanto quanto a adequação às normas legais nacionais.

David Brodzinski (1993), professor de Psicologia Clínica e do Desenvolvimento na Universidade de Rutgers em New Jersey (EUA), analisa alguns exemplos de prática equivocada no uso, ou talvez melhor dizer, no abuso do resultado de testes psicológicos em avaliação de guarda. Para fins de ilustração, eu peço licença ao leitor para reproduzir, em suas palavras, o exemplo relatado em seu artigo. Em função do desconhecimento do tipo de caso e de problemática ligado à disputa de guarda em tribunais de Direito de Família, acho importante fornecer exemplos ilustrativos para que a argumentação e análise das nossas questões fiquem mais claras. Dito isto, vamos ao relato:

> Um menino de oito anos era o foco de uma violenta batalha em torno da guarda entre seus pais. Em função de um longo histórico de desentendimentos, cada um pleiteava ter a guarda regulamentada para si. O tribunal designou um perito psicólogo que submeteu as partes a uma bateria de testes. Em seu laudo, o psicólogo diagnostica a mãe como portadora de distúrbio histriônico de personalidade. O psicólogo acrescenta, ainda, que seria muito difícil a mãe fazer frente às necessidades desenvolvimentais da criança, especialmente quando no futuro for um jovem adolescente e buscar maior independência. Consequentemente, ele recomendou que a guarda do filho fosse atribuída ao pai. Colocando em parênteses a controvérsia se o psicólogo deveria opinar na questão legal final (Melton *et al.*, 1987) – ou seja, a guarda do filho – há dois problemas com o parecer do perito. Primeiro, através da arguição do advogado, o psicólogo admitiu que o diagnóstico de distúrbio de personalidade histriônica foi feita tendo como base os resultados computadorizados a partir do *MMPI*. Na melhor das hipóteses, tais resultados através de análise do computador deveriam ser usados apenas como indicativos para os fins de diagnóstico. A confirmação de tal diagnóstico deveria ser buscada através de outras fontes. Neste caso, o psicólogo forneceu muito poucos dados adicionais para a confirmação de tal hipótese diagnóstica. Segundo, mesmo que a mãe sofresse de distúrbio de personalidade histriônica não há nenhum dado empírico que fundamente a sugestão de que tal quadro interfira com a capacidade dela ser mãe de seu filho. O psicólogo teve que admitir em audiência que, até aquela data, ambos os pais haviam demonstrado cuidados adequados em relação ao filho. (p. 214-215)

Parece que a capacidade dos juízes e advogados de questionarem os limites dos testes psicológicos têm crescido, pelo menos na realidade americana. Da mesma forma têm aumentado as recomendações técnicas específicas para se evitarem tais erros como as Diretrizes para Avaliação Psicológica de Guarda (*American Psychological Association*, 1994), elaboradas pela Associação Psicológica Americana (APA).

Um outro exemplo do "vexame" que o psicólogo passou em função de uma conclusão muito abrangente é trazido por Blau (1998), psicólogo americano, e um dos primeiros a escrever sobre o psicólogo como perito (*expert witness).* Trata-se de um caso de disputa de guarda, em que o pai é acusado pela mãe de ser uma pessoa "imoral e alcoolista". Por meio de tal alegação, a mãe solicita a suspensão de visitas do pai às crianças de dois e oito anos de idade. O psicólogo, Dr. Elfred Gordon, foi chamado, e examinou ambos os pais. O seu laudo foi favorável à mãe, recomendando a interrupção das visitas, baseado na avaliação psicológica do pai que "revelou tendências de distúrbio de caráter psicopático". A avaliação foi realizada com a aplicação do *WAIS*, do *MMPI* e do Rorschach, além de entrevistas. Os dados que foram decisivos para seu diagnóstico foram: a) seu histórico de gostar de atividades consideradas de "risco" (paraquedismo e mergulho submarino); b) uma pontuação no subteste de Execução maior do que no Verbal do *WAIS*; c) a pontuação 4-9 no *MMPI*; e d) duas respostas de cor não estruturadas no Rorschach. Durante a audiência a portas fechadas, o psicólogo foi questionado pelo advogado, Dr. Robert Harper, do pai. Por considerá-lo um exemplo emblemático e dramático do que estamos falando, tomarei a liberdade de transcrever o diálogo, tal qual Blau (1998) o faz em sua obra. Não posso dizer, baseado nos dados que disponho, o quão frequente uma arguição deste tipo pode ocorrer no cenário norte-americano. Pela minha experiência, esta situação não aconteceria nos tribunais brasileiros. Quando o advogado quer questionar algo do laudo pericial, normalmente, a sua manifestação é por escrito (*quesitos*), não ocorrendo uma confrontação na hora da audiência. Vamos então ao diálogo que se travou, a portas fechadas, no gabinete do juiz, entre o advogado do réu e o perito psicólogo.

Dr. Harper: Eu achei seu parecer muito interessante, doutor.
Dr. Gordon: Obrigado, doutor.

Dr. Harper: Se eu entendi corretamente, é baseado numa pontuação "4-9" em seu perfil que o Sr. decidiu que ele é instável, não é mesmo?
Dr. Gordon: Isto é correto. Aqueles que apresentam um perfil 4-9 tendem a ser agressivos com pouca consciência e com grande probabilidade de empreender atos associais ou anti-sociais.
Dr. Harper: Entendo, portanto o Sr. acredita que em função deste pai apresentar esta pontuação no MMPI, ele não deveria ver suas crianças.
Dr. Gordon: Sim, tais pessoas geralmente vivem no limite da sociedade e estão mais sujeitos a se meter em encrencas que o cidadão médio.
Dr. Harper: Isto quer dizer que todos os homens com o perfil 4-9 no MMPI não deveriam ser pais?
Dr. Gordon: Bem, eu não estou certo de que colocaria nestes termos...
Dr. Harper: Há homens com o perfil 4-9 no MMPI que possam ser bons pais?
Dr. Gordon: Bem, eu não sei se ***todos*** *não seriam bons.*
Dr. Harper: Então, é possível que um homem com um perfil 4-9 no MMPI seja um bom pai?
Dr. Gordon: Eu suponho que seja possível, sim.
Dr. Harper: O Sr. está familiarizado com as pesquisas com o MMPI em geral?
Dr. Gordon: Sim, em geral.
Dr. Harper: O Sr. poderia fazer a gentileza de dizer a esta corte qual é o perfil no MMPI dos agentes de polícia bem-sucedidos nos estudos de admissão do Departamento de Polícia de Los Angeles?
Dr. Gordon: Bem, eles tinham o perfil 4-9, mas...
Dr.Harper: O Sr. tem conhecimento que a replicação da pesquisa no Departamento de Polícia em Atlanta obteve os mesmos resultados?
Dr. Gordon: Sim, mas...
Dr. Harper: O Sr. está a par de que estes dois departamentos

> *de polícia estão entre os considerados melhores no país?*
> *Dr. Gordon: Bem, não... mas...*
> *Dr. Harper: Doutor, o Sr. gostaria que acreditássemos que nenhum das centenas de policiais efetivos e bem-sucedidos em Los Angeles, Califórnia e Atlanta, Geórgia são inadequados para serem pais?*
> *Dr. Gordon: Bem, eu não poderia afirmar isto.*
> *Mr. Harper: E do mesmo modo eu sugiro que o Sr. não poderia e* ***não deveria*** *dizer tal coisa do pai que o Sr. condenou baseado em sua performance no MMPI.* (p. 187-188)

Blau (1998) pondera que Dr. Gordon estaria autorizado a discutir sobre o provável comportamento de um homem que tivesse o perfil 4-9 no *MMPI*. Seu erro, segundo o autor, foi extrapolar da descrição para uma previsão sobre o comportamento moral futuro de um homem e sua inadequação para ser pai. Tal previsão não pode ser fundamentada em nenhuma pesquisa significativa feita até o momento.

Um outro exemplo trazido por Brodzinski (1993) também toca na questão da utilização do resultado de teste para extrapolar para uma medida legal. Trata-se também de um caso de visita envolvendo o pai (genitor descontínuo) em um litígio após o divórcio. A mãe peticionou o tribunal no sentido de reduzir as visitas do menino ao pai em função da apresentação de problemas comportamentais após os períodos de visita. Neste caso, o pai e a mãe contrataram psicólogos independentes. O psicólogo contratado pela mãe entrevistou as partes, aplicou testes projetivos de personalidade (Rorschach e *CAT*) e fez observação conjunta pai-filho. Apesar de a criança ter manifestado espontaneamente seu desejo de manter o esquema de visita, não ter apresentado sinais de estresse na observação conjunta e o pai não demonstrar nenhum comportamento considerado inadequado, o psicólogo sugeriu que o pai e a criança iniciassem uma terapia conjunta e que o pernoite durante as visitas fosse suspenso. O psicólogo baseou sua recomendação em função de sua preocupação com um alto grau de ansiedade que apareceu nos testes ligado a figuras masculinas de autoridade (ou seja, o pai).

O autor pondera que se basear somente nos resultados de testes para dar uma recomendação, em si, seria uma prática clínica questionável. Ainda mais aqui, quando existem evidências contrárias pelas entrevistas e observação. Mesmo que a interpretação dos resultados de testes fosse válida, acrescenta o autor, usar tais dados como base para recomendar uma redução das visitas é um erro técnico comum de extrapolar as implicações do teste para os casos de avaliação de guarda. **A questão aqui é de validação, não existe comprovação empírica quanto à validade destes dados em prever o ajustamento de crianças a diferentes esquemas de visitas.**

No caso referido acima, o psicólogo contratado pela mãe, portanto chamado em nosso meio de *assistente técnico,* teve contato com o pai e, com isso, a oportunidade de observar a interação do pai e filho. O que verifico na realidade brasileira, mais especificamente no cenário paulista, é que normalmente o *assistente técnico de uma das partes* não entra em contato com a parte contrária. E quando entra, muitas vezes, o pai ou a mãe contatados são orientados pelos respectivos advogados a *não se apresentarem* para a avaliação pelo profissional da parte contrária, temendo uma maior exposição de seu cliente.

Em função do que eu tenho visto da atuação de assistentes técnicos diria que tal recomendação e cautela são procedentes. Gostaria de levantar a seguinte indagação: será que o profissional, que tenha feito os mesmos procedimentos descritos acima, com os mesmos resultados, se fosse contratado pelo pai, teria chegado à mesma conclusão? Será que o fato de ser assistente técnico de uma parte compromete a liberdade técnica do profissional, a ponto de ficar limitado a buscar argumentos psicológicos para simplesmente apoiar a demanda explícita de seu cliente?

Pensamos que, se a resposta for positiva, há sérios questionamentos éticos decorrentes do exercício desta atividade a partir deste lugar. A dificuldade de se aprofundar uma análise sobre tais pontos esbarra na escassez de dados. Uma pesquisa poderia ser feita em autos de processos judiciais para verificar se todos os pareceres de assistentes técnicos são, digamos assim, "favoráveis" ao seu cliente. Mas este procedimento teria um viés que invalidaria o objetivo da pesquisa em si. O advogado pode anexar o parecer do assistente técnico segundo seu critério e estratégia de defesa dos interesses de seu cliente. Uma vez que, pelo seu próprio código de ética, ele nunca pode representar *contra* o seu cliente, mais que provavelmente qualquer evidência negativa seria suprimida.

Gostaríamos de contrapor, agora, exemplos de uma utilização racional de testes psicológicos em avaliações de guarda trazidos pelo próprio Brodzinski (1993), uma vez que este autor está preocupado em defender o que ele considera uma boa utilização dos testes psicológicos, reconhecendo a legitimidade de seu uso e suas qualidades.

O autor dá o exemplo de uma menina de sete anos, cujos pais não conseguiam chegar a um acordo de quem seria o guardião residencial[7]. A mãe morava na cidade e queria que a menina frequentasse a escola em sua área residencial, pois ela teria acesso a melhores programas de educação em função dos sérios problemas de aprendizagem que a menina tinha. O pai morava na área rural e não acreditava que a criança tivesse um problema de aprendizagem sério; portanto, segundo seu ponto de vista, poderia ter uma educação adequada no sistema escolar de sua área residencial. Os dados de entrevista revelaram que o pai tinha dificuldade em aceitar o diagnóstico feito por uma equipe especializada quanto aos problemas de sua filha e a recomendação para uma escola especial de crianças com problemas neurológicos. O psicólogo nomeado pelo tribunal realizou testes de inteligência e educacionais específicos constatando distúrbios quanto à aquisição e expressão da linguagem, bem como comprometimento da coordenação motora fina. Foram realizadas consultas externas com os departamentos de educação de ambas as comunidades, onde se concluiu que os recursos na área residencial da mãe apresentavam melhores condições de oferecer programas educacionais direcionados à criança. Com base nestas informações, o tribunal resolveu deferir a demanda da mãe.

No segundo exemplo, citado por Brodzinski (1993), o foco da disputa entre os pais eram duas meninas, de três e cinco anos. O pai das crianças acusou a mãe de estar seriamente deprimida e

---

[7] Existe o instituto legal chamado *guarda compartilhada* no qual ambos os pais continuam responsáveis conjuntamente pelas grandes decisões envolvendo escola, médicos, etc. em vez disto ser prerrogativa apenas do ou da guardiã(o) e o outro ficar com visitas. O que demanda um bom nível de consenso entre os pais quanto ao lar da criança, ou mesmo se ela adotará um esquema de dividir seu tempo de permanência em ambos os lares. É do que se trata o exemplo acima.

negligenciar o cuidado das filhas, tanto física quanto emocionalmente. Embora a mãe tivesse tido um episódio de depressão pós-parto logo após o nascimento de sua filha caçula, os dados do *MMPI* e do *Multiscore Depression Inventory* confirmaram o que o psicólogo nomeado pelo tribunal havia concluído por meio de entrevistas e observações com esta mãe: não havia nenhuma evidência de um distúrbio afetivo ou perturbação do humor que pudesse interferir com a habilidade desta mãe de cuidar das crianças. Ao confirmar a residência das crianças com a mãe, o juiz da causa fez especial menção ao trabalho do psicólogo que ajudou a eliminar a principal dúvida do tribunal em relação a deixar as crianças em um ambiente potencialmente patogênico.

Analisando os exemplos acima, podemos concluir que os testes foram bem utilizados porque mediam exatamente aquilo para o qual foram idealizados: **as questões colocadas eram específicas em relação a uma deficiência na área educacional, no primeiro caso, e uma questão clínica, no segundo.**

Concluindo quanto aos cuidados técnicos na utilização de testes psicológicos em avaliação de guarda:

1. Os profissionais de saúde mental e os operadores do direito devem entender que os testes psicológicos devem ser usados em conjunto com outras técnicas de avaliação e coleta de dados, tais como entrevistas e observações (Clarck; Clarck; Heilbrun; Matarazzo; Weithorn; Grisso *apud* Brodzinski, 1993; Rovinski, 1998, 2000; Stahl, 1999). Neste ponto, ressalta-se a importância da atuação do profissional psi no sentido de educar a população forense em geral sobre os limites e a abrangência do instrumento técnico.

2. As indicações dos testes devem ser consideradas como hipóteses diagnósticas sujeitas à validação por meio de procedimentos alternativos (Brodzinsky, 1993; Stahl, 1999).

3. Os psicólogos devem observar atentamente os limites quanto à extrapolação de conclusões dos testes em relação às questões específicas do enquadre jurídico. Como diz Dyer (*apud* Stahl, 1999), as avaliações psicológicas para guarda são

realizadas para assistir ao tribunal na determinação das potencialidades e das dificuldades de cada pai. Cair na tentação de tomar decisões ou fazer recomendações simplesmente com base neles é, no mínimo, inapropriado, se não eticamente condenável.

A partir do que vimos até aqui, podemos levantar os seguintes questionamentos mais gerais:

1. Se os resultados dos testes e outras formas de avaliação resultam sempre em laudos favoráveis àquele que contratou o profissional, a questão técnica estaria subordinada a uma questão econômica? Seria admissível uma prática psicológica nestes termos?
2. Se a possibilidade de se extrapolar os dados do teste para concluir uma questão legal é um erro técnico grave, o risco de se extrapolar a partir somente da observação e de entrevistas (naqueles casos em que não se aplica nenhum teste) não seria também problemático?

Abordaremos na próxima seção, acompanhando as diretrizes de Brodzinski (1993), os motivos quanto aos equívocos no uso dos testes psicológicos.

6.3 Fatores que condicionam o uso e o abuso dos Testes Psicológicos e Questões Éticas

Brodzinsky (1993) agrupa os testes psicológicos utilizados em avaliação psicológica de guarda em quatro grupos:

– medidas de inteligência: a Escala Wechsler de Inteligência para Crianças-III (*WISC-III*), a Escala Wechsler de Inteligência para Adultos-Revisada (*WAIS-R*), a Escala de Inteligência Stanford Binet, 4ª edição (SB-4);

- medidas do funcionamento acadêmico: *Wide Range Achievement Test-Revised* ou *WRAT-R* e *Woodcock-Johnson Psychoeducational Battery-Revised* que dão dados sobre áreas relacionadas com a escola (leitura, soletração, matemática, etc.);
- medidas de personalidade: que podem ser objetivas, tais como o *Minnesota Multiphasic Personality Inventory* (*MMPI* ou o *MMPI-II*); o *Millon Clinical Multiaxial Inventory - II* (*MCMI-II*); o *Cattell 16 Personality Factor* (16PF); o *California Psychological Inventory* (*CPI*); ou projetivas, como o Rorschach, o *TAT*, o *CAT*, Testes de completar sentenças, Testes gráficos que foram desenvolvidos para avaliar a dinâmica da personalidade e/ou aspectos psicopatológicos;
- medidas de atitudes e comportamento: são os questionários que enfocam o comportamento da criança, a natureza do re-lacionamento adulto-criança e as características do estilo de paternagem/maternagem (*parenting style*), como exemplo temos o *Child Behavior Checklist.* Dos testes já citados entrariam nesta categoria o *Ackerman-Schoendorf Parent Evaluation for Custody Tests* (*ASPECT*), o *Parent Child Relationship Inventory (PCRI)*, o *Parent Awareness Skills Survey (PASS)*, o *Perception for Relationships Test (PORT)* e o *Parent Perception of Child Profile (PPCP).*

Poder-se-ia supor que a escolha dos testes dependesse das questões específicas de cada caso. Lembremos que Lanyon (1986), psicólogo da Universidade do Arizona, falava na alta complexidade e individualização dos casos de guarda. E que, portanto, a avaliação de cada caso demandava um planejamento específico e único. No entanto, não é bem isso que ocorre. Em muitos casos, os psicólogos aplicam os testes indiscriminadamente, sem ter uma noção mais clara de como os dados que serão colhidos darão conta das questões que estão sendo levantadas na disputa de guarda (Brodzinsky, 1993). Uma olhada nas pesquisas de Keilin e Bloom (1986) e de Ackerman e

Ackerman (1997) revelam o grande número de testes utilizados, bem como uma frequência tal que se assemelha mais a uma bateria padrão aplicada independentemente das sutilezas de cada caso. Seguindo o trabalho de Brodzinski (1993), vamos verificar os fatores que podem estar influindo na forma como os testes são escolhidos e aplicados.

Em primeiro lugar, considerando que a demanda por avaliação psicológica parte de pelo menos três operadores do Direito (juiz, advogado e curador), como analisado no quarto capítulo deste trabalho, é compreensível que a influência destes se faça sentir na forma como este trabalho se realiza. **Brodzinsky (1993) sugere que uma das causas do mau uso dos testes está relacionada às crenças e motivações destes profissionais aliada à pressão que exercem sobre o psicólogo.**

O autor afirma que os juízes e advogados têm uma visão não muito realista do que os testes realmente podem fazer. Haveria uma pressuposição, muitas vezes explicitamente declarada, de que os testes vão dar uma *base científica* à avaliação. Seria uma forma de sair do que seria simplesmente algo subjetivo do perito como uma "impressão clínica" ou "julgamento clínico" inerente aos instrumentos de entrevista e observação. Portanto, espera-se maior objetividade e controle do viés por intermédio dos testes.

Se, por um lado, existe a influência de um pensamento positivista-cientificista do Direito na busca de uma objetividade, contribui também para a insistência no teste um outro fator de natureza oposta: uma certa "mitologia" (crença mágica) no teste, em sua capacidade de revelar segredos ocultos e "ler mentes". É possível traçar um paralelo desta crença com as esperanças que o público formado de advogados parecia ter sobre o uso do teste de associação de palavras como um "detector de mentiras" na Viena de Freud. Em sua palestra, na Universidade de Direito de Viena, Freud (s/d) explica sobre os limites do uso de tal teste, bem como de seu fundamento ligado ao determinismo inconsciente que é de natureza completamente diferente da resistência consciente de um criminoso em revelar seu crime. Freud encerra a sua palestra, propondo um critério de validação do teste para o uso forense. Sugere que o teste seja utilizado, mas que seu resultado não fosse revelado ao tribunal. Comparar-se-iam os resultados das condenações com os resultados dos testes depois de um número significativo de casos, obtendo-se daí uma medida da confiabilidade do teste. Fazendo uma analogia com os testes criados para recomendação de guarda, poder-se-ia fazer a seguinte pergunta: comparar seu resultado com as sentenças judiciais estaria "medindo" o sucesso futuro da relação guardião-criança? **Não.** Acreditamos que seria necessária uma pesquisa que acompanhasse a efetiva implementação da medida para avaliar a adequação tanto da sentença quanto do teste. O que coloca um grande desafio para os psicólogos para operacionalizar tal empreendimento.

Retornando à argumentação de Brodzinsky (1993), as pressuposições quanto à objetividade, cientificidade e alcance dos testes estariam na base dos pedidos formulados pelos operadores do direito para que testes sejam ministrados. No meio norte-americano, os testes podem ser determinados pelo juiz, bem como se questionar o profissional por não realizar uma avaliação "objetiva" ou "completa" caso não os aplique.

Na minha experiência, nunca soube de um juiz que determinasse aplicação de testes específicos na avaliação. Encontrei muitos advogados, porém que peticionavam ao juiz requerendo a "aplicação da prova de Rorschach". (O Rorschach goza no meio jurídico de um *status* de teste completo e à prova de manipulação). Estou de acordo, então, com a ideia deste autor de que pode haver pressão de advogados, no sentido de aplicar instrumentos "mais complexos" aos casos "mais graves".

Há que se ponderar, no entanto, que os próprios psicólogos enaltecem as qualidades dos testes e sua necessidade em casos difíceis, como no exemplo abaixo:

> Os casos nos quais as queixas são mais graves, ou está sendo feita uma nova avaliação, faz-se necessária uma análise mais profunda sobre a personalidade das partes. Neste caso, a utilização do Rorschach, juntamente com o *TAT*, possibilita uma visão abrangente das personalidades em estudo. Ao utilizarmos outros testes temos uma visão da estrutura de personalidade do indivíduo, mas o Rorschach é mais eficaz porque consegue entrar com profundidade na personalidade como um todo. Pode-se constatar as diferentes formas de lidar com uma situação, o grau

> de contato com a realidade externa e como os fatores inconscientes estão interferindo em sua adaptação ao meio, como lida com os valores sociais e dentre outras coisas, como expressa os seus afetos. (Silva, 2000, p. 32)

Brodzinsky (1993) vai mais longe ao afirmar que os advogados podem pressionar os psicólogos a utilizar os testes quando eles tomam conhecimento de que o psicólogo da parte contrária fez uso deles[8]. Isto faria parte de uma estratégia legal, pois o advogado tem de garantir que a avaliação do seu psicólogo foi "tão completa quanto possível". Colocado de forma simples, que seu psicólogo "aplicou todos os testes que poderia aplicar". Portanto, a comunidade legal pressionaria de tal forma que o resultado final é uma testagem desnecessária. Se se pensar nos dados das pesquisas de Keilin e Bloom (1986) e de Ackerman e Ackerman (1997) em relação ao número de profissionais que aplicam testes de inteligência, por exemplo, é o mesmo que se questionar se haveria tantas dúvidas quanto à capacidade intelectual tanto dos pais quanto das crianças a justificar tal índice de uso – 29% dos sujeitos aplicavam em 67% dos casos em adultos e 45% aplicavam em 85% dos casos em crianças na primeira pesquisa (Keilin; Bloom, 1986); 43% dos sujeitos aplicavam em 49% dos casos de adultos e 58% aplicavam em 45% dos casos de crianças na segunda pesquisa (Ackerman; Ackerman, 1997). E não há nenhum fundamento em pesquisa que possa correlacionar diretamente alta inteligência com boa capacidade de guarda.

Vimos como as condições específicas do modelo adversarial, próprio do Direito e, portanto, fazendo parte do que denomino enquadre jurídico do trabalho, impõem condições específicas ao trabalho do psicólogo. Isto pode ser visto como refletindo no uso dos testes a partir do seguinte exemplo: Stahl (1999) propõe um "enfoque equilibrado" em relação ao uso de testes e inventários, sugerindo que

---

[8] Relembrando que aqui se fala dos psicólogos atuando como assistentes técnicos das partes, diferente do psicólogo perito que é designado pelo juiz. Neste caso, a pressão seria feita indiretamente por meio de petições solicitando estratégias específicas ("Roga-se que o perito aplique o Rorschach em cada uma das partes", por exemplo), como mencionado no parágrafo anterior.

os instrumentos aplicados em um dos pais sejam também aplicados no outro. Se eles forem administrados ao padrasto, que também o seja à madrasta (se houver). O critério do tratamento equânime das partes para não incorrer em *suspeita de parcialidade* se sobrepõe a critérios de avaliação psicológica de escolha de instrumentos em função dos objetivos e hipóteses levantados.

Em minha prática, procuro evitar a duplicação de testes e a superexposição das crianças, principalmente. Parece-me que no afã de se fazer tudo "pelas crianças", muitas vezes, elas próprias são colocadas em situações de muito sacrifício. Proponho realizar uma reunião prévia com os assistentes técnicos e tento chegar a um consenso: caso haja necessidade de testes em crianças, a aplicação fica por minha conta. Comprometo-me a fornecer o protocolo com os dados brutos para as interpretações e análises que os assistentes técnicos acharem pertinentes. Argumento que a aplicação feita por mim tem a vantagem de eliminar a possibilidade de viesar os dados em função da predisposição negativa ou positiva da criança com o profissional associado a um lado ou outro. Neste sentido, atuo numa posição de imparcialidade que é diferente dos colegas contratados pelos genitores. Tal imparcialidade é dada, exatamente, pelo lugar que ocupo dentro do enquadre jurídico, como detentor da outorga do juiz para a realização da avaliação.

Explorando as razões do mau uso de testes do lado dos profissionais da psicologia, Brodzinsky (1993) afirma, peremptoriamente, que o outro grande motivo é simplesmente uma falta de conhecimento das questões legais e de como a psicologia poderia contribuir no deslinde delas.

Para colocar as coisas de uma forma simples – a maioria dos psicólogos não tem a formação adequada para conduzir avaliações forenses, incluindo avaliação psicológica para determinação da guarda e visita. Como resultado, eles falham em distinguir o papel de um psicólogo jurídico com o de um psicólogo clínico. Portanto, os psicólogos tendem a adotar os procedimentos que lhes são mais familiares – aqueles que fizeram parte de sua formação na graduação e que fazem parte de sua prática clínica diária (Samper, 1995). Em muitos casos, este padrão resulta em uma testagem indiscriminada e sem sentido. Isto leva frequentemente a que o profissional opine em matéria legal baseado em dados de testes irrelevantes (Melton *et al.* *apud* Brodzinsky, 1993, p. 217). Portanto, a má utilização do teste é resultado de uma má compreensão do próprio papel do psicólogo na arena jurídica, o que faz com que sua estratégia de investigação não se adeque à demanda do solicitante. Isto é corroborado pela observação de Cunha (2000).

O abuso do teste também ocorre, segundo Brodzinsky (1993), porque a utilização deste instrumento de avaliação está na base da nossa identidade profissional. A utilização de testes é aquilo que diferencia o psicólogo dos demais profissionais de saúde mental envolvidos com a prática de avaliação da guarda que são o psiquiatra e o assistente social. Explorar este diferencial é uma forma de buscar um *status* maior dentro do sistema legal. Esta afirmação é respaldada por outros autores como Gudjonsson (*apud* Rovinski, 2000). Ocampo (1990) fala do psicodiagnóstico na clínica e como houve um tempo, na Argentina, que a identidade do psicólogo estava atrelada ao cumprimento da solicitação do médico por produção de testes. E de como o profissional foi gradativamente percebendo seu estado de alienação em relação ao seu próprio instrumento. Um raciocínio análogo permite entender o psicólogo preso à solicitação de um terceiro (juiz ou advogado) que lhe demanda uma ajuda a resolver uma questão legal pelo qual obtém *status*, reconhecimento e retorno financeiro.

Este desconhecimento do enquadre jurídico também estaria na origem da duplicidade de papéis levando a conflitos éticos e à insatisfação do solicitante do serviço como já foi apontado (Liebesny; Alvim; Leonardi; Aoki, 2000). A insatisfação tem duas motivações muito fortes: o objeto em disputa e o montante investido em dinheiro.

Brodzinsky (1993) levanta mais um motivo que não é de ordem técnica ou de pressão externa, mas financeira, que condicionaria o mau uso de testes. Segundo seu argumento, a utilização dos testes, exigindo de três a seis horas por pessoa a cada bateria de testes, representaria um bom acréscimo de trabalho ao processo de avaliação. Isto justificaria o pedido dos altos honorários. Parece que este raciocínio encontra respaldo pela análise dos resultados da pesquisa de Ackerman e Ackerman (1997) porque, geralmente, os profissionais que se utilizam de testes cobram mais caro do que aqueles que não o utilizam (Stahl, 1999). O teste como um instrumento objetivo, palpável e "científico" parece justificar melhor o preço que o cliente está pagando. É claro que esta análise faz sentido pensando no profissional que está na prática clínica privada e que é chamado a prestar serviços ao meio jurídico, como contratado pela parte ou pelo seu advogado (*o assistente técnico*).

No caso do psicólogo judiciário (que recebe um salário como membro da instituição) aplicar mais testes não lhe trará nenhum benefício monetário extra. Talvez o raciocínio funcione ao inverso, o risco é de que o profissional se acomode e faça aquém do que deveria, uma vez que, como se diz depreciativamente da situação dos servidores públicos: "Este finge que trabalha; o Estado finge que paga". Por outro lado, existe a dificuldade de se obter os diversos testes psicológicos. Na experiência dos foros paulistas, alguns testes e caixas lúdicas foram adquiridos por meio do convênio que o Tribunal de Justiça firmou com a extinta FUNABEM em 1991/1992. Até hoje, muitos colegas levam seus próprios materiais para utilização no serviço ou se cotizam para adquirir o teste que fique à disposição de todos. Novamente aqui, a questão do tipo de vinculação do profissional em seu enquadre de trabalho pode trazer variáveis de ordem financeira que têm influência sobre as questões chamadas "técnicas". As dificuldades não se restringem apenas ao aspecto dos instrumentos, mas às próprias condições da instalação, equipamentos e serviços auxiliares (escreventes) que ficam sujeitos à disponibilidade e condições que a instituição oferece.

6.4 Normas e orientações no cenário brasileiro

Em nosso meio, a preocupação quanto à correção técnica e ética do trabalho do psicólogo no que diz respeito a "avaliações psicológicas" pode ser visto pelas resoluções do CFP n.º 25 e n.º 30 de 2001. Já fizemos referência ao segundo documento que é o Manual de Elaboração de Documentos no item 5.7.1 – Normas para Redação deste trabalho.

A Resolução do CRP N.º 25, de 30 de novembro de 2001, define teste psicológico como método de avaliação privativo do psicólogo e regulamenta sua elaboração, comercialização e uso. Esta resolução deixa claro quais os requisitos mínimos para que os instrumentos possam ser reconhecidos como testes psicológicos. Tanto nos testes de múltipla escolha (acerto e erro, inventários, escalas) quanto nos "testes projetivos", a Resolução exige a fundamentação teórica do instrumento, apresentação de evidências empíricas de validade e precisão, descrição do sistema de correção e interpretação (se referenciado à norma com as características da amostra de padronização para melhor julgamento da representatividade do grupo de referência usado para a transformação dos escores ou se diferente da interpretação referenciada à norma, com explicação do embasamento teórico e lógica da interpretação), esclarecimento dos procedimentos de aplicação e correção e manual explicativo.

O documento citado, no entanto, não oferece diretrizes específicas sobre os passos envolvidos na utilização dos testes e outros instrumentos na condução da avaliação psicológica, muito menos para a especificidade de casos em Vara de Família. Encontramos em Wechsler (1999) algumas diretrizes propostas a fim de "complementar e direcionar atitudes e ações que devem existir durante o processo de avaliação psicológica, a fim de lhe garantir a maior responsabilidade e qualidade possível" (p. 134). A autora faz a ressalva que o guia se refere mais detalhadamente ao uso de instrumentos psicológicos do tipo objetivo.

6.5 O que se procura avaliar?

No fim do Capítulo 6, devemos retomar os dados de nossa pesquisa e retornar à nossa questão delineada no primeiro capítulo: **4) O que se procura avaliar, analisar ou descobrir**. Perguntamo-nos do objetivo operacional que está por trás da estratégia de avaliação (estabelecer escores de inteligência, identificar habilidades, levantar traços de personalidade, etc.). Vejamos algumas das conclusões que pudemos chegar.

Os quatro testes mais utilizados entre crianças e adultos são os testes de personalidade (os objetivos como o *Minnesota Multiphasic Personality Inventory* (*MMPI*) e o *Millon Clinical Multiaxial Inventory (MCMI)* e os projetivos como os gráficos, *CAT*, *TAT*, Rorschach, Teste das Pirâmides Coloridas de Pfister etc.) e os de inteligência. O teste idealizado para a questão específica de avaliação da guarda que aparece na lista dos testes mais utilizados é o *Blicklin Perceptual Scales* que precisaria de outras pesquisas para sua validação. Este último teste não possui tradução brasileira.

Podemos responder, a partir dos nossos dados, que se avalia praticamente tudo: a saber, a *personalidade* buscando quadros psicopatológicos (distúrbio antissocial, caráter histriônico, etc.) e a estruturação psíquica (Rorschach). Busca-se também o *grau de inteligência.* Os testes especialmente idealizados para avaliação de guarda se propõem a medir: a *aparência* e *apresentação dos pais*, bem como as *interações dos pais com os outros* e *com a criança* (*ASPECT*); *percepção da criança* sobre os pais (*BPS*); *grau de interações positivas da criança com o genitor* (*PORT*); *habilidades*, *sensibilidade*, *eficiência* e *atitudes de valorização da criança* por parte dos pais (*PASS*); *apoio parental*, *satisfação com a paternagem/maternagem*, *envolvimento*, *comunicação*, *disciplina*, *autonomia* e *orientação dos pais* (*PCRI*). **Além das características de desenvolvimento da criança ou os traços de personalidade dos pais, a avaliação centra-se no *relacionamento* entre pais e filhos.** Busca-se a estruturação do desejo e da defesa (*CAT*). Procura-se perceber a compreensão do dinamismo do relacionamento e identificações (DF-E). Tenta-se identificar os modelos e contramodelos de estruturação familiar (perguntas circulares e genograma).

Seria necessária uma pesquisa similar no Brasil para se ter uma ideia mais clara da disseminação não só da prática de avaliação psicológica de guarda de crianças bem como da utilização de instrumentos de avaliação. A amostra de trabalhos que compõe nossa pesquisa se caracteriza por uma baixa utilização de testes psicológicos, com a prevalência quase exclusiva de testes projetivos de personalidade, destacando-se o Rorschach (para os adultos) e *CAT* (para as crianças). Os trabalhos nacionais não se referem a testes especialmente desenhados para esta população.

A totalidade dos testes discriminados pela pesquisa de Keilin e Bloom (1986) era de instrumentos desenvolvidos para a área *clínica* e *educacional*. Na pesquisa de Ackerman e Ackerman (1997) aparecem os testes psicológicos e inventários especificamente criados para a questão da guarda (o *Ackerman-Schoendorf Parent Evaluation for Custody Test – ASPECT* é o teste para avaliação de guarda mais utilizado em adultos e o *Bricklin Perceptual Scales – BPS* para as crianças), ou seja, pode-se falar em desenvolvimento de instrumentos específicos para o campo jurídico, pelo menos na realidade norte-americana. Isto ocorre ao mesmo tempo em que vários autores criticam os excessos cometidos na interpretação de testes, como mostramos neste Capítulo.

As amostras de Keilin e Bloom (1986) e de Ackerman e Ackerman (1997) constituíam-se de profissionais ligados à prática privada (Keilin e Bloom não fornecem o número exato; 88% da amostra de Ackerman e Ackerman). Portanto, profissionais que realizam as avaliações para determinação da guarda ligadas a instituições governamentais (na saúde, recursos da comunidade) estão sub-representados nestas amostras.

O fato de os profissionais serem, em sua maioria, ligados à área clínica (59% dos psicólogos da mostra de Ackerman e Ackerman eram doutores em Psicologia Clínica), parece-me, favorece a utilização do enquadre clínico, mais conhecido e comum às suas práticas em detrimento da percepção da especificidade da instituição à qual estão prestando seus serviços. Há que se reconhecer o uso do *modelo clínico* (entrevista, observação e teste) a subsidiar as avaliações psicológicas de guarda, com a predominância do referencial psicanalítico na amostra de trabalhos nacionais. Uma outra razão para explicar o alto número de profissionais ligados à clínica no *enquadre jurídico* estaria ligado à natureza do fato que se investiga (em relação à criança os *aspectos de fases de desenvolvimento;* em relação aos pais *a dinâmica do relacionamento*) e que são áreas dentro da esfera clínica.

Em nosso levantamento descobrimos um fator que não havíamos considerado em relação aos testes dentro do enquadre jurídico: **existem pressões muito fortes, atuantes no enquadre de trabalho jurídico do psicólogo em avaliação de guarda por meio da atuação**

dos operadores do Direito. As regras do "jogo adversarial" levam ao mau uso (abuso) dos testes psicológicos que desconsidera os limites e os objetivos de tais instrumentos.

Focalizando a estratégia total de avaliação, com ou sem o uso de testes, é preciso reconhecer que muitos profissionais levantam a necessidade de levar em conta a própria família que está sendo examinada. Seria injusto não reconhecer que vários autores propõem uma modalidade pericial que contemple um *caráter interventivo* das relações que se avalia (Barros, 1997; Clulow; Vincent, 1987; Felipe, 1997; Miranda Jr. 1998; 2000a; Machado; Corrêa, 2000; Marques da Silva, 2001; Pellegrinelli, 1993; Ramo; Shine, 1994; Ribeiro, 1999; Silva, 2000; Suannes, 1999). A influência do modelo psicanalítico se faz sentir nestes autores, o qual pressupõe a modificação no próprio ato investigativo das pessoas envolvidas (psicólogo e periciando). **Neste sentido, as críticas de que os profissionais realizam tal avaliação sem levar em consideração as pessoas atendidas não se sustentam pela análise da maior parte dos trabalhos pesquisados[9].**

O Capítulo 7 deste livro, exposto a seguir, surgiu como decorrência da pesquisa que realizamos. Identificamos e caracterizamos certos papéis que o psicólogo pode ser chamado a ocupar naquilo que designamos como enquadre jurídico. No trabalho de interface Psicologia e Direito, vemos surgir certas especificidades de atuações que são condicionadas pelo enquadre de trabalho (relação cliente-profissional); pelo enquadre institucional do Direito, especificamente o esquema adversarial (posicionar-se contra) e pelo contexto histórico e social que, privilegiando o saber científico, convoca a Psicologia a se manifestar. Não se trata de "correntes" que dependam de linhas teóricas ou preferências técnicas, pois vemos profissionais de diferentes pertinências se alinhando e desempenhando certos papéis e recusando outros, independentes da orientação. Não se trata de conduta ética, mas também implica em uma postura a considerar o ser humano na sua dimensão total, por conseguinte, se assim o psicólogo proceder, toda questão

---

[9] Cf. p. 119-121.

técnica que envolve o relacionar-se é, também, uma questão ética. Como bem coloca Jô Gondar (1999), psicanalista e professora da Universidade Estácio de Sá (RJ):

> Todavia, uma técnica ou saber-fazer, quaisquer que eles sejam, são exercidos sobre objetos, e não sobre sujeitos. O par detentor de um saber técnico seria necessariamente o objeto, lugar ocupado por aqueles sobre os quais este saber-fazer incidiria – a criança, a família, os trabalhadores de uma organização etc. A categoria de sujeito, em contrapartida, não é uma categoria técnica, e a esta não pode submeter-se; a dimensão subjetiva não pode ser colocada senão no plano da ética. (p. 36)

A questão parece recolocar se a escolha tem de ser feita entre o interesse do cliente ou do examinado, da mesma forma que, no caso a caso, ela se transfigura pelo dilema: pai ou mãe?

7. O Psicólogo e seus diferentes papéis no Enquadre Jurídico

Karras e Berry (1985), pesquisadores da Universidade de Nebraska (EUA), apontam para o fato de que o papel do profissional de saúde mental pode variar de *perito adversarial*, que advoga por um arranjo de guarda em particular, ao de *testemunha imparcial*[1], de cujas opiniões técnicas o tribunal vai se valer para regulamentar a guarda. O papel que o profissional desempenharia, segundo estes autores, varia dependendo de seu viés pessoal e de quem o(a) contratou. Realizamos a discussão sobre o cliente determinando uma posição do profissional quando abordamos a situação do enquadre delimitando possibilidades de ação. Ao analisarmos a utilização que os psicólogos fazem de seu conhecimento para comparecerem à arena jurídica foi, pouco a pouco, ficando mais claros determinados papéis que o psicólogo pode desempenhar. Vamos discriminar quais seriam tais papéis possíveis, nos quais os profissionais poderiam ser identificados, dada sua forma de encarar e realizar o trabalho pericial. Certamente não é a única forma de agrupá-los, mas é a que mais responde às preocupações que nortearam este estudo.

Após a caracterização dos diferentes papéis, vamos nos ater aos possíveis conflitos que surgem no exercício concomitante de um duplo papel na arena jurídica.

7.1 A Testemunha (Factual)

Vimos com Foucault (1999) o lugar privilegiado que a testemunha vai assumindo na lógica do mecanismo jurídico que se estrutura

---

[1] O termo utilizado pelos autores é "testemunha", mas refere-se à situação do perito. O adjetivo *adversarial* aposto a perito é uma qualificação que não tem sentido na acepção original da palavra. O perito não litiga com ninguém, ou pelo menos não deveria. A ocorrência de tal fato será abordada a seguir.

sobre o conceito da verdade. A tese foucaultiana é de que a passagem da Grécia Antiga à Clássica vê o nascimento da supremacia do testemunho ao poder soberano.

A testemunha, por definição, é "aquele que sabe porque viu". Convoca-se não a sabedoria do perito [do latim *perior* que quer dizer experimentar, aquele que sabe por experiência], mas o conhecimento do sujeito que, tendo estado presente, viu e observou algo ou alguma coisa.

Quando o psicólogo é chamado para ocupar este lugar, não é o seu conhecimento específico que está em jogo, mas a sua condição de ser vivente que observou e viu algo. Tanto é que ele não é pago por ninguém para desempenhá-lo. Trata-se antes de uma *intimação judicial*. Esta distinção é importante, pois a clareza do profissional quanto a este limite (daquilo que sabe por ter estado lá e visto) impõe que não se extrapole a sua função testemunhal e invada o campo pericial, ao se arvorar a conjecturas que são pertinentes à área do conhecimento técnico específico da Psicologia.

Um perito pode ser testemunha? Sim e não. Afinal se ele for convocado para ser testemunha em referência ao que periciou, isto seria redundante. A perícia é um testemunho sobre alguém, mas de outra ordem. Por isso que em inglês "perito" tem o adjetivo *expert* aposto ao substantivo "testemunha", *witness*. Ou seja, o perito já é uma testemunha qualificada de seu periciado. Pelo raciocínio inverso, quando ele é chamado como simples testemunha, não se espera dele o seu conhecimento técnico sobre alguma matéria (por definição, este seria o lugar do perito).

7.2 O Perito Parcial

Um psicólogo, em um sentido amplo, é um *expert* na sua matéria. Ou seja, no que diz respeito à sua área de competência ele é um perito. Quando ele é contratado pelo advogado ou pela parte, ele se tornará um perito parcial dentro da arena jurídica. Alguns preferem a designação "assessor da parte"[2], outros ainda se referem a perito particular[3]. O termo perito contraditório (referência ao princípio do

---

[2] Cf. p. 162, nota de rodapé 6.

[3] Cf. p. 162, nota de rodapé 7.

Contraditório no Direito pelo qual as partes têm de ter ampla possibilidade de manifestação) é usado por Landry (1981). O termo corrente, mais comum, é *assistente técnico.*

Estabeleçamos uma distinção entre *isenção* e *imparcialidade.* O psicólogo pode e deve agir com isenção, conduzindo seu trabalho segundo os referenciais técnicos e éticos de sua área. Na sua matéria, quem sabe é ele. Isto não quer dizer, no entanto, que o que sabe a partir da avaliação não seja *parcial*, pois do lugar que avalia e do contexto em que se situa na arena jurídica, o que fala como perito é utilizado para realçar o grau de parcialidade do próprio demandante/requerente da ação legal que tem seus próprios dispositivos. Aceitando atuar para a parte, colocar-se-á parcial porque se está **com a parte**. Não quer dizer que o psicólogo não procure fazer tudo conscienciosamente, buscando o bem-estar de todos. Contudo, torna-se parcial porque está condicionado àquilo que pode saber por experiência (perícia). E sua experiência que lhe vem das técnicas de avaliação psicológica se darão sobre *parte do problema.* Por isso toda a recomendação para que não se extrapole em suas conclusões para além do que seus dados de análise lhe permitem: análise parcial do problema, conclusão necessariamente parcial.

Poder-se-á contra-argumentar que o perito particular pode e deve tentar avaliar a todos os envolvidos numa disputa de guarda. **Sim**. Vimos esta recomendação sendo feita por mais de um autor, que nos parece coerente com a preocupação técnica e ética que deve nortear o nosso trabalho. Mas a relação que se estabelece com o antagonista de seu "cliente" não marcará viesadamente aquilo que, porventura, analisar e concluir? Se ainda assim conseguir uma "explicação aceitável" da dinâmica familiar, avaliando a todos, o fato de não poder colocar o seu saber ao destinatário último desta perícia (Juiz) *caso ela fira os interesses de seu cliente* (limite imposto pelo advogado) não seria suficiente para pensar-se parcial?

Imaginemos a mesma condição de análise parcial do problema para alguém que estivesse numa situação imparcial. Suponhamos que o perito imparcial não pudesse entrar em contato com todas as pessoas envolvidas numa disputa de guarda (o caso da carta precatória mencionado, item 4.1.3). A sua visão não seria parcializada? Não incorreria este perito no mesmo risco, de extrapolar uma conclusão para além daquilo que seus dados de análise lhe permitem? Pensamos que sim. Ele *está parcial* e, no entanto, ele é "mais isento" do que o colega assistente técnico, pois sua relação de trabalho lhe coloca a devida independência quanto à retribuição financeira independente das conclusões de seu laudo.

Do lugar de perito parcial parece ideológico tal profissional professar o "maior interesse do menor" como diretriz. Ora, ele não é perito da criança, se o fosse não poderia se alinhar nem a um nem a outro de seus pais. A não ser que se tratasse de um caso extremo em que se tenham indícios fortes, que lhe cause o imperativo de consciência, de que um ou outro esteja perpetrando um abuso de qualquer ordem à criança.

Um perito parcial peculiar é a posição da colega *assistente técnica do Ministério Público*. Se fosse no Direito Penal, seu papel seria claramente acusatório do réu, uma vez que o Ministério Público assumiria esta função representando o interesse do Estado. Em direito de Família, ela fica atrelada à função do Ministério Público de defender os interesses da criança. Ela parte de um lugar imparcial e atua com isenção garantida pelo fato de que não é contratada por nenhum dos lados.

7.3 O Perito "Pistoleiro"

Se temos colegas conscienciosos e isentos, também temos uma série de profissionais que coloca não só suas ferramentas, mas também a consciência "à disposição de quem pagar". Aqui não se trata nem de isenção nem de parcialidade, trata-se de uma caixa registradora. É o profissional que vai defender "os interesses do cliente". Nos termos de Hess (1998), neste caso o profissional advogado "sabe o que está comprando". É a atuação à qual nos referimos como o de um "dublê de advogado", pois o advogado, sim, tem por dever profissional defender a parte, dentro do modelo adversarial de resolução de conflitos.

Schaefer (1992) designa a atuação do "pistoleiro" como "patentemente antiético". A autora contrapõe esta posição à postura do perito imparcial como *educador*, citando Melton *et al.* e McCloskey *et al.* Como os advogados atuam assumindo a posição da parte e não a imparcialidade, as relações entre os dois profissionais podem ser tensas e conflituosas. Alguns comentadores afirmam que os peritos imparciais tendem a não receber encaminhamentos na área forense (Loftus; McCloskey *et al.*; Saks *apud* Schaefer, 1992). Portanto, há um fator econômico a ser considerado.

7.4 O Perito Adversarial

O contato com a realidade da disputa litigiosa vai transformando e impondo características específicas à nossa identidade. Treinados para ajudar, formados a pensar que o sujeito deve assumir a responsabilidade de sua própria história, muitas vezes encaramos com pesar e decepção que alguns realmente precisem de um terceiro para pôr ordem em suas vidas. Isto afeta diretamente nossas concepções e esperanças numa intervenção que devolva aos sujeitos a condução de suas próprias vidas. E, ainda assim, o perito "auxiliar da justiça" (dado pelo lugar de perito do Juízo ou contratado por ambas as partes) assume a posição de defesa de um contra o outro.

No sistema adversarial, age-se adversariamente. Como propõem Woody e Gardner, citados por Berry (1998), depois de determinar tão "imparcialmente" quanto possível qual genitor está mais bem preparado, o avaliador deveria ativa e abertamente agir como um advogado por este genitor. Como apontado por este autor, mesmo os profissionais que se definem como *imparciais* utilizam expressões como "procura diligente dos fatos", "exame das alegações dos membros da família" e "descoberta de pontos contraditórios" que revelam seu envolvimento com uma forma de pensar típica do sistema adversarial. Strasburger; Gutheil e Brodsky (1997), aqueles psiquiatras de Harvard, denominam a este processo do perito *não intencionalmente* adotar o ponto de vista do advogado de *identificação forense*. Nós nos referimos a esta situação do psicólogo perder de vista sua identidade profissional; como se atuasse, tal qual um "dublê do advogado". King e Trowell (1993) demonstraram o efeito de se "jogar conforme as regras do tribunal" sobre o profissional de saúde mental.

Um posicionamento que marcou época foi o de Goldstein, Freud e Solnit no livro *No interesse da criança?*, publicado no Brasil em

1987. Os autores defendem uma diretriz simples: a escolha da "alternativa menos prejudicial". Baseando-se em estudos de uma amostra do Child Study Center da Universidade de Yale, estes autores recomendaram que, para não prejudicar a capacidade de determinação do adulto responsável aos olhos das crianças, o tribunal deveria dar total respaldo ao genitor guardião, percebido como o "genitor psicológico", para administrar as visitas e até não as conceder ao genitor descontínuo[4], segundo seu critério. Esta posição foi atacada tanto em sua base teórica quanto empírica por Richards (Richards, 1986) e também pela probabilidade de aumentar mais ainda o litígio (Mnookin *apud* Clulow; Vincent, 1987). No Brasil, em 1989, foi publicado *Quando os pais se separam*, com depoimentos da psicanalista francesa Françoise Dolto, em que ela ataca frontalmente a premissa de Goldstein *et al.* (1987), argumentando que toda criança tem o direito de ter suas duas linhagens preservadas. Dolto refere-se à visita não como um direito, mas um *dever do pai* de se fazer presente na vida do filho e conclui dizendo que "ninguém pode se contrapor ao dever do outro" (p. 51).

Quando a questão final a ser concluída é colocada (a guarda deve ficar com quem?), o perito adversarial é, assim o denominamos aqui, *aquele que escolhe alguém, seja por um motivo ou outro*. Dos que assim se colocam estão os psicólogos judiciários de Ribeirão Preto (Felipe, 1997); os psicólogos e assistentes sociais de Recife (PE) (Cabral; Oliveira; Sousa, 2001) e Castro (2000); os assistentes sociais-terapeutas de casais-comissários da Unidade de Divórcio em Londres (Clulow; Vincent, 1987); os psicólogos dos seis tribunais de Família de Madri que escolhem o "genitor mais idôneo" (Samper, 1995).

7.5 O Perito Imparcial

Por meio de nossa análise do enquadre contratual e pelo posicionamento técnico final, podemos delimitar o perito que assume uma posição imparcial em relação à questão conclusiva final.

---

[4] Utilizo a denominação genitor descontínuo em contraposição com guardiã(o) para designar aquele que não tem a guarda do filho (Dolto, 1989).

Vamos considerar o perito do Juízo aquele que efetivamente é empregado do tribunal, com um contrato de trabalho e uma posição administrativa e hierárquica dentro do tribunal de justiça. Estes profissionais, dentre os quais me incluo, sofrem as injunções institucionais a partir das condições de trabalho e de demanda de casos de uma outra forma, comparando com o perito de confiança que é chamado de fora da instituição, caso a caso. Ressalvadas as diferenças, se o perito empregado da instituição (e não do juiz, pois este também é funcionário/agente da mesma instituição) fizer o que o seu superior imediato (juiz da causa) quiser, ele estará sendo tão "pistoleiro" quanto o nosso execrado colega apontado por Hess (1998). Ora, a diferença de cliente não muda o fato de se "dançar conforme a música". Se o juiz achar que o perito deve concluir, conclui-se; se não, não se conclui? Do ponto de vista de se perder a isenção e ficar atrelado ao gosto do "freguês" estaríamos no mesmo barco. Portanto, não ser perito parcial não nos garante em lisura quanto à possibilidade de "cedermos a contradança". Será que argumentar em defesa própria dizendo que foi "determinação do juiz" nos isentaria de tal crítica? Pensamos que não. Afinal, voltamos a frisar, não pensamos que deva ser o juiz aquele que sabe o que o psicólogo deve fazer. Gondar (1999) faz referência à vivência do psicólogo em instituição que coloca muito bem esta questão:

> O psicólogo nas instituições, entre a demanda de assentimento às normas institucionais e a possibilidade de exercer eticamente sua função, torna-se, deste modo, o habitante de um entre dois, de uma zona problemática e prenhe de inquietações sobre seu lugar, seu valor e seu "saber técnico". É deste modo que, a partir de uma dialética entre o instituído e o instituinte, entre a moral e a ética, entre o lugar que luta por ocupar e aquele que outros lhe atribuem, ele é convocado a se posicionar e a se interrogar sobre sua tarefa e seus atos. (p. 42)

Se retomarmos a posição de Berry, psicólogo forense e professor de Nebraska (EUA), seja em conjunto com Karras (1985) ou recentemente e sozinho em outro artigo (1989), eles são radicais em defender a postura de que o profissional deve "simplesmente apresentar as descobertas, opiniões e previsões de forma imparcial e neutra" (1989, p. 140). Segundo essa visão, pode-se emitir opiniões a respeito dos possíveis resultados de diferentes arranjos de guarda, mas nunca oferecer recomendações conclusivas.

A ideia de imparcialidade é igual para todos os profissionais? **Não**. O título do trabalho do psicólogo australiano Kenneth Byrne, aquele que recebeu o telefonema do advogado para avaliar a mãe, é "Profissionais de saúde mental em disputa de guarda: advogados ou examinadores imparciais?". Byrne utiliza a posição imparcial do perito em relação ao enquadre, em nossos termos, para ser contratado por ambos os pais, mas no fim, depreende-se que alguma recomendação será dada. Portanto, imparcial no enquadre de contrato, mas adversarial no posicionamento técnico.

Berry (1998) adverte que não se deve tomar partido "nem pela criança", pois se o perito se imbuir de uma função "salvadora", ele já estará pendendo para uma posição adversarial. Quanto a este ponto, muitos peritos do Juízo advogam tomar o interesse da criança como primordial (Felipe, 1997; Miranda Jr., 1998; 2000a; Pellegrinelli, 1993; Silva, 2000).

Rovinski (1998) manifesta-se alinhada com esta corrente de pensamento, apoiando-se nos trabalhos de Grisso(1988). Partindo do arcabouço conceitual deste autor, Rovinski (1998) sustenta que recomendar um arranjo particular de guarda corresponderia ao *julgamento*, competência do juiz, pois o julgamento requer a interpretação da existência de condições suficientes para privar o sujeito de alguns de seus direitos fundamentais. Tal posição é, necessariamente, moral e requer uma autoridade legal. É neste sentido que o autor, segundo Rovinski (1998), argumenta que uma avaliação psicológica não pode definir operacionalmente um arranjo de guarda específico. Isto porque, como uma construção *hipotética* e *legal*, ela teria um componente que escapa à competência do profissional de saúde mental. **O autor defende que a função do psicólogo seria discriminar os fatores psicológicos em jogo e expor o nível de congruência entre o que se faz (do lado dos pais) e do que se necessita (do lado da criança), sem julgar se tal nível de congruência é suficiente ou não para o deferimento de pleito em favor de um ou de outro.** O que, convenhamos, pode ser fácil de teorizar, mas muito complicado na prática (voltaremos ao modelo conceitual de Grisso no Capítulo 8). Pensando em nosso foco, a capacidade de ter a guarda de um filho, por exemplo, é fruto de um entendimento que claramente reflete os valores sociais e históricos de uma grande parte da sociedade ocidental. Basta lembrarmos que foi somente a partir do Estatuto da Mulher Casada (Lei n.º 4.121/62) que a mulher ficou autorizada a praticar atos de comércio. Voltando ainda mais no tempo, foi com a Constituição de 1934 que a mulher passou a ter direito de voto. Antes destas datas a mulher era, no Brasil, legalmente *incompetente* a exercer comércio e votar, respectivamente. O mesmo valia para a guarda, pois o entendimento da necessidade da mãe, quanto menor é a criança, é uma construção histórica e socialmente determinada (Derdeyn, 1976. Vide item 2.2). Nessa perspectiva, Rovinski (1998) afirma textualmente:

> Assim, voltando ao papel do perito na avaliação psicológica, podemos dizer que sua tarefa é descrever, da forma mais clara e precisa possível, aquilo que o periciado sabe, entende, acredita ou pode fazer. Não cabe a ele estabelecer, de forma abreviada, um escore que represente a aceitabilidade ou inaceitabilidade legal do desempenho do sujeito.
> Quando o perito estiver avaliando incongruência entre as habilidades de um examinando e as demandas de um contexto particular, não deve tentar estabelecer critérios para definir uma quantidade particular de incongruência que seja sugestiva de incompetência legal. Em outras palavras, sua avaliação não pode responder a questão final sobre o julgamento. O examinador deve descrever habilidades pessoais, demandas situacionais e o seu grau de congruência, de maneira a evitar estabelecer o último julgamento ou a conclusão final sobre a competência legal. (p. 60)

Verificamos que é a partir de um modelo conceitual técnico que a autora vai justificar sua posição. Ou seja, o perito ajudaria na determinação da competência legal fornecendo dados sobre a capacidade parental dos genitores examinados (aspecto funcional), determinando o aspecto desenvolvimental e as necessidades dos menores em questão e, finalmente, avaliando a congruência ou, no caso, comparando tal congruência entre a capacidade da mãe e do pai de fazer frente às necessidades particulares da criança.

No caso da psiquiatra infantil, trazida como exemplo por King e Trowell (1993) na participação em audiência, podemos analisar seu posicionamento pericial como adversarial (item 5.8). Ela estava claramente contra a guarda ser dada à mãe, neste sentido tomando claramente uma posição e ativamente defendendo-a como sugere Gardner (*apud* Berry, 1989). Em sua avaliação, ela teria determinado quais as habilidades da mãe estariam sendo requisitadas pelo filho em questão, em função de suas necessidades, chegando à conclusão da incongruência entre o que ela podia dar e a criança necessitava. Mas, em vez de não se manifestar na questão do julgamento, ela claramente se posicionou de uma forma a conduzir o julgamento na direção desejada. Ela não poderia decidir que a criança não voltasse com a mãe, mas, ao dizer "quão terrível a mãe era", e realizar o que ela denominou de, "assassinato do caráter da mãe" como recurso retórico, estava querendo convencer o juiz em sua decisão de determinar o retorno do filho à mãe ou recorrer ao *dispositivo* de institucionalização (depreendido pelo contexto) frente à decretação do *status* de incompetência materna. No entanto, a avaliação da criança também lhe permitiu concluir que ela se beneficiaria do contato materno (visita) e, portanto, seria do interesse dela ter algum contato do que nenhum. Mas o foco na avaliação da habilidade funcional da mãe teria demonstrado ser *incongruente* a guarda com tudo o que implica em termos de cuidados, estabelecimentos de limite, etc. adequados àquela criança, naquele momento. Veja que não estamos dizendo que a psiquiatra infantil teria se valido deste referencial, apenas estamos utilizando do exemplo para ilustrarmos o emprego de tal modelo conceitual. Há que se ponderar também que a profissional do exemplo era uma *psiquiatra infantil*, ou seja, uma profissional treinada a considerar a criança como o seu foco.

O exemplo acima não trata de uma disputa de guarda entre pais, mas entre o Estado em seu papel tutelar e a mãe que detém o poder familiar que lhe confere direitos e deveres, que no julgamento estão sendo questionados, podendo ser suprimidos em todo ou em parte. No contexto referido, trata-se de uma *hipossuficiência materna*, por mais que nos cause certo incômodo a utilização do termo, para a manutenção e livre exercício do poder familiar.

Poderia haver várias formas de categorização possíveis, de qualquer forma gostaríamos de ressaltar que a avaliação comparativa, necessariamente, opõe os pais em um "concurso" de habilidades. Vamos voltar ao exemplo de Brodzinski (1993) da disputa entre a mãe, que morava na cidade, e o pai, que morava em área rural sobre com quem residiria a filha de sete anos com problemas neurológicos[5]. Vimos que *a incapacidade* do pai em aceitar o diagnóstico de uma filha problemática e a falta de recursos pedagógicos especializados em sua área de domicílio foram determinantes para a decisão. **Na base desta disputa parece não haver outra saída senão a *desqualificação do outro*, o que é questionável como efeito para a própria criança.** A desqualificação de um em favor de outro parece ser característico do modelo adversarial para resolução de conflitos. É neste sentido que vários autores falam em uma modalidade alternativa: conciliação no contexto do Reino Unido (Clulow; Vincent, 1987), arbitragem no contexto americano (Woody, 1983), mediação em nosso meio (Barbosa, 1997; Koerner, 2002; Lima, 1997; *Revista do Advogado*, 2001). Não abordaremos estas modalidades, pois elas estão fora do escopo de nosso estudo. Ressaltamos que, em certo momento de nossa prática, vislumbramos como uma possibilidade alternativa desejável um "tempo" para que as questões psicológicas pudessem ser vistas e lidadas sem se condicionar aos limites da perícia (Ramos e Shine, 1994).

Vamos considerar agora a posição de Castro (2000) sobre esta questão firmada em sua tese de doutoramento no Capítulo II, quando diz:

> Há uma corrente dentro da psicologia que considera que o laudo não deveria adentrar em questões do tipo: com quem deveria permanecer a guarda dos filhos, como deveria ocorrer o sistema de visitas, se o pai espanca ou não o filho, dentre outras possíveis (questões, aliás, demandadas pelo juiz). Alegam que o laudo poderia influenciar o juiz.

---

[5] Este exemplo é dado no Capítulo 6, item 6.2.

> Ora, uma medida sugerida pelo técnico contém, nela mesma, um conteúdo e avaliação psicológica, por exemplo, que, para determinada criança, apesar de negligências paternas, o trauma da separação, deixando a criança numa família substituta ou num abrigo seria um mal maior. O juiz precisa do técnico para poder apreciar as consequências das medidas a serem determinadas. Não lhe basta um diagnóstico, mas também um prognóstico sobre as consequências psicológicas desta ou daquela medida. (p. 24)

Parece-me que ao afirmar que "a corrente dentro da Psicologia" não deveria adentrar certas "questões", ela esteja se referindo ao posicionamento final conclusivo sobre a matéria, o que chamamos *julgamento*. Já chamamos a atenção do leitor para uma passagem em que se afirma que não existe um constructo do que seria melhor mãe ou pai em Psicologia. Em relação a este posicionamento, Brito, pesquisadora da UERJ, pesquisou em seu trabalho de campo a manifestação do Conselho de Ética 05, que ela expõe em seu livro de 1993.

> Como profissionais, os membros da referida Comissão admitem que, quando o psicólogo propõe-se a responder qual dos cônjuges possui melhores condições para permanecer com a guarda da criança, está com frequência realizando um julgamento, provavelmente imbuído de preconceitos pessoais a respeito do que significa ser um bom pai e uma boa mãe. (p. 99)

Este, nos parece, é um posicionamento inequívoco sobre a matéria dada por uma representante brasileira nesta área ao qual associamos a corrente de pensamento que se refere Castro (2000). Esta autora não identifica quem é seu interlocutor, quando não nomeia representantes identificáveis de tal corrente. Mas não se tratava de seu foco de pesquisa. No entanto, gostaríamos de apontar que parece, no mínimo, descuidado justificar tal posicionamento porque "o laudo poderia influenciar o juiz". Se partirmos do entendimento de que o laudo psicológico é uma *prova*, por definição, ela tem a função de influenciar a decisão do juiz. Não entendemos como a colega equaciona tão simplesmente esta questão que, como vimos no posicionamento de Brito (1993) e Rovinski (1998), baseia-se nos fundamentos e limites técnicos e éticos do próprio exercício da Psicologia.

Ademais quando coloca no mesmo nível "decisão de guarda, sugestão de visitas e avaliação de abuso", parece-nos que Castro (2000) mistura categorias diversas de "questões". Saber se houve ou não abuso é o ponto que tem a sua ligação com a questão legal, por remeter à dúvida quanto à materialidade de um fato (abuso). A perícia deveria concorrer para a confirmação ou eliminação de tal hipótese (por mais espinhosa que seja a questão de afirmar sobre a realidade objetiva a partir de ferramentas que se referem à realidade psíquica). A questão do julgamento é o que fazer, caso se determine que houve o abuso. Tarefa que entendemos não ser de competência do perito. Na questão da visita, o oferecimento de sugestões quanto à forma de implementação destas não se confunde com o momento da determinação legal (*julgamento*) de como elas vão se proceder. A sugestão basear-se-ia na avaliação da situação em que a família se encontra e o que se pode saber sobre isto na literatura atual. Por exemplo, Wallerstein e Kelly (1998, p. 246) colocam a importância da visita regular e frequente para manter a autoestima elevada e a ausência de depressão nas crianças, em todas as idades. Por outro lado, sabemos que o efeito positivo em potencial depende de uma relação parental de baixo nível de conflito (*American Psychiatric Association,* 1998, p. 268). Identificar, no limite do possível, até que ponto estas considerações psicológicas gerais se aplicam às pessoas examinadas é o foco da perícia. Ao juiz compete analisar estas informações para traduzi-las nas medidas legais cabíveis. Os operadores do Direito não conseguem acompanhar os desenvolvimentos na área da Psicologia, cabendo a nós, como representantes e operadores dentro do sistema jurídico, exercer nosso papel de orientadores destas questões.

No exemplo de Castro (2000) temos um contraponto à posição da psiquiatra infantil da Clínica de Tavistock, citado acima. Enquanto aquela considerava a mãe a pior opção, Castro escolhe o pai como opção menos ruim do que a família substituta ou o abrigo. Ambas fazem escolhas. Pelo gabarito e competência dos profissionais em defender tais posições é que a questão não apresenta uma diretriz única. Tomamos o cuidado de delinear melhor as opções de posicionamento por meio do que chamamos de *papéis*, pois consideramos necessária e pertinente tal discussão tanto no meio científico quanto nos órgãos de classe. Esperamos ter feito jus às alegadas razões de cada lado. **De nossa parte alinhamo-nos à corrente que procura distinguir perícia de julgamento, atendo-nos ao papel profissional do psicólogo, assim como o entendemos, ampliar o conhecimento que se tem de uma dada situação-problema.** Citamos Bleger (1984) em nosso auxílio para sustentar a posição de que como *assessores* não decidimos, por se tratar de área de competência de outrem. O que não quer dizer que não estamos implicados nos efeitos e consequências da medida judicial como um todo. Somos responsáveis sobre o que nós, como operadores da instituição judiciária, *fazemos ou não*. Samper (1995) apresenta, em sua pesquisa sobre disputa de guarda, que 70% dos laudos indicavam a mãe, 22% apontavam o pai e 8% não considerava nenhum dos dois como mais idôneo que o outro. Os juízes deram as sentenças na recomendação dos laudos, nos 8% em que não havia um genitor declarado, *a sentença de guarda foi deferida à mãe.* Ainda hoje esta é a tendência prevalecente, ou seja, é preciso estar atento para o contexto sociocultural.

Aqueles que advogam a tomada de posição geralmente aceitam a existência de um *prognóstico* que traz consigo uma predição para a qual não há uma adequada base científica. Esta é a posição defendida não só por Grisso (*apud* Rovinski, 1998), como o de Melton *et al.* Em uma disputa de guarda, segundo nossa visão, uma decisão por uma modalidade de guarda contém implícita uma predição de que o desenvolvimento da criança será melhor neste arranjo de guarda do que em outro. Não há dados psicológicos suficientes para predizer os resultados possíveis com precisão, portanto, a escolha acaba se transformando em uma questão de valores e preferências pessoais do perito.

7.6 O Perito Independente

Refere-se à categoria de perito que atua em sua clínica privada ou é um pesquisador em instituição acadêmica e que, por encaminhamento, assume a função pericial como de confiança do juiz (nos EUA, é nomeado pelo tribunal como *amicus curiae* – amigo do tribunal) ou por meio de contrato com ambas as partes. Portanto, um perito não atrelado administrativa ou hierarquicamente ao tribunal. Recebendo sua incumbência, mas com liberdade maior de negociar as condições de trabalho, até mesmo seus honorários.

Do mesmo modo que o perito do juízo, ele pode tomar posições técnicas adversariais ou manter-se imparcial. Sua vantagem maior em relação ao trabalho é a sua condição de *não empregado*, garantindo uma independência maior nos termos de Bleger (1984). Destacamos como a atuação do psicólogo inserido na instituição está, de certa forma, condicionada e limitada pelos recursos que a própria instituição (Clínica de Tavistock; IMESC; tribunais de justiça) tem não só materiais (local, testes, condições de transporte, etc.) como também institucionais (política estatutária, interferência da posição administrativa do profissional no organograma da instituição, interesses institucionais criando serviços específicos, etc.).

Nesta condição encontramos os trabalhos de Alves (2002), Berry (1989), Blau (1998), Brodzinsky (1993), Byrne (1991), Glassman (1998), Grisso (1987), Hess (1998), Ortiz (1986), Perrin e Sales (1994), Stahl (1999), Turkat (1993).

7.7 O Perito Parecerista

É uma modalidade possível de perícia, realizada pelo profissional que dá um *parecer* sobre um documento técnico de sua área. A finalidade seria a mesma de uma perícia comum, "esclarecer através de uma avaliação técnica especializada uma 'questão-problema', visando à eliminação de dúvidas que interfiram na decisão" (item 4.2 do Manual para Elaboração de Documentos do CFP). A diferença é que o trabalho de avaliação técnica não se dá por meio do exame de pessoas, mas, sim, do *documento escrito de outro profissional da mesma área*[6].

O exemplo apresentado diz respeito a uma avaliação psicológica para subsidiar o pleito de guarda. A partir dos dados fornecidos,

[6] Ver exemplo no item 1.3.2.1, em anexo.

sabemos que o cliente (solicitante, nos termos da Resolução) é um juiz, o psicólogo é o parecerista e a demanda é avaliar o referido documento. Na "exposição de motivos" fica esclarecido o objetivo do trabalho solicitado ao psicólogo: *um parecer sobre a validade da avaliação psicológica que subsidiou tal documento*. O documento foi produzido por um profissional da confiança da parte (genitor descontínuo). Ao ser inserido no contexto judiciário como "prova da alegada incapacidade emocional da parte que ficou com a guarda dos filhos", este documento configura o seu autor como um assistente técnico (perito parcial). A avaliação é usada (*Para quê?*) *para subsidiar uma demanda judicial de "reversão de guarda" pelo requerente*. A parte requerida apresenta sua contestação baseada no fato de que o profissional que realizou o trabalho é "amigo da parte que o contratou", portanto, esta relação preexistente traria o primeiro viés à perícia, consubstanciada na alegação de "falta de respaldo ético legal" (viés ético). Ademais, o profissional teria tido "um único contato com a requerida" (parte contrária ao seu cliente) apresentando "informações pessoais e deturpadas" baseadas na "versão do amigo/parte contrária/cliente) (viés técnico). Portanto, a demanda da parte requerida é a "invalidação" de tal peça técnica-processual, fundamentada na "falta de respaldo ético legal, de isenção e neutralidade". O Mm. juiz requer, então, um parecer de um perito na matéria sobre a questão. Veja o leitor que, neste exemplo, estão presentes os elementos que vimos discutindo: a utilização da avaliação psicológica para subsidiar pleito de guarda, o psicólogo como assistente técnico, o questionamento do enquadre contratual do trabalho, a conclusão diagnóstica que envolve terceiros em uma relação de oposição e queixas de uma atuação profissional deturpada (pistoleiro).

Não se trata aqui de ensaiar tal parecer, mesmo porque o exemplo não traz, em si, o relatório psicológico ou laudo sobre o qual o parecerista teria de se debruçar para responder sobre o fato (que versa a perícia): validade ou não do documento. Veja que o julgamento inicial (da guarda) não é a questão à qual se pede o parecer *deste psicólogo parecerista*. O parecer visa responder sobre a validade do documento técnico, cuja informação é pré-requisito para a ação do juiz (deferir ou indeferir a guarda ao requerente). Caso o parecerista dê um parecer favorável à validade do laudo, o juiz poderá se sentir convencido dos argumentos (agora respaldados por outra autoridade na matéria) e realizar a reversão de guarda pretendida pelo requerente da ação. Caso a posição do parecerista seja o contrário, pela nulidade do documento, o juiz poderia ainda determinar uma outra perícia, nomeando seu perito de confiança, para trazer-lhe subsídios de uma fonte menos sujeita a viéses. Em nossa prática, o juiz já determinaria uma perícia, indo direto ao foco da questão sem perda de tempo, levando em conta a parcialidade do psicólogo na situação (mesmo que não fosse *amigo* do cliente, como alegado).

Fazendo um exercício de abstração, suponhamos que o referido juiz tenha encaminhado o laudo ao próprio Conselho da classe, órgão último de autoridade na matéria, para se manifestar sobre a questão. Digamos que os Conselheiros, mobilizados pelo encargo e sem dispor de conhecimentos especializados em matéria forense, chamassem um *psicólogo judiciário* para dar seu subsídio. O posicionamento do Conselho, além de ser um posicionamento técnico (pericial), seria político (posição da classe). Ao chamar um consultor na matéria, a perícia se desdobraria em outra. O Conselho, na representação de seus Conselheiros, seriam os "juízes" da questão final: validade ou não da avaliação. O subsídio do psicólogo judiciário, também um parecerista, seria no sentido de expor mais claramente os meandros da situação para o melhor posicionamento dos Conselheiros. Eis o limite da atividade pericial. O psicólogo judiciário, parecerista, poderia dizer se o laudo é válido ou não, *mas não deveria*. Como peritos, nossa posição é que ele deveria ser imparcial, ou seja, colocar todas as informações disponíveis aos demandantes de sua perícia (os Conselheiros). Deixando a eles o encargo de decidir sobre a questão final: o quanto de viés técnico configuraria uma invalidação do laudo. Ora, se ele é chamado na posição de *consultor* (parecerista), não lhe é dada a prerrogativa de se investir do *status* de Conselheiro e determinar o posicionamento final solicitado pelo Juiz que é da alçada do Conselho.

A referência ao Conselho não é gratuita. Com o aumento de psicólogos entrando nesta área, a consulta das autoridades judiciárias aos órgãos de classe tendem a aumentar em quantidade como em complexidade, tendo em vista os fortes interesses em jogo. Esperemos que a importância desta área em franco crescimento seja devidamente reconhecida pelos nossos órgãos de classe.

Há profissionais de outras áreas, como o psiquiatra e perito Sena Rebouças (1987), que propuseram que o perito parcial se abstenha de entrar em contato com as partes e crianças, ficando em uma posição apenas de "crítico" do laudo pericial. Isto coincide com o que chamamos aqui de perito parecerista.

7.8 O conflito entre papéis

O modelo adversarial do Direito opõe não só as partes em lados opostos do litígio como também os seus profissionais. Mesmo que o psicólogo não assuma uma posição comprometida com esta lógica bélica descrita por Foucault (1999), o seu contrato de trabalho dentro deste enquadre jurídico pode levar a *conflitos de papéis*. Entendemos conflito de papéis como sendo a sobreposição de duas funções ou dois *status* diferentes em relação à mesma pessoa com quem se tem um relacionamento profissional. Abordaremos a seguir algumas modalidades de sobreposição que podem ser encontradas no enquadre jurídico, as razões disto e suas consequências.

O perito é uma testemunha técnica por assim dizer, o que ocorre quando ele é chamado como *testemunha factual*? Seria possível ao perito testemunhar? A que circunstâncias o psicólogo nesta sobreposição de papéis deve-se atentar? O Código de Ética dos psicólogos americanos, em sua seção especial sobre atividades forenses item 7.03, faz referência aos papéis concomitantes entre *perito* e *testemunha*, chamando a atenção para esta realidade e o que deve fazer para preservar a sua possibilidade de trabalho e sua reputação. No texto:

> Clarificação do Papel
> Geralmente, os psicólogos evitam assumir papéis múltiplos e potencialmente conflitantes em matérias forenses. Quando psicólogos forem chamados a desempenhar mais de um papel em um procedimento legal – p. ex. como assistente técnico ou perito para uma das partes ou para o tribunal e como uma testemunha factual – eles devem esclarecer quais as expectativas de cada papel e o limite do sigilo profissional tão cedo quanto possível, e subsequentemente, à medida que mudanças forem ocorrendo,

> com o objetivo de não comprometer seu julgamento profissional e objetividade, evitando induzir as pessoas a erro quanto ao seu papel. (*American Psychological Association,*1992, p. 1610)

O Conselho Regional de Psicologia - 06 manifestou-se a respeito de tal questão por meio de seu então conselheiro, José Alberto Simões Correa, no seu Jornal de março/abril de 1996. O Conselheiro aborda a situação em que o psicólogo é convocado a comparecer perante à justiça como testemunha em processos judiciais de pessoas por ele atendidas. O profissional sentir-se-ia pressionado a cumprir a determinação, sob pena de estar "desrespeitando a lei". Por outro lado, o seu Código de Ética reza que deve manter sigilo sobre as informações que obteve durante o atendimento. Estaria configurado, assim, o dilema. A orientação do CRP era no sentido de que o profissional deveria comparecer em dia e hora determinados na intimação, mas não necessariamente atender às exigências feitas pela justiça, caso fossem contrárias aos princípios éticos da profissão. O Conselheiro oferece uma distinção quanto aos papéis em jogo e exemplifica:

> O que geralmente acontece é uma confusão entre dois tipos de ação que o profissional pode ter junto à justiça: a situação em que vai agir como *testemunha* e a outra em que é solicitado a prestar esclarecimentos técnicos sobre o paciente. A diferença ésutil, mas fundamental. Como testemunha o psicólogo deverá prestar informações sobre fatos concretos que tenha presenciado e que podem auxiliar na resolução do caso em questão. Essas informações, portanto, não podem ser baseadas nos depoimentos de seus pacientes ou em inferências que o profissional possa fazer a partir dos atendimentos que está realizando. (p. 16, grifo nosso)

A orientação do CRP é clara no sentido de que o profissional convocado como testemunha (factual) não dê nenhuma informação que exija seu posicionamento técnico (perícia). O juiz, como qualquer outro leigo, não tem a obrigação de saber o Código de Ética do psicólogo e pode criar uma situação em que pergunte uma opinião técnica do psicólogo-testemunha, o que, então, já caracterizaria um outro papel: o de perito, um "*expert* na matéria".

O esclarecimento acima nos parece pertinente; infelizmente o exemplo que o Conselheiro dá, com o devido respeito, é ambíguo. Continuando com Correa (1996):

> Um bom exemplo de testemunho é a informação do profissional psi sobre as condições físicas de uma criança durante o atendimento. Ele pode informar se a criança chegou ao seu consultório com marcas de espancamento ou não. Mas não pode afirmar que a criança tenha sido espancada por este ou aquele sujeito. Segundo informações de Alberto Correa, "em termos gerais o profissional pode e deve agir como testemunha nos casos em que for convocado. (p. 16)

Pois bem, o Conselheiro utiliza o exemplo acima para ensinar que aquilo que se "viu" pode e deve ser atestado pelo psicólogo ao ser interpelado formalmente por autoridade judiciária. Orienta, contudo, para não inferir daí o autor da agressão. O exemplo não aprofunda a questão, pois não contempla a possibilidade de que, se a *criança comunicasse o nome do seu agressor durante a sessão*, ele deveria ou não informar? Afinal este material dito na sessão deveria ser preservado sob o manto do sigilo profissional? Deveria o profissional proceder tal qual o padre interpretado por Montgomery Clift, no filme de Hitchcock *A tortura do silêncio* (*I confess,* no original), calar sobre a confissão de assassinato feito sob o resguardo do segredo deste sacramento?

Analisemos a situação. Aqui o "fato concreto" é que a criança denuncia uma pessoa como sendo seu agressor. Mas será isto verdade ou fantasia? Seria algo da realidade psíquica sem substrato na realidade? Parece-nos que, neste caso, o profissional necessitaria ter outros dados que lhe garantissem, no limite do possível, aquilo que é fato do que é fantasia. Mas mesmo que se a identidade do agressor fosse passível de dúvida, restariam ainda as marcas físicas disto que se chamou de "espancamento". Ora, frente à evidência de maus-tratos a uma criança, o psicólogo seria obrigado, a nosso ver, a se posicionar a fim de tentar proteger a criança de futuras agressões por um imperativo de consciência. É o que reza o Art. n.º 27 do nosso Código de Ética Profissional: "A quebra do sigilo só será admissível quando se tratar de fato delituoso e a gravidade de suas consequências para o próprio atendido ou para terceiros puder criar para o Psicólogo o imperativo de consciência de denunciar o fato" (CRP – São Paulo, p. 114). Portanto, se este for o caso em que o profissional for chamado a testemunhar, eu penso que única escolha possível seria declinar o nome do suposto agressor, falado na sessão (rompendo o sigilo), ponderando a partir do seu conhecimento (técnico) do caso, no limite do possível, até que ponto seria tal fato provável ou não à luz das condições psíquicas do seu paciente. Ao fazer tal coisa, ele estará lançando mão de conhecimento técnico e sendo um perito. Penso que este exemplo reinstala o conflito existente entre ser *psicoterapeuta* e *perito* de uma mesma pessoa. Este exemplo me remete a um caso avaliado por uma colega do local em que trabalho. Ela encontrou evidências preocupantes de que a criança, uma menina de seis anos, estivesse sofrendo abuso sexual por parte de alguém próximo da família. Sabendo que ela estava em psicoterapia individual, entrou em contato com a profissional querendo marcar uma reunião técnica na qual procurar-se-ia determinar se havia abuso e por parte de quem. A profissional simplesmente negou-se ao contato com a minha colega, justificando que como psicanalista trabalha "somente com a realidade psíquica da criança". Nestes casos, alegar o privilégio do sigilo ou isenção técnica parece mais uma fuga da responsabilidade que o profissional tem em relação à criança que estiver atendendo ou avaliando.

A situação extrema mais delicada é exatamente a de conflito e sobreposição dos papéis de *terapeuta* e *perito*. Strasburger; Gutheil e Brodsky (1997), psiquiatras da Escola de Medicina de Harvard em Boston (EUA), retomam por meio de dados históricos e de pesquisa a questão da duplicidade de papéis exortando, firmemente, os profissionais a não assumirem os papéis de terapeutas e peritos da mesma pessoa. Eles apontam tanto os problemas técnicos quanto éticos que colocam em risco o trabalho profissional e sua credibilidade tanto na esfera clínica quanto forense. Apesar dos argumentos, serem retirados da prática de psiquiatras, as contingências dos papéis de psicoterapeuta e perito são quase as mesmas para os psicólogos. Imaginando as duas situações: se eu aceito um paciente no meu consultório, concordo que devo me comprometer a não ter outro tipo de relacionamento profissional ou pessoal com o meu cliente a fim de manter a possibilidade técnica do trabalho; do mesmo modo, então, se a vinculação inicial do profissional é com uma instituição ou representante dela (o operador do Direito), como alegar que a pessoa que será avaliada, cujo resultado será remetido a um terceiro, pode também ser meu *cliente*? Para sermos mais precisos no uso dos termos: **quando o psicólogo atende o operador do Direito para fazer uma avaliação, ele será perito, quem é avaliado é um outro indivíduo ou a família (periciandos ou examinandos); quando o psicólogo atende um indivíduo solicitando uma terapia, ele será psicoterapeuta e tanto atende quanto avalia o mesmo sujeito, devendo manter sob o manto da confidencialidade o que daí souber.**

O Código de Ética dos Psicólogos, em seu Art. n.º 20, alínea *a,* citado anteriormente, é terminantemente claro sobre a duplicidade de papéis de *terapeuta* e *perito*, não admitindo tal sobreposição. Por que, então, encontramos psicoterapeutas experientes atuando como peritos assistentes técnicos, devidamente nomeados nos autos pelos advogados das partes? Até podemos entender a justificativa dos advogados e pacientes em geral em chamar os próprios *psicoterapeutas* para atuarem como *peritos assistentes técnicos* ("Já tenho um profissional especializado e de confiança trabalhando comigo, por que devo chamar outro? Gastar ainda mais com outro profissional? Por que ter de contar toda a história para alguém que vai começar do zero se tenho o terapeuta que desde sempre me acompanhou?"). O problema é de ordem técnica e ética e, pela experiência que tenho nesta área, precisamos de um trabalho intenso de esclarecimento destas questões junto à categoria de psicólogos, pois não me parece algo suficientemente entendido por esses profissionais. **Portanto, ao psicólogo cabe ficar atento a qual papel está sendo solicitado e aceitá-lo dentro dos limites que lhe couber, recusando-se quando se tratar de posições inconciliáveis, deixando claro qual é este limite.**

Uma outra situação que caberia apontar é a posição do *psicoterapeuta de casal ou família*. Burak e Saliterman (1980), psicoterapeutas familiares citados anteriormente, afirmaram que o sigilo deve ser mantido sobre o que se soube durante o atendimento do casal, recusando-se a descortinar informações que favoreçam a um ou outro lado em uma possível disputa de guarda (item 4.1.1.1). Eles admitem uma exceção à regra, colocando da seguinte forma:

> O terapeuta de família pode e é encorajado a considerar o melhor interesse da criança. Alguns terapeutas de família usam de seu poder para forçar os pais a decidir sobre a questão [da guarda]. Nos casos em que os cônjuges não conseguem decidir com quem ficará a guarda, o terapeuta familiar pode informar que poderá ir a juízo para testemunhar sobre os fatos que sugerem que a criança seja colocada em um lar substituto (*foster care).* O terapeuta de família agiria, assim, movido pela convicção de que, quando um dos cônjuges "ganhasse" a guarda, a criança estaria tão dividida pelo conflito e pela culpa a ponto de comprometer seu desenvolvimento e crescimento futuros. (p. 256)

Os próprios autores admitem o caráter polêmico desta posição, pois é "agressiva e parece ameaçar o processo terapêutico" (p. 256). Além disto, poderíamos acrescentar, é uma conduta que extrapola o enquadre psicoterapêutico, saindo do campo de atuação autorizado pela família, ao intervir na instituição judiciária baseado numa premissa não suficientemente comprovada. Será possível sustentar por meio de dados empíricos que toda criança sai de uma disputa de guarda "tão dividida pelo conflito e pela culpa a ponto de comprometer seu desenvolvimento e crescimento futuros"? No momento, parece-nos não haver dados suficientes para tal confirmação.

8. As principais dificuldades no exercício da Atividade Pericial

Em nossa série de questionamentos, elaboramos uma pergunta final: **5) Quais são as principais dificuldades consideradas**? Vamos retornar e sintetizar aquilo que mais chamou a atenção em nossa análise. Referimo-nos aos limites da prática de avaliação psicológica de guarda, o que pôs em relevância o contexto institucional onde esta prática é exercida, e que chamamos de *enquadre jurídico*. Em nossa busca por uma delimitação mais precisa, chegamos à configuração de certos papéis que os psicólogos podem desempenhar no exercício desta atividade. Pensamos que o Capítulo 7 tenha sido a maior contribuição de nosso trabalho. Percorremos a questão de quem faz este tipo de avaliação, delimitando contextos institucionais e enquadres de trabalho. **Encontramos a primeira dificuldade em esclarecer, frente à demanda jurídica por avaliação, *quem é o cliente e o que se pede.*** Na discriminação de várias propostas metodológicas encontramos o manejo das técnicas de investigação clínica para abordar a família em litígio, propondo várias combinações de procedimentos. **Encontramos nosso segundo grupo de dificuldades, ao refletirmos sobre os impasses éticos de tal atividade.** Frente a estes dois grupos de dificuldades, as questões de quantas entrevistas, se em um local ou em outro, com que frequência, etc. assumem um lugar bem pouco relevante. Parece que nos deparamos com duas principais dificuldades que estão também interligadas.

Em primeiro lugar, a falta de um modelo conceitual coerente que integre a utilização das técnicas psicológicas de validade comprovada com a assunção de um critério legal pertinente. Falta uma abordagem que integre o conhecimento psicológico no arcabouço institucional legal. Contudo, não poderia ser diferente em relação a uma prática recente. Não existe um modelo preexistente, ela se constrói por tentativa e erro ou aproximações sucessivas a partir daquilo que se conhece. No nosso caso, avaliação psicológica para determinação de guarda, o único modelo que encontramos é o *modelo clínico* – A literatura faz referência à psicologia experimental no que diz respeito aos processos de percepção aplicados ao testemunho (Sacks, 1990; Woody, 1978). A dificuldade maior do psicólogo é poder fazer bom uso do modelo clínico em função do que percebe ser a questão legal (disputa de guarda) e a sua função institucional (perícia). Vamos abordar o modelo conceitual que nos pareceu mais bem delineado, apresentado a partir de Rovinski (1998).

Grisso (*apud* Rovinski, 1998) desenvolveu um modelo conceitual que permite desenhar o escopo da avaliação psicológica contemplando as questões legais em jogo. Ele parte da premissa que a decisão judicial sempre se refere a capacidades individuais físicas, mentais ou sociais, relacionadas à vida passada, corrente ou futura do sujeito. Portanto, as decisões estariam ligadas à avaliação daquilo que o autor chama de *competências legais,* que confeririam ao sujeito um *status* de debilidade ou insuficiência que é percebido como comprometedor ao bem-estar do indivíduo ou da sociedade. As competências legais seriam constructos hipotéticos definidos por descrições legais. Para demonstrar seu pensamento, Grisso (*apud* Rovinski, 1998) decompõe a competência legal em seis características comuns:

a) *aspecto funcional*: ter uma habilidade, comportamento ou capacidade. Ela se relaciona com o diagnóstico psiquiátrico e psicológico, pois estes abordam condições psíquicas que são constructos hipotéticos que, presume-se, influenciam este funcionamento. Portanto, a objetividade na avaliação deveria centrar-se sobre uma habilidade funcional específica do que uma medida geral de traço de personalidade;

b) *característica contextual*: refere-se ao ambiente geral, às situações externas, frente às quais a pessoa deve responder. Diferentes contextos e papéis pressupõem habilidades funcionais diferentes.

c) *inferências causais*: para explicar uma habilidade funcional ou déficit relacionado à competência, requer que se apure a causa e a consequência desse déficit. Pergunta-se sobre o controle que a pessoa tem sobre tal déficit, no sentido de mudança quanto a esta habilidade funcional.

d) *interação pessoa/contexto*: aferir se a habilidade pessoal fará frente a demandas específicas das situações que se colocaram ou colocarão. A questão é da congruência ou incongruência entre o nível de habilidade funcional e o grau de desempenho exigido por uma situação específica do contexto. Este ponto implica na tarefa do examinador coletar informações sobre o ambiente ou contexto social específico no qual se espera que o examinando atuará.

e) *julgamento*: é a função de avaliar o quanto de incongruência nestes aspectos levará ao *status* de incompetência. Essa avaliação requer um exame moral e legal, pois recorrer-se-ia a precedentes legais e de uma interpretação das normas desenvolvidas pela sociedade. É competência do juiz.

f) *dispositivo*: uma vez determinado um *status* legal de incompetência, gera no Estado a autoridade de agir sobre o indivíduo. Na maioria dos casos corresponderá à privação de direitos. É competência do judiciário e do executivo. O juiz, quando dá uma ordem de Busca e Apreensão de menor, faz acompanhar o oficial de justiça (do judiciário), mas o beneficiário pode requisitar a força policial (executivo) para fazer valer tal ordem pela sua natureza coercitiva.

Este modelo conceitual proposto por Grisso (*apud* Rovinski, 1998) ajuda a visualizar o lugar do *foco da investigação* que leva em conta a criança e os pais. Para além disso, quando se trata de concluir, o profissional terá de levar em conta o *relacionamento* entre a criança e os pais, a partir da questão legal em jogo (no caso, a guarda). O que deve ser traduzido operacionalmente em: quão capazes este pai e esta mãe são (quais habilidades possuem) para cuidar desta criança (nesta fase do desenvolvimento)? Portanto, avalia-se tanto os pais quanto a criança, bem como o que acontece *entre eles*.

Este modelo conceitual foi o que se mostrou mais consistente em nossa pesquisa, no sentido de se abordar a interface da questão psicológica frente à demanda legal. Embora possa se questionar se a premissa legal inicial que o autor toma para formular tal conceito não colocaria a criança em um plano secundário. Pois, a forma como Grisso (*apud* Rovinski, 1998) apresenta os itens a serem considerados faz com que a ênfase recaia na *avaliação dos pais*, uma vez que é o *status* legal destes que está em jogo. A criança é considerada como *parte do ambiente geral* (aspecto contextual), não obstante seja a parte mais importante, que, a partir de diversas necessidades determinadas pelo seu estágio desenvolvimental vai colocando diferentes demandas aos seus cuidadores. **Portanto, em definir um critério legal, baseado na aferição de um *status ao adulto*, há uma escolha que privilegia o dispositivo legal que atuará sobre os pais.** A nosso ver, quem adotar este modelo estará trabalhando com este viés. Os testes especialmente desenvolvidos para avaliação de guarda partem do esquema acima: o *ASPECT* e o *BPS*.

Façamos uma contraposição com outro modelo conceitual ao qual nos referimos, o de Goldstein *et al.* (1987), que traz também uma diretriz clara nesta questão psicolegal (item 7.4), *com uma ênfase na criança*. A opção "menos prejudicial para a criança", como foi denominada, parte de uma premissa psicológica válida (a autoridade do adulto deve ser preservada para a criança poder se identificar), mas propõe na enunciação do "genitor psicológico mais adequado" e da "parentectomia" subsequente, tanto o julgamento quanto o dispositivo ao qual se refere Grisso. Além de, em última instância, colocar o genitor guardião como "juiz" supremo da relação da criança com o outro genitor. A diretriz da opção menos prejudicial veio dar mais objetividade ao parâmetro legal em voga, "melhor interesse da criança", considerado muito vago e pouco orientador. Este modelo conceitual mais se aproxima de uma doutrina legal do que um modelo válido pelo qual nortear o estudo psicológico. Como fazer para discriminar o genitor psicológico mais adequado? O que considerar? Quais variáveis comportamentais? Como isolá-las e identificá-las? Aqui esbarra-se com o que já foi referido da falta de um constructo do que é um "bom pai" ou uma "boa mãe". As perguntas acima não são possíveis de ser respondidas pela referida obra. Diga-se de passagem que esta linha de pensamento não teve muitos adeptos aqui, pelo menos não encontramos referências a ela seja entre psicólogos seja entre juristas.

O trabalho de Felipe (1997) apresenta instrumentos técnicos para levantar, indiretamente, o desejo infantil. Focando na criança, ela vai discriminar em termos de desejo *versus* defesa, a escolha por um ou outro dos pais. Como vimos não há na literatura comprovação de que a escolha por uma ou outra vertente resulte no melhor para a criança. Aliás, teríamos de definir operacionalmente o que é o "melhor" para a criança antes de podermos fazer tal comparação. Se tivéssemos um corpo de conhecimento suficientemente referendado pela comunidade científica, poderíamos dizer que tal criança em tal idade, apresentando tal configuração na estruturação de seu desejo e sua defesa na relação dos pais terá melhores condições de desenvolvimento com este ou aquele, segundo o critério legal "do melhor interesse da criança". Na realidade, estamos longe de podermos sustentar tal opinião. Algo que se aproxime disto é a evidência de que meninos tendem a se desenvolver melhor com o pai do que com a mãe, *conquanto as habilidades parentais sejam equivalentes* (*American Psychiatric Association*, 1998, p. 268).

Em alguns trabalhos encontramos referência à famosa passagem bíblica do julgamento de Salomão das duas mulheres que pleiteavam o mesmo filho como próprio. Nesse exemplo, "a verdadeira mãe é aquela que se sacrifica pelo seu filho" parece ser a premissa com o qual operou o rei-juiz. O blefe que lançou, de cortar a criança ao meio, teria sido um "teste" baseado numa "doutrina legal": igualdade de direitos implica em igualdade de divisão, portanto divide-se a criança. Hoje, muito provavelmente, o juiz iria requisitar um exame de DNA e pronto. **Recolocada a questão: necessita-se tanto de um critério legal quanto a sua junção com os conhecimentos psicológicos que possam nortear nossa prática.**

Reconhecemos que só tivemos acesso ao material de Grisso como fonte secundária em função da limitação que tivemos em conseguir a obra original. Uma outra obra que parece importante, bastante referida pelos autores pesquisados, é de Melton *et al.* e que nós admitimos como outra grande ausência.

Já vimos exemplos e exemplos das situações difíceis que o encargo pericial pode colocar ao psicólogo. Vamos falar, para finalizarmos, de alguns parâmetros que nos ajudem a discriminar, a partir do enquadre e da atuação do psicólogo nele, a relação entre o demandante do serviço (*cliente*) e aquele que será avaliado (*periciando ou examinando*), segundo o Código de Ética Profissional. **Pois é esta, exatamente, a segunda maior dificuldade que encontramos: o grande número de queixas sobre a conduta nesta atividade.** Para todos os efeitos, as queixas são válidas, sejam elas fundadas em uma conduta inapropriada do técnico ou não. Elas apontam para uma insatisfação quanto ao papel do profissional que pode, na origem, estar relacionada à falta de entendimento de sua função, o que caberia ao profissional esclarecer.

Referimos anteriormente que o Código possui artigos específicos endereçados à atividade ligada à Justiça. Temos os artigos de n.º 17 a 20 intitulados "Das relações com a Justiça", complementado pelo artigo n.º 23. Vamos revisá-los à luz da nossa discussão:

> Art. 17º — O psicólogo colocará o seu conhecimento à disposição da Justiça, no sentido de promover e aprofundar uma maior compreensão entre a lei e o agir humano, entre a liberdade e as instituições judiciárias.

Os artigos são genéricos e pouco orientadores para os profissionais sem experiência no campo. O Art. n.º 17 não deixa claro, mas implícito que "ao colocar o seu conhecimento à disposição da Justiça" o psicólogo estará colocando-se em uma relação contratual de serviços (conhecimento especializado) – cliente (Justiça). Vimos que a Justiça "funciona" utilizando-se deste conhecimento do psicólogo por meio de ações específicas de seus operadores (juízes, advogados e promotores). A tal "compreensão entre a lei e o agir humano, entre a liberdade e as instituições judiciárias" não se refere, primordialmente, ao comportamento destes operadores, senão daqueles que são *partes* de um processo judicial. **O que se tem é uma relação triangular, como já demonstramos, entre aquele que demanda seu serviço (avaliação psicológica e suas implicações na questão legal em jogo) de um lado, e a pessoa ou pessoas a quem avalia de outro (as partes e a criança).** A relação aqui não se refere à prestação de um depoimento como *testemunha*, pois este "conhecimento" que se vai "promover e aprofundar" indica uma especificidade técnica e não simplesmente um resultado do "estar lá e ter visto", que caracteriza a testemunha factual (vide Capítulo 7).

> Art. 18º — O Psicólogo se escusará de funcionar em perícia que escape à sua competência profissional.

Este artigo orienta o psicólogo a não assumir a incumbência de perícia que escape à sua competência, mas não indica nenhum critério objetivo pelo qual possa avaliar *o que a perícia requer* e *como ela estaria dentro ou não de sua competência*. Se este artigo não foi feito para especificar o que seja perícia e dar elementos para se avaliar a própria competência, ele será, no mínimo, redundante com o Art. 1º, alínea *a*, na qual se diz que: "São deveres fundamentais do Psicólogo assumir responsabilidade somente por atividades para as quais esteja capacitado pessoalmente e tecnicamente" (Manual do Conselho Regional de Psicologia de São Paulo, 1999, p. 108).

> Art. 19º — Nas perícias o Psicólogo agirá com absoluta isenção, limitando-se à exposição do que tiver conhecimento através do seu trabalho e não ultrapassando, nos laudos, o limite das informações necessárias à tomada de decisão.

O Art. 19º menciona a "absoluta isenção" do profissional, ou seja, refere-se ao caráter de *imparcialidade* e *neutralidade* de sua ação. Este artigo estabelece certos "limites" tanto àquilo que o profissional fará (exposição do que tiver conhecimento por meio do seu trabalho), quanto àquilo que se pede dele (informações necessárias à tomada de decisão). Dentro do contexto de perícia, "o trabalho" pode se dar sobre alguma coisa (parecer, laudo, relatório psicológico, documentos enfim)[1] ou por meio de exame de alguém (as partes do processo). O trabalho de perícia pode se dar sobre um documento técnico que será *avaliado* e "traduzido" para alguém (aquele que vai tomar a decisão). O juiz pode solicitar que o perito psicólogo se manifeste sobre os pareceres que as partes juntam ao processo a partir de consultas com

[1] Refere-se aqui ao perito parecerista mencionado no item 7.7.

profissionais de sua confiança[2]. Entendemos que, seja em um caso ou outro, o psicólogo deverá agir *criteriosamente*, tomando contato com aquilo que souber pelo seu trabalho (avaliação psicológica ou análise documental) para colocar "a serviço da Justiça" somente as "informações necessárias". Ou seja, impõe-se a obrigação da continência de certos elementos da vida privada do examinado que seriam alheias à questão legal a que é chamado a se manifestar como *expert* da matéria, ao mesmo tempo em que pressupõe que o profissional sai-ba discriminar dentro da gama de informações que tem aquilo que seria pertinente. Este entendimento é referendado pelo parágrafo 1º do Art. n.º 23 — Do sigilo profissional: "Nos casos de perícia, o Psicólogo tomará todas as precauções, a fim de que só venha a relatar o que seja devido e necessário ao esclarecimento do caso" (Conselho Regional de Psicologia, 1999, p. 113). Aqui a pressuposição é que o psicólogo sempre sabe mais do que é necessário informar. Mas o que ele necessita informar?

Podemos dizer que o nosso código, tanto quanto o norte-americano (Perrin; Sales, 1994), **não deixa claro que existem questões psicológicas que têm uma interface com a questão legal e que são exatamente estas que devem ser endereçadas na sua manifestação.** Em suas palavras, que fazemos as nossas:

> Os psicólogos, sem uma especialização forense formal, frequentemente não consideram a forma como as questões psicológicas fazem a interface com as questões legais que devem ser apreciadas. Portanto, eles não orientam seus trabalhos para as questões psicolegais (*psycholegal issues)*. Por exemplo, uma avaliação pericial na questão da guarda deve contemplar não somente o *status* psicológico dos periciandos, mas também a existência de competências funcionais específicas relevantes ao exercício da guarda no caso dela ser concedida. (p. 379)

---

[2] "A perícia regulada pelo Código é sempre *judicial*, isto é, realizada em juízo, por perito nomeado pelo juiz. Mas existem também as perícias *extrajudiciais* promovidas por iniciativa das partes, através de técnicos particulares ou agentes administrativos. Sua força de convencimento não pode, naturalmente, ser a mesma da perícia judicial e o juiz examinará tais laudos como simples *pareceres*, dando-lhes a credibilidade que merecem" (Theodoro Jr., 2002).

O alerta destes autores é pertinente nas questões relativas à Vara da Família e ecoam o que dissemos acima da inespecificidade de se mencionar o "agir humano e a lei". Em nossa prática profissional, entramos em contato inúmeras vezes com pareceres de assistentes técnicos que produzem um relatório final apresentando um diagnóstico do estado psicológico e sugerindo alguma forma de terapia. O modelo que se utiliza é o de um *psicodiagnóstico clínico*, sem a devida compreensão de que **o tribunal não está interessado na restauração da saúde mental das partes e da criança, mas, sim, em informações que ajudem na "tomada de decisão".** Decisão, entendida aqui, no âmbito do processo judicial (Com quem deve ficar a guarda da criança em questão?), não se referindo, portanto, a uma decisão *extrajudicial* de se fazer terapia ou não, o que seria pertinente em relação a um psicodiagnóstico clínico (Castro, 2000; Melton *et al. apud* Rovinski, 2000). O que fazer, então, com uma conclusão, inócua e inoportuna, de que se todos fizessem terapia não haveria necessidade de processo judicial? Não queremos dar a entender que somos contrários a algum tipo de trabalho interventivo, que, porventura, pudesse surtir um efeito benéfico em uma situação enrijecida de conflito e falta de comunicação. Apenas enfatizamos que o profissional que não souber avaliar a questão legal em jogo, no contexto institucional jurídico em que se pede sua contribuição como perito (parcial ou do juízo), corre o risco de consumir tempo e recurso dentro do processo judicial e concluir o óbvio que não servirá nem aos operadores do Direito nem à família. Pior ainda, se o psicólogo assim o fizer com a convicção de que está cumprindo bem seu papel.

Mencionamos anteriormente que o Art. 19º refere-se à hipótese em que o psicólogo sabe sobre algo do qual ele terá de fazer uma seleção para bem informar o que for cabível. O artigo é omisso na hipótese contrária. Ora, pensamos ter demonstrado que a forma de vinculação contratual do psicólogo pode impor uma *parcialização do problema* que será estudado. Assim sendo, em uma avaliação de guarda, na qual se pressupõe que o profissional tenha tido contato com, pelo menos, as partes em disputa e a criança ou crianças (foco da disputa), isto pode não ocorrer. O psicólogo pode encontrar-se em uma situação em que trabalha com menos dados do que seria desejável: seja pelas vicissitudes do enquadre contratual que impõe uma restrição ao contato com todos os membros da família, no caso do assistente técnico, seja quando os membros da família residem em localidades diversas e que o contato com todos é impossibilitado, no caso do perito em *carta precatória*. **Nesta hipótese, baseado na mesma cautela e isenção, o psicólogo deveria deixar claro que "o conhecimento através do seu trabalho" pode ter uma *confiabilidade* e *validade* limitadas pela própria natureza parcial da investigação.** Isto poderia ser importante para não induzir em erro os operadores do Direito em "sua tomada de decisão". Como sugestão para uma revisão do Código de Ética, seria interessante incluir um alerta para que os psicólogos, apoiados em dados parciais, não extrapolem em suas conclusões e recomendações. Isto poderia trazer, a nosso ver, benefícios adicionais em relação ao reconhecimento social da profissão, pois teria um valor educativo e orientador à população em geral sobre as possibilidades e alcances do conhecimento psicológico.

Um último ponto que merece destaque neste Art. 19º diz respeito à *finalidade* da "informação" que o psicólogo coloca à disposição de terceiros. O artigo é explícito em subordinar esta "informação" à atividade do destinatário último da perícia: *este conhecimento devidamente produzido e selecionado para ser informado será utilizado para a "tomada de decisão"*. O cenário que vem mais facilmente à mente é o do juiz que se utilizará da perícia para sua ação específica dentro do processo judicial (mas não é somente essa a possibilidade, pois vimos como advogados, curadores e mesmo as partes podem-se utilizar do conhecimento psicológico para suas decisões). Pensamos que é aí que tanto os que não têm familiaridade com a área forense como os que têm muita experiência podem confundir as respectivas áreas de competência, levando a uma sobreposição da função pericial (produzir e colocar à disposição um conhecimento especializado) com a função judicante (determinar a guarda). Note-se que o psicólogo é chamado a contribuir no procedimento de esclarecimento de fatos (capacidade parental e as necessidades da criança) ligados à causa em questão (guarda), **mas, institucionalmente falando, ele não é convocado a resolver esta questão, substituindo o juiz, a dizer com quem determinada criança deve permanecer.**

Esta questão é polêmica como abordamos no Capítulo 7, item 7.5. Para reforçarmos nossa posição pela imparcialidade, voltamos a destacar no delineamento do Art. 19º, a discriminação e limitação da atividade do psicólogo em perícia oposta à ação da instância decisória. Porque se não for assim, de que "absoluta isenção" na atuação se trataria aqui? Bleger (1984) também nos ajuda a manter uma distância da instituição que chama o psicólogo na categoria de assessor ou consultor (em seus termos) em não assumir tarefas que não são próprias. Como diz ele "O psicólogo não dirige, não educa, não decide, não executa decisões; ajuda a compreender os problemas que existem e ajuda a problematizar as situações" (p. 49). Outrossim, cabe lembrar que usar do saber legitimado pela instância judiciária para impor regulações normatizadoras às pessoas que são avaliadas põe em risco seus próprios direitos.

> Art. 20º — É vedado ao Psicólogo:
> a) ser perito de pessoa por ele atendida ou em atendimento;
> b) funcionar em perícia em que, por motivo de impedimento ou suspeição, ele contrarie a legislação pertinente;
> c) *valer-se de cargo que exerce, de laços de parentesco ou amizade com autoridade administrativa ou judiciária para pleitear ser nomeado perito.* (Manual do CRP São Paulo, p. 112-113, 1999)

O Art. 20º, em sua alínea *a,* é o mais claro e incontroverso dos itens. Ele proíbe o psicólogo de assumir encargo pericial "de pessoa por ele atendida ou em atendimento". Se, como vimos, o assistente técnico (contratado pelo advogado ou diretamente pela parte) é um *perito na matéria de Psicologia,* para poder assumir tal papel, ele não poderá, evidentemente, ter sido ou ser também psicoterapeuta da parte. Considero importante enfatizar este ponto, pois na minha experiência encontrei muitos colegas assumindo como assistentes técnicos em duplicidade de papéis com o de terapeutas, seja de um dos genitores, seja da criança em disputa. Abordarmos os conflitos entre estes dois papéis no Capítulo 7, item 7.8.

Aqui, um outro alerta: desde que houve a mudança do Código do Processo Civil, que retira a necessidade de compromisso no cartório do assistente técnico[3], os advogados podem declinar nomes de psicólogos nos autos do processo, fazendo-o como forma de pressão, sem que os profissionais estejam cientes de tal utilização. Não estamos generalizando que seja uma prática comum, antes uma exceção de má-fé, mas a menção da parte de que tem um psicoterapeuta pode ensejar a indicação deste pelo advogado por causa da questão de prazo processual (ele tem cinco dias para indicação[4]). **Talvez o Código de Ética pudesse especificar mais claramente os papéis de assistente técnico, testemunha e perito, para que ficasse mais evidente, para quem não trabalha na área forense, o que se quer dizer com tais papéis e o que se espera deles em suas funções.**

A falha dos profissionais, principalmente da área clínica, em esclarecer os limites de atuação aos operadores do Direito e aos pacientes/clientes em geral faz com que certa confusão continue a existir, afetando a própria credibilidade da profissão. Lembremos aqui do trabalho de Liebesny, Alvim, Leonardi e Aoki (2000) que fala da inadequação dos psicólogos no esclarecimento de seu papel frente à clientela em geral (item 4.1 do nosso estudo). Isto estaria diretamente ligado a um alto número de queixas quanto à conduta profissional que desemboca nos Conselhos de Psicologia. Segundo os dados compilados pela Associação Psicológica Americana, no período de 1990 a 1994, de todos os casos abertos por violação ética, 7% a 10% referiam-se a queixas sobre avaliação de guarda (Glassman, 1998).

É por isso que afirmamos alhures que o psicólogo, muitas vezes, nem sabe o que é perícia, nem sequer suspeita dos artigos do Código do Processo Civil que especificam a sua atuação. Menor ainda será a sua capacidade de saber se o convite a participar do cenário forense está dentro de sua competência (Art. 18º). A cautela mandaria que, se ele nem sabe que leis regem a perícia, ele nem se atrevesse a assumir tal demanda. Isto é válido para apreciar a alínea *b* do Art. 20º, os "motivos de impedimento e suspeição da legislação pertinente" que se referem ao Art. 135 do Código do Processo Civil (item 4.1.2). A maioria dos psicólogos nem sabe o que é CPC, nem tem obrigação

[3] Art. 422 na modificação estabelecida pela Lei Federal n.º 8.455, de 24.8.1992.

[4] Art. 421.

de saber da sigla que designa o Código do Processo Civil. No entanto, tal ignorância não tem inibido o psicólogo a se aventurar por um terreno desconhecido movido por um ingênuo desejo de conhecimento ou por motivações pragmáticas de ordem financeira. Qual é a saída? **Parece-me que a resposta é a busca de uma capacitação por meio de atividades científicas ligadas à área (estágio, curso de especialização, congressos, seminários, etc.) e o bom uso de um velho recurso da psicologia: recorrer à supervisão de alguém com experiência reconhecida na matéria. Contudo, para chamar a atenção dos psicólogos para este novo campo de atuação seria recomendável que o próprio curso de graduação contemplasse disciplinas que abordassem a especificidade do trabalho na área jurídica.** Ainda mais agora que o Conselho Federal instituiu o título de especialista em Psicologia Jurídica. Sugestão neste sentido é corroborada por vários autores (Ortiz, 1986; Bomfim, 1994; Grisso, 1987; Perrin; Sales, 1994; Souza, 1998). A atuação dos Conselhos de Psicologia seria fundamental para o esclarecimento destas questões pelos Setores de Orientação, mas também por meio do planejamento e implementação de eventos que se endereçassem a estas questões.

9. Conclusão

De início é importante deixar claro que quando se fala de perícia para avaliação de guarda, refere-se de um amplo espectro de atuação e não de uma atividade única. A dificuldade inicial desta atividade abre-se pela necessidade do conhecimento dos pressupostos, da linguagem, da lógica e do universo do mundo jurídico, especificamente Direito de Família. O praticante tem de estar familiarizado com os artigos do Código do Processo Civil que delimitam a atividade pericial, o Estatuto da Criança e do Adolescente que enfoca os direitos das crianças, e das funções dos operadores do Direito, bem como do contexto dos prazos, dos trâmites, das audiências e das demais exigências e normas que estruturam a prática judiciária. Entrar neste universo é desbravar um mundo novo, particular em seus valores e procedimentos.

A primeira impressão pode ser um desconforto com esta nova "roupagem" que o psicólogo parece precisar se travestir (perito) para fazer aquilo que parecia natural no terreno conhecido da prática clínica (atender pessoas). Pouco a pouco ele é tomado por um misto de susto e estranhamento que pode se configurar numa relação ambígua com este novo papel: perito-periciando, perícia em vez de avaliação psicodiagnóstica, laudo em vez de relatório psicológico, conflito litigioso em vez de conflito psíquico, cobrado em um saber e não em um "suposto saber", etc.

A minha experiência neste território e no desempenho deste papel me colocou muitas vezes frente a frente com tais sentimentos, a partir dos quais tive de me reposicionar diante de aspectos, até então, conhecidos da prática psicológica. Necessitei me reapropriar de uma prática que se mostrava transformada no embate com as questões que não eram mais pessoas que me colocavam, mas partes. As fantasias persecutórias não se mostravam tão "fantasias" quanto na clínica, pois o filho realmente poderia ser retirado de uma casa e posto na outra. As resistências que encontrei não eram, pelo menos uma grande parte, advindas do inconsciente. Elas se baseavam em receios claros a partir da correta percepção da função pericial dentro do aparato judiciário, muitas vezes conflitantes com os interesses particulares em jogo. Havia a necessidade de reconhecê-los e valorizá-los pelo que eram: uma medida defensiva salutar. Acostumados a pensar em termos de saúde mental, frequentemente encontramos indicações de terapia e orientações apontando alguma forma de "retificação subjetiva" (Barros, 1997; Miranda Jr., 1998; 2000a). Inúmeras vezes a indicação à terapia parecia tomar o estatuto de uma *sentença* na qual o que parecia estar em julgamento era a sanidade do outro. Outras vezes, a indicação psicológica **era** uma sentença indicando, claramente, que uma alternativa era melhor do que outra.

É neste mundo que levamos o leitor a percorrer, se envolver e se interessar pelo nosso tema. Estamos cientes de que exigimos paciência e esforço do leitor. Este livro teve uma grande parte descritiva, de apresentação de dados, que se impôs pela necessidade de informar sobre as minúcias do nosso objeto de estudo. Procuramos fazê-la da forma mais clara e precisa que conseguimos; o custo disto foi a profusão de dados e o volume de informações.O que, talvez, não pudesse ser diferente dada a novidade do assunto. Mas não é só. Uma grande parte da dificuldade de apreender e compreender esta atuação do psicólogo na esfera forense se deve à própria complexidade do assunto. Uma complexidade que apresenta uma face belicosa: trata-se com casais em briga, confrontos com operadores do direito e embates com nossos próprios colegas em posições adversas. Esta luta esteve presente a todo o momento na tarefa de escrever; deve estar presente também na hora de ler. Lembrando mais uma vez Foucault (1999) que diz, a partir de uma concepção nietzscheana, que o conhecimento é o resultado do confronto de instintos entre si, produzido como um clarão, como uma luz que se irradia tal qual "uma centelha entre duas espadas" (p. 22). Não poderia haver imagem melhor para ilustrarmos o conhecimento nesta arena psicojurídica. Agradecemos a jornada conjunta, esperando que este trabalho possa ser utilizado como referência para o aprofundamento das questões técnicas, que, com propriedade ensina Gondar (1999, p. 36), sempre são éticas quando se trata da relação com outro sujeito.

Em uma apreciação geral, pensamos ter demonstrado, dentro do campo das avaliações psicológicas para determinação da guarda de criança, algumas das questões que chamamos de "técnicas". Realizamos uma análise da inserção dos psicólogos neste campo jurídico ocupando diversos lugares (psicólogo judiciário, perito de confiança do juiz, assistente técnico) e desempenhando diversos papéis (testemunha, perito pistoleiro, perito adversarial, perito imparcial, perito parecerista). Pensamos com isto contribuir com um esclarecimento maior de como o contexto institucional jurídico impõe a necessidade de o psicólogo repensar sua prática (utilização da técnica) frente aos objetivos que se coloca (competência) a fim de preservar uma boa qualidade de trabalho (ética). Tais lugares são definidos pelo enquadre de trabalho, possuem especificidades em função do sistema legal (Direito de Família na instituição judiciária), da população com que se trabalha (famílias em alto grau de conflito) e dos objetivos do trabalho que se solicita (perícia em disputa de guarda).

O trabalho pericial tem toda uma tradição que se inscreve na lógica disciplinar, como nos ensina Foucault (1999). A avaliação psicológica, seja no fórum, na escola ou na fábrica estará quantificando e qualificando as pessoas. Não há porque não aprofundarmos a análise de como isto se dá no contexto jurídico. Ressaltamos que não pretendemos uma análise foucaultiana das práticas psicológicas a fim de reiterar ou rejeitar as críticas quanto ao uso normalizador do conhecimento psicológico.

Em nosso trabalho privilegiamos o enfoque da instituição jurídica sobre a família, a partir do fenômeno do divórcio na disputa de guarda. Há todo um contexto social, histórico e institucional que prepara o terreno para a aceitação do trabalho pericial psicológico que coloca novos desafios técnicos e éticos ao psicólogo forense. Entre as injunções dos operadores do direito por um lado e as demandas dos membros das famílias por outro, é que se procurou discriminar os procedimentos postos em prática neste campo. Percebemos este lugar como um lugar intermediário – ou híbrido, nos termos de Alves (2002) – entre uma ética terapêutica da Psicologia e uma ética investigativa-adversarial do Direito. É também um lugar, como dizem Clulow e Vincent (1987), entre os pais e as crianças, entre pais em disputa entre si, entre os interesses do Estado e os interesses da família.

Acreditamos que este estudo pôde contribuir no sentido de tornar mais clara a especificidade do psicólogo no desempenho de suas funções ligadas à justiça, portanto inserindo-se no campo da Psicologia Jurídica. Valemo-nos imensamente da própria experiência em campo, com todos os riscos que os vícios da prática também trazem consigo.

Dentre as atividades neste campo, a delimitação quanto ao objeto da perícia (fatos ligados à determinação de guarda em Direito de Família) trazem questões específicas subsidiárias da Psicologia Clínica: a utilização da teoria (psicanálise, teoria sistêmica construtivista, terapia familiar) e do modelo clínico (entrevista, observação e testes). O contato com o ambiente forense e a "busca pela verdade", no qual se sustenta o discurso e o dispositivo jurídico, podem promover uma transformação da Psicologia praticada neste lugar, mantendo seu rigor e sua identidade (Alves, 2002). Além de considerar o psíquico individual aliado ao dinamismo familiar (ou vínculo familiar, ou estrutura familiar), observa-se a utilização de outros métodos de coleta de dados que aumentam o espectro da investigação realizada. Fazem-se diligências, observações domiciliares e entrevistas colaterais. Apoiam-se as conclusões psicológicas em uma gama variada de dados de natureza psíquica e de fontes secundárias (relatórios de escola, de psicoterapeutas, etc.). Ao término e ao final, ainda se coloca outra questão polêmica: onde termina a *avaliação* para se iniciar o *julgamento*, nesta zona obscura de áreas contíguas entre a função de avaliar para conhecer (perícia) e conhecer para decidir (juízo).

Os interesses em jogo são grandes, movidos pela significação que uma criança assume, hoje em dia, na constituição da identidade de mãe e pai. Obrigações e valores morais se confundem e se fundem com as exigências legais e normas sociais num mundo complexo e em constante mutação. Padrões de família se alteram e combinações de formações heterogêneas buscam, na justiça, algum parâmetro orientador. A Justiça se volta à Psicologia. Cabe a todos os praticantes na área responder se a prática pericial em Vara de Família é, no final das contas, uma questão para o psicólogo. Pensamos que sim.

ANEXO – Resolução CFP N.º 30/ 2001

Institui o Manual de Elaboração de Documentos, produzidos pelo psicólogo, decorrentes de Avaliações Psicológicas.

O **CONSELHO FEDERAL DE PSICOLOGIA**, no uso de suas atribuições legais e regimentais que lhe são conferidas pela Lei nº 5.766, de 20 de dezembro de 1971;

CONSIDERANDO que o psicólogo no seu exercício profissional tem sido solicitado a apresentar informações documentais com objetivos diversos;

CONSIDERANDO a necessidade de referências para subsidiar o psicólogo na produção qualificada de documentos escritos decorrentes de Avaliação Psicológica;

CONSIDERANDO a frequência com que representações éticas são desencadeadas a partir de queixas que colocam em questão a qualidade dos documentos escritos, decorrentes de Avaliação Psicológica, produzidos pelos psicólogos;

CONSIDERANDO os princípios éticos fundamentais que norteiam a atividade profissional do psicólogo e os dispositivos sobre avaliação psicológica contidos no Código de Ética Profissional do Psicólogo;

CONSIDERANDO as implicações sociais decorrentes da finalidade do uso dos documentos escritos pelos psicólogos a partir de Avaliações Psicológicas;

CONSIDERANDO propostas encaminhadas no I FÓRUM NACIONAL DE AVALIAÇÃO PSICOLÓGICA, ocorrido em dezembro de 2000;

CONSIDERANDO deliberação da Assembléia das Políticas Administrativas e Financeiras em reunião realizada no dia 4 de maio de 2001, e

CONSIDERANDO a decisão deste Plenário em sessão realizada em 1º de dezembro de 2001.

RESOLVE:

Art. 1º — Fica instituído o Manual de Elaboração de Documentos, produzidos por Psicólogos, Decorrentes de Avaliações Psicológicas.

Art. 2º — O Manual de Elaboração de Documentos, referido no artigo anterior, dispõe sobre os seguintes itens:

I. Princípios norteadores;
II. Modalidades de documentos;

III. Conceito / Finalidade / Estrutura/ Modelos;
IV. Validade dos Documentos;
V. Guarda dos Documentos.

Art. 3º — Toda e qualquer comunicação por escrito decorrente de Avaliação Psicológica deverá seguir os princípios norteadores indicados neste Manual.

Parágrafo único – A *não observância* da presente norma constitui falta ético-disciplinar, passível de capitulação nos dispositivos referentes ao exercício profissional do Código de Ética Profissional do Psicólogo, sem prejuízo de outros que possam ser arguidos.

Art. 4º — Esta resolução entrará em vigor na data de sua publicação.

Art. 5º — Revogam-se as disposições em contrário.

Brasília, 1º de dezembro de 2001

Marcus Vinícius de Oliveira Silva
Conselheiro-Presidente

Manual de elaboração de documentos decorrentes de Avaliações Psicológicas

Considerações Iniciais

A Avaliação Psicológica é entendida como o processo científico de coleta de dados, estudos e interpretação de informações a respeito das dimensões psicológicas dos indivíduos e grupos por meio de estratégias psicológicas – métodos, técnicas e instrumentos – com objetivos bem definidos, que possam atender diversas finalidades, visando a subsidiar tomadas de decisão.

O presente Manual tem como objetivos orientar o profissional psicólogo na confecção de documentos decorrentes das avaliações psicológicas e fornecer os subsídios éticos e técnicos necessários na elaboração qualificada da comunicação escrita.

Esses documentos, pelo valor técnico-jurídico que lhes são atribuídos, assumem a natureza de uma comunicação oficial, sustentada em princípios científicos e formalizações.

As modalidades de documentos aqui apresentadas foram sugeridas durante o I FÓRUM NACIONAL DE AVALIAÇÃO PSICOLÓGICA, ocorrido em dezembro de 2000.

Este Manual compreende os seguintes itens:

Princípios Norteadores da elaboração documental;
Modalidades de documentos;
III Conceito / Finalidade / Estrutura/ Modelos;
IV Validade dos Documentos;
V Guarda dos Documentos.

I - PRINCÍPIOS NORTEADORES NA ELABORAÇÃO DE DOCUMENTOS

O psicólogo, na elaboração de seus documentos, deverá adotar como princípios norteadores as técnicas da linguagem escrita e os princípios éticos, técnicos e científicos da profissão.

1– Princípios Técnicos da Linguagem Escrita

O documento deve, na expressão escrita, apresentar uma redação bem-estruturada e definida, ou seja, expressar o pensamento, o que se quer comunicar. Deve ter uma ordenação que possibilite a compreensão por quem o lê, o que é fornecido pela estrutura, composição de parágrafos ou frases, além da correção gramatical.

O emprego de expressões ou termos deve ser compatível com as expressões próprias da linguagem profissional, garantindo a precisão da comunicação e evitando a diversidade de significações da linguagem popular.

A comunicação deve ainda apresentar como qualidades a clareza, a concisão e a harmonia. A clareza traduz-se, na estrutura frasal, na sequência ou ordenamento adequado dos conteúdos, na explicitação da natureza e função de cada parte na construção do todo. A concisão verifica-se no emprego da linguagem adequada, da palavra exata e necessária. Esta "economia verbal" requer do psicólogo a atenção para o equilíbrio que evite uma redação lacônica ou o exagero de uma redação prolixa. Finalmente, a harmonia se traduz na correlação adequada das frases, no aspecto sonoro e na ausência de cacofonias.

2 – Princípios Éticos e Técnicos

2.1 – Princípios Éticos

Na elaboração do DOCUMENTO, o psicólogo baseará suas informações na observância dos princípios e dispositivos do Código de Ética Profissional do Psicólogo, atentando para o alcance das informações, identificando riscos e compromissos em relação à utilização das informações presentes nos documentos em sua dimensão de relações de poder, com destaque ao caráter sigiloso do documento.

O psicólogo deve ainda observar os demais instrumentos legais relacionados com a questão, referentes à prestação de serviços, direitos do cidadão, *habeas data* e direito da própria imagem (tais como o Código do Consumidor, a Constituição Federal, o Estatuto da Criança e do Adolescente, etc.), legislação específica relacionada à área de atuação do psicólogo e às questões abordadas no documento escrito, bem como Resoluções emanadas do Conselho Federal de Psicologia, atentando para que suas avaliações se constituam num processo que considere os determinantes históricos, sociais, econômicos e políticos como elementos fundamentais na constituição da subjetividade da pessoa atendida, formalizando suas avaliações em um DOCUMENTO que considere, portanto, a natureza dinâmica, não definitiva e não cristalizada do seu objeto de estudo.

2.2 – Princípios Técnicos

Os psicólogos, ao produzirem documentos escritos, devem se basear exclusivamente nos instrumentais técnicos que se configuram como métodos e técnicas psicológicas para a coleta de dados, estudos e interpretações de informações a respeito da pessoa ou grupo atendidos, bem como sobre outros materiais e documentos produzidos anteriormente e pertinentes à matéria em questão. Estes instrumentos (técnicas utilizadas, como entrevistas, testes, observações, dinâmicas de grupo etc.) devem estar configurados de acordo com o disposto na legislação vigente e Resoluções do CFP sobre a matéria.

II - MODALIDADES DE DOCUMENTOS

Atestado Psicológico
Declaração
Relatório Psicológico
Parecer Psicológico
Laudo Psicológico

III - CONCEITO / FINALIDADE / ESTRUTURA / MODELOS

1– Atestado Psicológico

1.1 – Conceito do Atestado

É um documento expedido pelo psicólogo para comprovação do estado psicológico ou outra informação referente à pessoa atendida.

1.2 – Finalidade do Atestado

Afirmar como testemunha, por escrito, a informação ou estado psicológico, por requerimento, do solicitante aos fins expressos por este;

Justificar faltas e/ou impedimentos do solicitante, atestando-os como decorrentes do estado psicológico informado;

Solicitar afastamento e/ou dispensa do solicitante, subsidiado na afirmação atestada do fato, de acordo com o disposto na Resolução CFP n.º 015/96.

1.3 – Estrutura do Atestado

A formulação do Atestado deve restringir-se à informação solicitada pelo requerente, contendo expressamente o fato constatado. Embora seja um documento simples, deve cumprir algumas formalidades:

Ser emitido em papel timbrado ou apresentar na subscrição do documento o carimbo, em que conste seu nome e sobrenome acrescido de sua inscrição profissional.

(“ Nome do Psicólogo / N.º da inscrição”).

b) O Atestado exporá:

Registro do nome e sobrenome do cliente;

Finalidade do documento;

Registro da informação ou estado psicológico – podendo registrar sob o indicativo do Código da Classificação Internacional de Doenças (CID);

Registro do local e data da expedição do Atestado;

Registro do nome completo do psicólogo, sua inscrição no CRP, e/ou carimbo com as mesmas informações;

Assinatura do psicólogo acima da identificação do psicólogo ou do carimbo.

Se a finalidade do Atestado for solicitar afastamento ou dispensa, o registro da informação/pedido deverá estar justificado pelo estado ou fato atestado.

Os registros deverão estar transcritos de forma corrida, ou seja, separados apenas pela pontuação, sem parágrafos, evitando com isto riscos de adulterações. No caso em que seja necessária a utilização de parágrafos, o psicólogo deverá preencher esses espaços com traços.

– Modelos de Atestado

Modelo I

ATESTADO Atesto, para os devidos fins, que o Sr. (Nome do solicitante) encontra-se em acompanhamento psicológico para tratar de sintomas compatíveis com CID V.6281. Nome da cidade, dia, mês, ano Nome do Profissional N.º de inscrição no CRP

Modelo II

ATESTADO Atesto, para fins de comprovação junto a (nome a quem se destina), que o Sr. (Nome do Solicitante) apresenta sintomas relativos à angústia, insônia, ansiedade e irritabilidade, necessitando, no momento, de 3 (três) dias de afastamento de suas atividades laborais para acompanhamento...* (ou para repouso, ou indicar a razão). Cidade, dia, mês, ano Nome do psicólogo N.º de inscrição no CRP Obs.: A finalidade indicará a informação a ser prestada e/ou pedido. Entretanto, a estruturação obedecerá sempre esta configuração de simplicidade, clareza e concisão.

2– DECLARAÇÃO

2.1 – <u>Conceito da Declaração</u>

É um documento que visa informar a ocorrência de fatos ou situações relacionados à pessoa atendida, devendo restringir-se a seu objeto, a partir de registros objetivos.

2.2 – **Finalidade da Declaração**

Declarar comparecimento do atendido;

Declarar o acompanhamento psicológico;

Informações diversas (tempo de acompanhamento, dias ou horários).

2.3 – **Estrutura da Declaração**

Por ser também um documento de valor legal, deve conter as mesmas formalidades do Atestado, ou seja, ser emitido em papel timbrado ou apresentar na subscrição do documento o carimbo do psicólogo, em que conste seu nome e sobrenome acrescido de sua inscrição profissional. ("Nome do Psicólogo / N.º da inscrição"). Entretanto, por não declarar necessariamente as causas psicológicas do atendimento, não será necessário o registro de sintomas ou a utilização de códigos do CID.

– **Modelos de Declaração**

Modelo I

DECLARAÇÃO

Declaro, para os fins que se fizeram necessários, que o Sr. (Nome do Solicitante) faz acompanhamento psicológico no (ambulatório ou consultório), desde janeiro de 2001, sob meus cuidados profissionais.

Cidade, dia, mês, ano

Nome completo do psicólogo

N.º de inscrição no CRP

Modelo II

DECLARAÇÃO

Declaro, para fins de comprovação, que o Sr. (Nome do solicitante), está sendo submetido a acompanhamento psicológico, sob meus cuidados profissionais, comparecendo às sessões todas as quintas-feiras, no horário das 17 h.

Cidade, dia, mês, ano

Nome completo do profissional

N.º de inscrição no CRP

3 – RELATÓRIO PSICOLÓGICO

3.1 – Conceito

O Relatório Psicológico é uma exposição escrita, minuciosa e histórica dos fatos relativos à avaliação psicológica, com o objetivo de transmitir, ao destinatário, resultados, conclusões e encaminhamentos, subsidiados em dados colhidos e analisados à luz de um instrumental técnico (teste, entrevista, dinâmicas, observação, intervenção verbal, etc.), consubstanciado em referencial técnico-filosófico e científico, adotado pelo psicólogo.

3.2 – Finalidade

A finalidade do Relatório Psicológico será sempre a de apresentar resultados e conclusões da Avaliação Psicológica. Entretanto, em função da petição ou da solicitação do interessado, o Relatório Psicológico poderá destinar-se a finalidades diversas, como: encaminhamento, intervenção, diagnóstico, prognóstico, parecer, orientação, solicitação de acompanhamento psicológico, prorrogação de prazo para acompanhamento psicológico, etc. Enfim, a Solicitação do Requerente é que irá apontar o objetivo último do Relatório Psicológico.

3.3 – Estrutura

Independentemente das finalidades a que se destina, o Relatório Psicológico é uma peça de natureza e valor científicos, devendo conter narrativa detalhada e didática, com clareza, precisão e harmonia, tornando-se acessível e compreensível ao destinatário.

Os termos técnicos devem, portanto, estar acompanhados das explicações e/ou conceituação retiradas dos fundamentos teórico-filosóficos que os sustentam.

Independentemente também da finalidade a que se destina, o Relatório Psicológico deve conter, no mínimo, 3 (três) etapas: Introdução, Descrição e Conclusão, além do Cabeçalho.

1. – Cabeçalho
2. – Introdução ou Histórico
3. – Descrição ou Desenvolvimento
4. – Conclusão

3.3.1 – Cabeçalho

É a parte superior da primeira parte do Relatório Psicológico com a finalidade de identificar:

O Autor/Relator – quem elabora o Relatório Psicológico;

O Interessado – quem solicita o Relatório Psicológico;

O Assunto/Finalidade – qual a razão/finalidade do Relatório Psicológico.

No identificador AUTOR/RELATOR, deverá ser colocado o(s) nome(s) do(s) Psicólogo(s) que realizará(ão) a avaliação, com a(s) respectiva(s) Inscrição(ões) no Conselho Regional.

No identificador INTERESSADO, o psicólogo indicará o nome do autor da petição (se a solicitação foi da Justiça, se foi de empresas, entidades ou do cliente).

No identificador ASSUNTO, o psicólogo indicará a razão, o motivo da petição (se para acompanhamento, prorrogação de prazo para acompanhamento, se para laudos, pareceres sobre determinado fato, ou outras razões pertinentes a uma avaliação psicológica).

– Modelos de Cabeçalho

À guisa de melhor visualização e orientação, apresentamos alguns modelos de cabeçalho.

Modelo I

RELATÓRIO PSICOLÓGICO	
Autor (Relator)	Nome do Psicólogo
CRP : N.º 0000	
Interessado:	Nome do Avaliado
Assunto:	Resultado de Avaliação Psicológica

Modelo II

RELATÓRIO PSICOLÓGICO	
AUTOR/RELATOR:	Nome do Psicólogo CRP – 00 / 000
INTERESSADO:	SAÚDE UNIDAS LTDA.
ASSUNTO: Solicitação de Avaliação Psicológica para prorrogação de Acompanhamento Psicológico.	

3.3.2 - Introdução

Alguns psicólogos em seus Relatórios intitulam essa primeira parte como HISTÓRICO. Sendo intitulada de uma forma ou de outra, ela é destinada à narração histórica e sucinta dos fatos. Ela inicia-se com as razões da petição, seguida das informações coletadas pelo psicólogo. Estas informações se referem desde os fatos, sintomas, apresentados pelo solicitante, até a descrição do processo ou procedimentos utilizados na coleta das informações.

A introdução é uma maneira de narrar ou expor fatos, de forma a contextualizar fatos e pessoas neles envolvidas e a metodologia empregada, possibilitando assim, para quem lê, a compreensão do ocorrido, o que se está analisando, solicitando e/ou questionando.

Muito embora possam ocorrer variações na narração, provenientes do estilo de redação do psicólogo, da diversidade de objetivos das petições, da terminologia técnica própria dos instrumentos e abordagem utilizados, importa acrescentar que a estrutura oficial/legal do Relatório será a mesma, ou seja, a Introdução tratará da narração:

dos fatos motivadores da petição;

dos procedimentos e instrumentos utilizados na coleta de dados, à luz do referencial teórico-filosófico que os embasam.

3.3.2.1 – Modelos de Introdução

Apresentar modelos para este ponto é uma tarefa complexa, a complexidade se refere tanto à narração das informações sobre os procedimentos (testes, entrevistas, dinâmicas, intervenções verbais, interpretação, análise, respostas compreensivas, interrogativas, etc.) quanto às concepções teórico-filosóficas que as diversas correntes psicológicas possuem sobre avaliação. Entretanto, levando-se em consideração que:

os relatórios que mais apresentam pontos críticos são aqueles oriundos da prática clínica de fundamentos filosóficos e instrumental técnico que não utilizam testes objetivos;

a escassez de publicação literária e científica específica sobre a matéria; e,

as correntes psicológicas que utilizam testes psicológicos em suas avaliações não apresentam, na mesma proporção, as dificuldades encontradas nos Relatórios de fundamentação analítica.

Este MANUAL procurará, na medida do possível, apresentar um modelo que possa subsidiar os elementos necessários àquelas correntes.

Modelo I

RELATÓRIO DE AVALIAÇÃO PSICOLÓGICA
AUTOR/RELATOR – Nome do Psicólogo
CRP – N.º 000 / 00

INTERESSADO – Mm. Juiz (Nome do juiz) da 2ª. Vara da Família – Comarca da cidade (Nome da cidade).

ASSUNTO – Avaliação Psicológica para fins de revisão judicial.

1. Introdução

O presente Relatório trata de solicitação do Mm. Juiz Dr. (Nome do Juiz), da 2ª. Vara Familiar, da Comarca da Cidade (Nome da cidade), para procedimento de Avaliação Psicológica, objetivando subsidiar decisão quanto ao pedido do Sr. (Nome do pai da criança) que reivindica revisão judicial da guarda de seu filho, de 10 anos de idade, (Nome da Criança). A (nome da criança), com a separação do casal, ficou sob a guarda da mãe, Sra. (Nome da Mãe). O Sr. (Nome do Pai) reivindica para si, na justiça, a guarda do filho, alegando que a Sra. (Nome da mãe) não tem condições psicológicas para continuar com a sua guarda.

Observação:

1) Neste parágrafo, o psicólogo tratará da narração detalhada de informações nos documentos apresentados (ata da audiência, documento escrito dos fatos nos quais o Sr. (Nome do Pai) declara ser a Sra. (Nome da Mãe) não ter condições psicológicas) e junto aos envolvidos.

2) Fará, também, narração detalhada dos fatos apurados por intermédio da indicação da metodologia aplicada (entrevista, n.º de entrevistas, pessoas ouvidas, testes aplicados, etc.). Ou seja, indicará como apurou os fatos e que referencial teórico embasou a metodologia aplicada.

3.3.3 – Descrição ou Desenvolvimento

É a parte do Relatório em que o psicólogo faz uma exposição descritiva de forma metódica, objetiva e com fidelidade, dos dados colhidos. Nessa exposição, deve-se respeitar a fundamentação teórica que sustenta o instrumental técnico utilizado, bem como princípios éticos, como as questões relativas ao sigilo das informações, recomendando-se que só deve ser relatado o que for necessário para o esclarecimento do caso, como disposto no parágrafo 2º. do Artigo 23 do Código de Ética Profissional.

Esta parte, portanto, é a mais importante, uma vez que a exposição com análise fundamentada tanto guiará o psicólogo para a conclusão/finalidade da petição quanto subsidiará e facilitará o entendimento do solicitante.

O psicólogo, ainda nessa parte, poderá se valer de citações ou transcrições, visando reforçar as conclusões de sua análise. Não deve fazer afirmações sem sustentação em fatos e/ou teorias, devendo ter linguagem precisa, especialmente quando se referir a dados de natureza subjetiva, expressando-se de maneira clara e exata.

3.3.3.1 – Modelos de Desenvolvimento

O psicólogo poderá fazer a análise a partir dos pressupostos teóricos adotados. Nesse caso, terá de discorrer sobre a dinâmica do processo psicológico, tanto do quadro que caracteriza a pessoa atendida quanto ao referencial teórico que sustenta o procedimento utilizado.

Será apresentado apenas um modelo com o objetivo de subsidiar os psicólogos com relação à utilização das orientações teóricas quando de suas avaliações psicológicas, respeitadas as devidas diferenças conceituais. Para tanto escolheu-se uma das finalidades menos complexas, cuja coleta dos dados baseou-se na sintomatologia do cliente e, portanto, a análise para justificar a necessidade do Processo poderá ser consubstanciada no quadro da hipótese diagnóstica.

Modelo I

RELATÓRIO PSICOLÓGICO

AUTOR/RELATOR – Nome do Psicólogo

____

CRP 00 N.º 0000 / 00

INTERESSADO – UNISAÚDE
ASSUNTO: Solicitação de autorização para Acompanhamento Psicológico

I. INTRODUÇÃO

O presente Relatório tem como objetivo cumprir regra da UNISAÚDE referente ao benefício de Psicoterapia. Para a primeira consulta, não se faz necessária a autorização prévia da entidade; entretanto, para o acompanhamento psicológico é necessária a autorização, que será concedida mediante apresentação de Relatório Psicológico, contendo diagnóstico e justificativa que fundamentem a necessidade da Psicoterapia. Assim sendo, em cumprimento à norma, solicita-se autorização de Acompanhamento Psicológico, mediante justificativas apresentadas neste Relatório, para a Sra. (Nome do avaliado), beneficiária deste convênio, registrada sob o n.º 00 / 00, que compareceu em primeira entrevista no dia tanto de tanto de 2000.

A Sra. (Nome do avaliado), ao ser solicitada na primeira entrevista, a falar do motivo que desencadeou sua ida a um psicólogo, teve inicialmente dificuldade de responder, parecia "tensa", gaguejava, apertava as mãos, e dizia não saber por onde começar. O psicólogo deu retorno à cliente de que ela parecia não estar se sentindo à vontade e assim deu-se início ao processo da escuta. No desenrolar da entrevista, percebeu-se que a referida senhora retomou o ritmo normal da fala, deixou de gaguejar e passou a narrar os seguintes sintomas: tem tido, em várias situações, uma sensação de medo intenso que a deixa "como paralisada", sente falta de ar, sensação de desmaio, palpitação, desarranjo intestinal e um "sofrimento" acentuado acerca do medo; diz que acha não ter razão de sentir "tanto medo" e que, todavia, este medo está comprometendo seu desempenho pessoal e profissional

A seguir, relatou situações em que este quadro se apresenta, tendo se referido a algumas avaliações de seus superiores sobre seu desempenho.

Diz ser uma pessoa extremamente ansiosa, que sempre que pode "escapa de compromissos". Em um dado momento da entrevista, a Sra. (Nome do avaliado), chorando, diz: "não suporto mais esse desgaste, não tenho encontrado saída". Diante dos dados colhidos nessa primeira entrevista, é possível apresentar uma hipótese diagnóstica de que a Sra. (Nome do avaliado) apresenta distúrbio de ansiedade, hipótese que será demonstrada nas conclusões desse Relatório para justificativa da necessidade de acompanhamento psicoterápico.

II. DESCRIÇÃO

Os dados coletados na primeira entrevista, fornecidos pela descrição dos sintomas (medo intenso, falta de ar, sensação de desmaio, palpitação, desarranjo intestinal, consciência da irracionalidade do medo, comportamento evitante de certas situações ou sofrimento demasiado quando enfrenta a situação), a postura corporal observada (gagueira, inquietação, tremor nas mãos) e as consequências negativas (isolamento social, avaliações negativas na empresa onde trabalha) indicam que o distúrbio de ansiedade vivido pela Sra. (Nome do avaliado) assumiu proporções impeditivas na sua vida.

Estudos recentes apresentados em várias publicações têm indicado serem os distúrbios de ansiedade os mais frequentemente encontrados na população em geral. De acordo com algumas características, eles são classificados como quadro patológico, cuja evolução, comprometimento e complicações ensejam busca de tratamento medicamentoso e/ou psicológico.

De acordo com o Manual de Diagnóstico e Estatística de Distúrbios Mentais, especialmente no capítulo que trata dos Distúrbios de Ansiedade, os sintomas apresentados pela Sra. (Nome do avaliado) caracterizam um quadro compatível com a descrição de Fobia Social, cujo diagnóstico referido no Código Internacional de Doenças (CID) recebe a sigla 300.23. A evolução deste distúrbio tem sido habitualmente crônica, sendo exacerbado quando a pessoa enfrenta as situações que desencadeiam o medo. Raramente este distúrbio torna o acometido alguém incapaz; entretanto, em muitos casos, em função do evitamento da situação, ele chega a interferir nas relações sociais e no avanço profissional, comprometendo assim o paciente.

O Manual acima citado ainda refere: "Pessoas com esse distúrbio estão propensas ao abuso de álcool, barbitúricos e ansiolíticos", podendo em alguns casos ter como "complicação derivada um distúrbio depressivo". A psicoterapia tem se tornado uma terapêutica que possibilita ao paciente descobrir a origem dos sintomas, o enfrentamento deles, a consciência dos conflitos ou medo geradores da ansiedade e que, dependendo da cronicidade do quadro, é possível, ao fim do processo, o alívio do sofrimento vivido pelo paciente, seja pela supressão total do foco gerador dos sintomas, seja pela supressão parcial dos sintomas, fornecendo assim, uma qualidade de vida mais satisfatória que a vivida anteriormente ao Processo Psicoterápico.

3.3.4 – Conclusão

É a parte final, conclusiva do Relatório. Nela o psicólogo vai espelhar e dar ênfase às evidências encontradas na análise dos dados a partir das referências adotadas, que subsidiaram o resultado a que o psicólogo chegou, sustentando assim a finalidade a que se propôs.

3.3.4.1 – Estrutura da Conclusão

É a terceira parte narrada, logo após a descrição, de forma objetiva, direta, na qual, após breves considerações, o psicólogo expõe o resultado. Após a narração conclusiva o Relatório é encerrado, com indicação do local, data de emissão e assinatura do psicólogo.

3.3.4.2 – Modelos de Conclusão

A conclusão está diretamente relacionada à solicitação e construída com base nos dados coletados, na fundamentação adotada pelo psicólogo e na análise produzida. O modelo de conclusão apresentado a seguir relaciona-se com o que foi apresentado no exemplo do item 3.3.3.1 - "Desenvolvimento". Será, portanto, uma conclusão para a finalidade solicitada naquele Relatório, ou seja, "Solicitação de Autorização para Acompanhamento Psicológico".

Modelo I

RELATÓRIO PSICOLÓGICO

AUTOR/RELATOR:

INTERESSADO:

ASSUNTO:

INTRODUÇÃO

DESCRIÇÃO

III. CONCLUSÃO

Diante dos dados colhidos na primeira entrevista com a Sra. (Nome do avaliado), e, considerando que os sintomas relatados levam a referida Sra. à vivência de sofrimentos subjetivos e que eles estão comprometendo sua qualidade de vida pessoal e profissional, apontando para a possibilidade de complicações maiores, até mesmo predisposição a um distúrbio depressivo, conclui-se, como terapêutica preventiva dessa evolução para remissão total ou parcial dos sintomas, a necessidade urgente de Acompanhamento Psicológico.

Cidade, dia, mês, ano
Nome do Psicólogo
CRP N.º /

4- PARECER

4.1 – Conceito

O Parecer é uma manifestação técnica fundamentada e resumida sobre uma questão do campo psicológico.

4.2 - Finalidade

O Parecer tem como finalidade apresentar resposta esclarecedora, no campo do conhecimento psicológico, por meio de uma avaliação técnica especializada, de uma "questão-problema", visando à eliminação de dúvidas que interfiram na decisão.

A maior demanda de solicitações de parecer tem surgido da esfera judicial, daí ser ele denominado, às vezes, de laudo pericial.

Perícia, como sabemos, já nos diz o Dicionário Brasileiro, significa: "Habilidade em alguma arte ou profissão; experiência; destreza, exame; vistoria de caráter técnico-especializado".

Por fim, o Parecer é uma resposta a uma consulta, que exige de quem responde competência no assunto.

4.3 – Estrutura

A elaboração de um Parecer exige do psicólogo, além da competência no assunto, habilidade na redação, que deve considerar:

Princípios Técnicos da linguagem escrita (item 1.1 deste MANUAL).

Princípios Éticos e Técnicos (itens 1.2.1 e 1.2.2 deste MANUAL).

O texto deve expressar opinião fundamentada, com argumentos sustentados em princípios científicos, com citação das fontes. Para tanto, o psicólogo nomeado perito deve fazer análise do problema apresentado, destacar os aspectos relevantes e opinar a respeito, considerando os quesitos apontados e com fundamento em referencial teórico-científico.

Deve-se rubricar todas as folhas dos documentos. Havendo quesitos, o psicólogo deve respondê-los de forma sintética e convincente, não deixando nenhum quesito sem resposta. Quando não houver dados para a resposta ou quando o psicólogo não pode ser categórico, deve-se utilizar a expressão "sem elementos de convicção". Se o quesito estiver mal formulado, pode-se afirmar "prejudicado", "sem elementos" ou "aguarda evolução".

O Parecer é composto de 4 (quatro) partes:

Cabeçalho

Exposição de motivos

Discussão

Conclusão

4.3.1 – Cabeçalho

É a parte que consiste em identificar o nome do perito e sua titulação, o nome do autor da solicitação e sua titulação. O item "assunto da solicitação" é facultado, uma vez que a parte "exposição do assunto", que segue ao cabeçalho, destina-se à narração do assunto.

4.3.2 – Exposição de Motivos

Esta parte destina-se à transcrição do objetivo da consulta e os quesitos ou a apresentação das dúvidas levantadas pelo solicitante.

– Modelo

Neste item serão feitas algumas considerações após a apresentação do Modelo.

PARECER

PARECERISTA: Nome do Psicólogo, CRP N.º ________________

SOLICITANTE: Mm. Sr. Juiz Dr. ___________________________
Da _____ Vara ___________ da Comarca ______________

ASSUNTO: Validade de Avaliação Psicológica.

I. EXPOSIÇÃO DE MOTIVOS

O presente Parecer trata de solicitação do Mm. Sr. Juiz Dr.______ ___________________________, da ___ Vara Familiar, da Comarca ______________________, sobre a validade de Avaliação Psicológica. A Avaliação Psicológica, que se encontra nos Autos do Processo N.º 000 / 2001 de Separação Judicial, é peça utilizada por uma das partes como prova alegada de incapacidade emocional da parte que ficou com a guarda dos filhos quando da separação, motivo pelo qual requer do juiz a "revisão de guarda". A parte, agora contestando, solicita a invalidação da Avaliação Psicológica alegando que o documento não tem respaldo ético legal, vez que o psicólogo era muito amigo da parte que está pleiteando a guarda. Diz ainda que aquela avaliação não está isenta da neutralidade necessária, pois o psicólogo deu informações baseadas na versão do "amigo" e que consigo só falou uma vez, apresentando interpretações pessoais e deturpadas.

Requer, portanto, o Mm. Juiz, Parecer sobre a validade da contestada Avaliação Psicológica.

– ALGUMAS CONSIDERAÇÕES SOBRE O MODELO

Verifica-se no exemplo que, nesse item, deve-se apresentar a "questão-problema", que no caso se refere à validade de uma Avaliação Psicológica, utilizada por uma das partes como prova da incapacidade da outra para ter a guarda do filho. Esta prova está sendo questionada por ter sido produzida por um profissional que tem um laço de amizade com o interessado e por considerar apenas a versão deste.

O que se deseja apontar com esse exemplo é que a EXPOSIÇÃO DOS FATOS sempre girará em torno da "questão-problema" e o que sobre ela está sendo solicitado, não sendo necessário, portanto, a descrição detalhada dos fatos, como os dados colhidos, nome dos envolvidos e julgamento de mérito.

4.3.3 - Discussão

A discussão é a parte mais importante do PARECER, por se constituir na análise minuciosa da "questão-problema", explanada e argumentada com base nos fundamentos necessários existentes seja na ética, na técnica ou no corpo conceitual da ciência psicológica.

4.3.3.1 - Modelo

Neste item, no lugar de um exemplo, serão apresentadas algumas alternativas ou caminhos que o psicólogo pode usar para discutir a "questão-problema" levantada. Foi utilizado como tema o exemplo de demanda utilizado no sub-item 4.3.2.1 – Exposição dos Motivos, que tem como "questão-problema" a validade de uma Avaliação Psicológica.

PARECER

PARECERISTA:

SOLICITANTE:

ASSUNTO:

I. EXPOSIÇÃO DE MOTIVOS

(Relato da exposição dos fatos que envolvem a "questão-problema")

II. DISCUSSÃO

O psicólogo pode restringir-se à análise da peça "Avaliação Psicológica" constante nos autos, realizando uma vistoria, verificando a existência ou não de falhas técnicas ou éticas, valendo-se de princípios científicos e do Código de Ética e Resoluções que tratam do assunto para sua argumentação fundamentada.

O psicólogo pode recorrer ao que é consenso na prática profissional, além de estudos a respeito da interferência negativa do envolvimento afetivo no trabalho do psicólogo.

Outra opção é seguir os quesitos apresentados pelo requerente.

Cidade tal, data, mês, ano
Nome do Psicólogo
CRP N.º

4.3.4 – Conclusão

É a parte final do Parecer, em que o psicólogo apresentará seu posicionamento, respondendo à questão levantada. Ao fim do posicionamento ou Parecer propriamente dito, informa o local e data em que foi elaborado e assina o documento.

LAUDO

5.1 – Conceito

A palavra laudo é originária do idioma latino, do genitivo *laud-is* e significa originalmente mérito, valor, glória. Como termo técnico significa o relato sucinto, sistemático, descritivo, interpretativo de um exame (ou diversos) que descreve ou interpreta dados. O Laudo Psicológico é também chamado de Relatório Psicológico e quando sua solicitação decorre de instâncias judiciais tem sido nominado de laudo pericial.

5.2 – Finalidade

O laudo, dado que é um documento técnico, de caráter demonstrativo, tem o objetivo de apresentar diagnóstico e/ou prognóstico, visando fornecer orientações, subsidiar decisões ou encaminhamentos, a partir de uma avaliação psicológica.

5.3 – Estrutura

Existem várias formas de estrutura de laudos psicológicos, alguns mais extensos outros mais sintéticos, em função da natureza das características avaliadas, do instrumental utilizado, da finalidade e de seu destinatário. Neste MANUAL será considerada uma forma básica, com o conteúdo mínimo necessário para a qualidade do documento. As demais informações devem estar disponíveis, mesmo que a forma expedida seja sintética, em função das contingências relacionadas à solicitação.

Na sua estrutura básica, o laudo psicológico contém os seguintes itens:

Identificação

Descrição da demanda

Métodos e técnicas utilizadas

Conclusão

5.3.1 - Identificação

Refere-se à descrição dos dados básicos do avaliado, como nome, data de nascimento, idade, escolaridade, filiação, profissão, etc.

5.3.2 – Descrição da demanda

Neste item, o psicólogo apresenta as informações referentes a motivos, queixas ou problemáticas apresentadas.

5.3.3 – Métodos e técnicas utilizadas

Refere-se à descrição dos recursos utilizados e resultados obtidos.

5.3.4 - Conclusão

Destina-se a apresentar uma síntese do diagnóstico e/ou prognóstico da avaliação realizada e/ou encaminhamentos.

Modelos

Modelo 1

LAUDO PSICOLÓGICO

1. Identificação

Nome

Data de nascimento:__________ Idade:____ Estado civil: __________
Natural: __________ Escolaridade: _________ Profissão: __________
Filiação: ____

Responsável: ____
Solicitante: Escola Estadual _________________________________
Finalidade: Diagnóstico Psicológico

2. Descrição da Demanda

Em decorrência de dificuldade de adaptação às regras e normas escolares de déficit de atenção, falta de estímulo, reprovações subsequentes, falta de socialização, atitudes suicidas impulsivas, excessiva agressividade, acusações de furtos e danos materiais ao patrimônio da escola e de professores, bem como experiência de expulsão em várias escolas, o adolescente (Nome do adolescente) foi submetido à avaliação psicológica como condição necessária à sua permanência na atual escola onde estuda.

A família tem total conhecimento do comportamento do adolescente, afirmando que desde pequeno ele apresentava dificuldade no seu desenvolvimento social. Gostava de ficar isolado, de quebrar seus brinquedos e atear fogo em objetos. Não conseguia se envolver emocionalmente com os membros da família, parecendo distante de todos.

Ainda em relação à família, particularmente em relação aos genitores, detectou-se na figura paterna dificuldades de se impor, tendo história de dependência alcoólica. Na figura materna, observou-se uma excessiva autoridade, bem como comportamentos ambivalentes nos métodos disciplinares utilizados com o filho, ora se mostrando indiferente, negligenciando nas condições essenciais de desenvolvimento, ora abusando do seu poder, com castigos físicos exagerados, ficando evidenciado o caráter conflituoso na interação familiar.

3. Métodos e Técnicas

Nas primeiras sessões de avaliação, o examinado demonstrou excessiva tensão, irritabilidade, agitação, ansiedade, autoestima negativa, pensamento autodestrutivo e revolta em relação à sua mãe.

Passado o período de comprometimento emocional, procedeu-se à aplicação dos testes buscando a investigação dos campos de percepção familiar, personalidade, inteligência e memória.

No teste de percepção familiar, apresentou desarmonia familiar, insegurança, introversão e sentimento de inferioridade. Foi observado distanciamento entre os familiares, rejeição ou desvalorização dos membros. No interrogatório, os conteúdos apresentados revelaram bastante desinteresse pela vida.

A avaliação de personalidade foi realizada por meio da observação e da aplicação dos Testes (A - percepção Temática (TAT), Rorschach e Casa, Árvore, Pessoa (HTP). Observou-se total conhecimento da realidade vivida por ele. Os principais traços encontrados foram: introversão, imaturidade, autoestima negativa, egocentrismo, ambivalência de comportamento, oscilação de humor, insegurança, agressividade, falta de objetivos e interesse, excessiva fantasia, fixação por objetos, insatisfação com as normas e regras sociais, imprudência, satisfação com as situações de perigo, gosto pela velocidade, forte tendência piromaníaca e bastante capacidade para planejar ações.

Quanto à avaliação da inteligência, os resultados obtidos pelo R-1 e Raven demonstraram boa capacidade intelectual, colocando-se acima da média para sua escolaridade e idade. Porém, em relação à memorização, verificou-se dificuldades no campo da memória auditiva e visual, classificando-se em categoria inferior ao esperado.

4 – Conclusão:

Pelos dados analisados no psicodiagnóstico não foram verificados indícios de Deficiência Mental, porém, dificuldades de ordem social e afetiva, piromania, fixação por objetos, obsessão, pensamento autodestrutivo e oscilação de humor.

Diagnóstico: O paciente apresenta transtorno de personalidade antissocial, CID-10: F60.2 + F91.3.

Encaminhamentos: Encaminhado para tratamento psicoterápico e acompanhamento psiquiátrico.

Modelo 2

1 – Identificação

Nome:
Data de nascimento: _______________ Idade: ___________________
Estado civil: _______________________
Naturalidade:_________________ Escolaridade: __________________
Solicitante: (Nome) Gerente de Recursos Humanos da Indústria____
____
Cargo que concorre : Médico do Trabalho_______________________
Finalidade: Avaliação para Seleção de Pessoal___________________

2 – Descrição da Demanda

O candidato é formado em Medicina desde 1986, com especialização em Clínica Médica, Neurologia e Medicina do Trabalho, participa de congressos e eventos na área, demonstra bastante experiência profissional, tanto em serviço público como em empresas particulares. Já atuou em hospitais, clínicas e grandes empresas. Hoje, trabalha numa Instituição pública e em consultório particular, mas acredita poder conciliar seu trabalho com o novo horário proposto pela empresa. Segundo suas informações mora sozinho, com participação ativa da família nuclear. Apesar de ser solteiro, tem uma filha que convive com ele. Diz não ter nenhum vício como fumo, álcool e drogas, como também, tem bom estado de saúde física. Apresenta boa adaptação aos empregos anteriores.

3 – Métodos e Técnicas

Na entrevista, apresentou-se com bom aspecto físico, firmeza e seriedade. Não demonstrou ansiedade excessiva, como também nenhum descontrole emocional, mostrando-se colaborador, interessado e atento a todo o processo de avaliação.

Por meio dos instrumentos psicométricos procedeu-se à investigação dos campos de inteligência, saúde mental, personalidade e atenção.

No teste de Atenção Concentrada da bateria Vetor e de Atenção Concentrada Nomes e Números, apresentou boa capacidade de concentração para atividades que requeiram repetição. Encontrou-se um percentil classificado acima da média esperada para sua idade e escolaridade.

Em relação ao perfil sintomalógico do avaliado, utilizou-se o Questionário de Saúde Geral de Golberg, concebido para avaliar a saúde mental de *não psicóticos*. Não foi detectada a presença de indicadores de distúrbios momentâneos. Nenhum valor significativo foi encontrado em relação aos fatores analisados.

Quanto aos aspectos cognitivos, apresentou facilidade de aprendizagem, Inteligência Mediana (obtida pela Escala Geral de Raven), raciocínio rápido e boa capacidade de memorização.

Os aspectos da personalidade foram analisados através do Teste do Desenho Casa, Árvore e Pessoa (HTP) / Palográfico. Observou-se dificuldade no relacionamento social, valorização dos aspectos externos, vaidade, vivacidade e preocupação com a aparência. A expectativa de produção pode ser considerada alta, demonstrando certa prudência. Apresentou rigidez de conduta, pontualidade, adaptação ríspida ao meio, habilidade motora, sobriedade de atitudes, como também características que levam à programação, controle, sistematização de atitudes e diplomacia.

Para se verificar a relação interpessoal foi realizada dinâmica de grupo com mais cinco candidatos a variados cargos na empresa. Observou-se certa introversão, seriedade, segurança e respeito aos outros membros. Mostrou-se com iniciativa nas atividades e capacidade de liderança, sem demonstrar autoritarismo exagerado.

3 – Conclusão

Diante dos dados analisados no processo de Avaliação Psicológica, colhidos na entrevista, nos testes, na dinâmica de grupo e na observação, não se verificou nenhum distúrbio que no momento possa interferir no seu desempenho profissional. Pode-se considerar o candidato com boa capacidade de aprendizagem, memorização e raciocínio, bastante interesse em conciliar as funções a que se propõe, com características rígidas que demonstram compromisso, introversão e dificuldades de ordem social e pessoal que necessariamente, neste período, não repercutem significativamente na sua profissão.

Síntese: No momento considera-se o candidato apto para a função.

V – VALIDADE DOS DOCUMENTOS

O prazo de validade dos documentos escritos decorrentes das Avaliações Psicológicas deverá considerar a legislação vigente nos casos já definidos.

Não havendo definição legal, o psicólogo, quando for possível, indicará o prazo de validade em função das características avaliadas, das informações obtidas e dos objetivos da avaliação.

Quando não for possível a indicação do prazo, informará o caráter situacional e temporal dos dados de uma avaliação psicológica.

Ao definir o prazo, o psicólogo deve dispor dos fundamentos para a indicação, devendo apresentá-los sempre que solicitado.

VI – GUARDA DOS DOCUMENTOS E CONDIÇÕES DE GUARDA

Os documentos escritos decorrentes de avaliação psicológica bem como todo o material que os fundamentou deverão ser guardados pelo prazo mínimo de 5 anos, observando-se a responsabilidade por eles tanto do psicólogo quanto da instituição em que ocorreu a avaliação psicológica.

Este prazo poderá ser ampliado nos casos previstos em lei, por solicitação judicial, ou ainda em casos específicos em que seja necessária a manutenção da guarda por maior tempo.

Em caso de extinção de serviço psicológico, o material privativo e os documentos escritos devem permanecer em posse do psicólogo responsável que os manterá sob sua guarda pelo prazo previsto neste manual.

Atingido este prazo, o psicólogo ou instituição responsável pela guarda deverá destruir o material de forma a não permitir a quebra do sigilo das informações nele contidas.

O psicólogo responsável pelo documento escrito decorrente da avaliação psicológica deverá estar atento ao artigo 24 do Código de Ética Profissional do Psicólogo, garantindo, assim, o sigilo profissional.

Referências Bibliográficas

ABREU, A. A perícia psicológica e os impasses dos novos laços familiares. *Anais do III Congresso Ibero-americano de Psicologia Jurídica*. São Paulo: Universidade Presbiteriana Mackenzie, p. 6-8, 2000.

ACKERMAN, M. J.; ACKERMAN, M. C. Custody evaluation practices: a survey of experienced professionals (Revisited). *Professional Psychology:* Research and Practice, v. 28, p. 2137-2145, 1997.

______.; Schoendorf, K. *Ackerman-Schoendorf Scales for Parent Evaluation of Custody (ASPECT)*. Los Angeles: Western Psychological Services, 1992.

______.; O'LEARY, U. M. *The MMPI and MMPI-2 in child custody cases*. In: 103ª Convenção Anual da *American Psychological Association*. New York, 1995.

ALEXANDER, F. G.; SELESNICK, S. T. *História da Psiquiatria* – Uma avaliação do pensamento e da prática psiquiátrica desde os tempos primitivos até o presente. 2a. ed. São Paulo: IBRASA, 1980.

ALGRANTI, L. M. Famílias e vida doméstica. In: MELLO E SOUZA, L. (Org.) *História da vida privada no Brasil.* Cotidiano e vida privada na América portuguesa. São Paulo: Companhia das Letras, 1997. v. 1.

ALVES, J. F. Psicologia aplicada ao direito de família. In: FERNANDES, H. M. R. (Coord.) *Psicologia, serviço social e direito:* uma interface produtiva. Recife: Ed. Universitária da UPFE, 2001. p. 11-24.

ALVES, M. L. D. *Uma prática discursiva no encontro entre a psicanálise e o direito.* 2002. 201 p. Tese (Doutorado). Instituto de Psicologia da Universidade de São Paulo. São Paulo.

AMERICAN ACADEMY OF CHILD AND ADOLESCENT PSYCHIATRY. *Summary of the practice parameters for child custody evaluation*. Disponível em: www.aacap.org

AMERICAN PSYCHIATRIC ASSOCIATION. American Psychiatric Association resource document on controversies in child custody: gay and lesbian parenting, transracial adoptions, joint versus sole custody and custody gender issues. *J. Am. Acad. Psychiatry Law,* v. 26, n. 2, p. 267-276, 1998.

AMERICAN PSYCHOLOGICAL ASSOCIATION. Ethical principles of psychologists and code of conduct. *American Psychologist,* v. 47, p. 1597-1611, 1992.

______. Guidelines for Child Custody Evaluations in Divorce Proceedings. *American Psychologist,* v. 49, n. 7, p. 667-680, 1994.

ANTUNES, M. A. M. *A psicologia no Brasil. Leituras históricas sobre sua constituição.* São Paulo: Unimarco/Educ, 1999.

ASSOCIAÇÃO PSICANALÍTICA DE PORTO ALEGRE. *O laço conjugal.* Porto Alegre: Artes e Ofício Editora, 1994.

ASSUNÇÃO, A. G. A. Formas alternativas de resolução de conflitos familiares. In: FERNANDES, H. M. R. (Coord.) *Psicologia, serviço social e direito:* uma interface produtiva. Recife: Ed. Universitária da UPFE, 2001, p. 25-38.

ÁVILA, A.; RODRÍGUEZ-SUTIL, C. Evaluación psicológica forense. In: CLEMENTE, M. *Fundamentos de la psicologia jurídica.* Madrid: Pirámide, 1995.

AZEVEDO, I. B. *O prazer da produção científica.* Diretrizes para a elaboração de trabalhos acadêmicos. 8a. ed. revista. São Paulo: Editora Prazer de Ler, 2000.

BARBOSA, A. A. O direito de família e a mediação familiar. In: NAZARETH, E. R. *Direito de Família e Ciências Humanas.* Cadernos de Estudo. São Paulo: Jurídica Brasileira, n. 1, p. 23-32, 1997.

BARROS, F. O. O amor e a lei. O processo de separação no Tribunal de Família. *Psicologia:* Ciência e Profissão. Brasília: n. 3, p. 40-47, 1997.

BENEDEK, E. P.; BENEDEK, R. S. New child custody laws: Making them do what they say. *Amer. J. Orthopsychiatr.* v. 42, n. 5, p. 825-834, 1972.

BERLIM, C. S.; ROVINSKI, S. L. R.; SARRIERA, J. C. O perfil do psicólogo jurídico portoalegrense: um estudo preliminar. *Aletheia.* Canoas: Ed. ULBRA/Departamento de Psicologia, 2000.

BERNARDI, D. C. F. História da inserção do profissional psicólogo no Tribunal de Justiça do Estado de São Paulo – um capítulo da Psicologia Jurídica no Brasil. In: BRITO, L. M. T. (Org.) *Temas de Psicologia Jurídica.* Rio de Janeiro: Relume-Dumará, 1999, p. 103-130.

BERRY, K. K. The mental health specialist as child advocate in court. In: TEXTOR, M. R. (ed.) *The divorce and divorce therapy handbook.* New Jersey: Jason Aronson Inc., 1989. p. 135-147.

BLAU, T. *The psychologist as expert witness.* 2a. ed.. New York: John Wisley e Sons, 1998.

BLEGER, J. Psicanálise do enquadramento psicanalítico. In: *Simbiose e ambiguidade.* Rio de Janeiro: Francisco Alves, 1977. p. 311-328.

______. *Psico-higiene e psicologia institucional.* Porto Alegre: Artes Médicas, 1984.

______. *Psicologia da conduta.* Porto Alegre: Artes Médicas, 1984.

______. *Temas de psicologia.* São Paulo: Martins Fontes, 1980.

______. *Temas de Psicologia.* Entrevista e grupos. São Paulo: Martins Fontes, 1980.

______. *Getting custody:* Winning the last batle of the marital war. New York: Basic Books, 1978.

BLINDER, M. Marital dissolution and child custody: a primer for family therapists and divorce attorneys. *Family Therapy,* v. 9, n. 1, 1982.

BICHARD, S.; SHINE, S. K. A perícia psicológica dentro do trabalho forense na Clínica Tavistock. *Anales I Congreso Iberoamericano de Psicología Jurídica.* Santiago: Asociación Iberoamericana de Psicologia Jurídica, p. 465-472, 1995.

BOMFIM, E. M. Psicologia jurídica: atividades e requisitos para a formação profissional. In: CONSELHO FEDERAL DE PSICOLOGIA. *Psicólogo Brasileiro:* práticas emergentes e desafios para a formação. São Paulo: Casa do Psicólogo, 1994.

BOX, S. *et al. Psicoterapia com famílias.* Uma abordagem psicanalítica. São Paulo: Casa do Psicólogo, 1994.

BRASIL. *Código do Processo Civil.* 29a. ed., São Paulo: Saraiva, 1999.

BRICKLIN, B. *The custody evaluation handbook:* Research-based solutions and applications. New York: Brunner-Mazel, 1995.

BRITO, L. M. T. (Org.). *Psicologia e instituições de direito:* a prática em questão. Rio de Janeiro: Conselho Regional de Psicologia CRP-RJ/ *Comunicarte* Marketing Cultural e Social/ UERJ. s/d.

______. *Separando.* Um estudo sobre a atuação do psicólogo nas Varas de Família. Rio de Janeiro: Relume-Dumará, 1993.

______. Pais de fim de semana – Questões para uma análise jurídico-psicológico. *Psicologia Clínica.* Rio de Janeiro, v. 8, p. 139-152, 1995.

______. De competências e convivências: Caminhos da psicologia junto ao direito de família. In: BRITO, L. M. T. (Org.) *Temas de Psicologia.* Rio de Janeiro, Relume-Dumará, 1999ª. p. 171-186.

______. Criança: sujeito de direitos nas Varas de Família? In: ALTOÉ, S. (Org.) *Sujeito do direito, sujeito do desejo:* Direito e Psicanálise. Rio de Janeiro: Revinter, 1999b.

______. Provocações da psicologia jurídica no Brasil frente às questões sociais e legais. *Anais do III Congresso Ibero-americano de Psicologia Jurídica.* São Paulo: Universidade Presbiteriana Mackenzie, v. 1, p. 207-208, 2000.

______. Comunicação oral. In: Psicologia Jurídica – os labirintos da demanda. Rio de Janeiro, 2002.

BRODZINSKY, D. M. On the use and misuse of psychological testing in child custody evaluations. *Professional Psychology:* Research and Practice, v. 24, p. 213-219, 1993.

BURAK, C.; SALITERMAN, G. The family model and the legal and judicial system. In: GLICK, I.D.; KESSLER, D.R. *Marital and family therapy,* New York: Grune e Stratton Inc., 1980. p. 254-263.

BYRNE, K. Mental heath professionals in child custody disputes: advocates or impartial examiners? *Australian Family Lawyer,* v. 6, n. 3, p. 8, 1991. Disponível em: http://www.fact.on.ca/. Acesso em: 5 Mar. 2002.

CABRAL, A. P. C.; OLIVEIRA, M. W. S.; SOUSA, M. Q. L. Um novo olhar sobre a função paterna nos processos de guarda. In: *Psicologia, serviço social e direito:* uma interface produtiva. Recife: Editora Universitária/ UFPE, 2001. p. 71-94.

CARRIELO, G.; BRITO, L. M. T. Uma visão da psicologia no contexto do direito de família. *Anais do III Congresso Ibero-americano de Psicologia Jurídica.* São Paulo: Universidade Presbiteriana Mackenzie, v. 1, p. 153-154, 2000.

CARTER, B. *et al. As mudanças no ciclo de vida familiar.* Uma estrutura para a terapia familiar. Porto Alegre: Artes Médicas, 1995.

CARVALHO, I. L. A prova pericial e a nova redação do Código de Processo Civil. *Revista dos Tribunais*. São Paulo: Ed. RT, p. 35-39, 1993.

CASTEL, R. *A ordem psiquiátrica:* a idade de ouro do alienismo. Rio de Janeiro: Edições Graal, 1978.

CASTRO, L. R. F. *A compreensão psicológica de ex-casais periciados em processos de disputa de guarda e regulamentação de visitas.* São Paulo,

2000. Tese (Doutorado). Instituto de Psicologia da Universidade de São Paulo. São Paulo.

______.; PASSARELLI, C. A. F. A perícia psicológica nas Varas de Família. *Libro de los resumenes Congresso Iberoamericano de Psicologia*. Madrid, 1992.

CLEMENTE, M *Fundamentos de la psicología jurídica.* Madrid: Pirámide, 1995.

CLULOW, C. F.; VINCENT, C.; DEARNLEY, B. *In the child's best interests?* Divorce Court Welfare and the search for a settlement. London and New York: Tavistock Publications/Sweet and Maxwell, 1987.

COMTE-SPONVILLE, A. *Pequeno tratado das grandes virtudes.* São Paulo: Martins Fontes, 1996.

CONSELHO FEDERAL DE PSICOLOGIA. *Jornal do Conselho Federal.* Brasília, n. 60, p. 6, 1999.

______. *Resolução CFP Nº 25/2001. Definição de teste psicológico como método de avaliação privativo do psicólogo e regulamentação de sua elaboração, comercialização e uso*. Brasília, 2001.

______. *Resolução CFP Nº 30/2001. Manual de elaboração de documentos produzidos pelo psicólogo, decorrentes de Avaliação Psicológica.* Brasília, 2001.

CONSELHO REGIONAL DE PSICOLOGIA. Testemunha ou perito? In: *Jornal do CRP – 06,* São Paulo, p. 16, Mar.-Abr. 1996.

______. *Manual do Conselho Regional de São Paulo.* São Paulo, 1999.

______. *Psi Jornal de Psicologia CRP SP,* n. 131, p. 03, Jan.-Mar. 2002.

COSTA, J. F. *Ordem médica e norma familiar*. 3a. ed. Rio de Janeiro: Graal, 1999.

CUNHA, J. A. Fundamentos do psicodiagnóstico. In: CUNHA, J. A. *et al. Psicodiagnóstico.* ed. revisada e ampliada. Porto Alegre: Artmed, 2000. v. 5, p. 23-37.

DAVIDOVICH, T. Z. Histórico do serviço social no Tribunal de Justiça. In: *Manual do curso de iniciação funcional para assistentes sociais e psicólogos judiciários.* São Paulo: Tribunal de Justiça do Estado de São Paulo/Centro Brasileiro para a Infância e Adolescência, 1993. p. 45-51.

DELERAY, J. E. The right choice! *Consulting Psychology Bulletin,* p. 9-10, 1988.

DERDEYN, A. P. Child custody consultation. *Amer. J. Orthopsychiat.*, v. 45, n. 5, p. 791-801, 1975.

______. Child custody contests in historical perspective. *The American Journal of Psychiatry.* v. 133, n. 12, 1976.

DOLTO, F. *Quando os pais se separam.* Rio de Janeiro: Jorge Zahar Editor, 1989.

DRISCOLL, M. Em favor dos filhos de divórcios litigiosos. *Jornal Estado de São Paulo,* 24 Fev. 2002.

ECO, U. *Como se faz uma tese.* 14a. ed. São Paulo: Editora Perspectiva, 1977.

EMERY, R. E. *Renegotianting family relationships.* Divorce, child custody and mediation. New York: Guilford Press, 1994.

ERTHAL, T. C. *Manual de psicometria.* Rio de Janeiro: Jorge Zahar Editor, 1987.

ETCHEGOYEN, R. H. *Fundamentos da técnica psicanalítica.* Porto Alegre: Artes Médicas, 1987.

EVANGELISTA, R.; PEREIRA, S. S.; TAVARES, A. P. V.; MENICHETTI, D. Relato da construção do trabalho psicológico no Ministério Público do Estado de São Paulo. *Anais do III Congresso Ibero-americano de Psicologia Jurídica.* São Paulo: Universidade Presbiteriana Mackenzie, v. 1, p. 316-318, 2000.

FAIVICHENCO, S. *O laudo diagnóstico no trabalho do psicólogo clínico.* 1977. p. 136 p. Dissertação (Mestrado). Pontifícia Universidade Católica do Rio de Janeiro. Rio de Janeiro.

FELIPE, S. S. R. *A contribuição do Teste de Apercepção Infantil (CAT-A) e Procedimento de Desenhos da Família com Estórias (DF-E) na avaliação de crianças envolvidas em disputas judiciais.* 1997. 327 p. Dissertação (Mestrado). Instituto de Psicologia, Universidade de São Paulo. São Paulo.

FÉRES-CARNEIRO, T. (Org.). *Casal e família.* Entre a tradição e a transformação. Rio de Janeiro: Nau, 1999.

FERNANDES, H. M. R. Buscando o fio da meada. In: *Psicologia, serviço social e direito:* uma interface produtiva. Recife: Ed. Universitária da UPFE, 2001. p. 39-59.

______. Autonomia, requisito para a interface psicologia e direito na área de família. *Anais do III Congresso Ibero-americano de Psicologia*

Jurídica. São Paulo: Universidade Presbiteriana Mackenzie, v. 1, p. 164-167, 2000.

FONSECA, M.A. *Michel Foucault e o direito*. São Paulo: Max Limonad, 2002.

FONTANA-ROSA, J.C. A perícia psiquiátrica. In: COHEN, C.; SEGRE, M.; FERRAZ, F. C. (Org.) *Saúde Mental, Crime e Justiça*. São Paulo: Edusp, 1996. p. 141-186.

FOUCAULT, M. *Vigiar e punir*. História da violência nas prisões. Petrópolis: Editora Vozes Ltda., 1977.

______. *A ordem do discurso*. São Paulo: Loyola, 1996.

______. A vontade de saber. In: *História da sexualidade*. Rio de Janeiro: Graal, 1997. v. 1.

______. *A verdade e as formas jurídicas*. 2a. ed. Rio de Janeiro: Editora Nau, 1999.

FREIDSON, E. *Profession of medicine:* a study in the applied sociology of knowledge. New York, 1970.

FREUD, S. A Psicanálise e a determinação dos fatos nos processos jurídicos. In: *Edição Eletrônica Brasileira das Obras Completas de Sigmund Freud*. Rio de Janeiro: Imago, s/d.

GARBAR, C.; THEODORE, F. *Família mosaico*. São Paulo: Augustus, 2000.

GERARD, A. *Parent-child relationship inventory*. Los Angeles: Western Psychological Services, 1994.

GLASSMAN, J. B. Preventing and managing board complaints: The downsie risk of custody evaluation. *Professional Psychology:* Research and Practice, v. 29, n. 2, p. 121-124, 1998.

GONÇALVES, C. R. *Direito de Família*. São Paulo: Saraiva, 1997. (Coleção sinopses jurídicas, v. 2).

GOLDENBERG, G. W. *Psicologia Jurídica da Criança e do Adolescente*. Rio de Janeiro: Forense, 1991.

GOLDSTEIN, J.; FREUD, A.; SOLNIT, A. J. *No interesse da criança?* São Paulo: Martins Fontes, 1987.

GONDAR, J. Ética, moral e sujeito. In: ALTOÉ, S. (Org.) *Sujeito do direito, sujeito do desejo:* Direito e Psicanálise. Rio de Janeiro: Revinter, p. 33-42, 1999.

GORDON, R.; PEEK, L. A. *The custody quotient.* Dallas: Willmington Institute, 1988.

GRANJA, E. C.; GRANDI, M. E. G. *Resumos:* teoria e prática. São Paulo: Serviço de Biblioteca e Documentação do Instituto de Psicologia da Universidade de São Paulo, 1993.

______.; KREMER, O. S. *Citações no texto e notas de rodapé:* Manual de orientação. São Paulo: Serviço de Biblioteca e Documentação do Instituto de Psicologia da Universidade de São Paulo, 1993.

______.; SABADINI, A. A. Z. P. *Manual de referências bibliográficas:* Manual de orientação. 3a. ed. revista e aum. São Paulo: Serviço de Biblioteca e Documentação do Instituto de Psicologia da Universidade de São Paulo, 1997.

______. *Diretrizes para a elaboração de dissertações e teses.* São Paulo: Serviço de Biblioteca e Documentação do Instituto de Psicologia da Universidade de São Paulo, 1998.

GRISSO, T. *Evaluating competencies.* Forensic assessments and instruments. 2a. ed. New York: Plenum Press, 1988.

______. The economic and scientific future of forensic psychological assessment. *American Psychologist,* v. 42, n. 09, p. 831-839, 1987.

GUIRADO, M. *Psicologia institucional.* São Paulo: EPU, 1987.

HARVEY, V. S. Improving readability of psychological reports. *Professional Psychology:* Research and Practice, v. 3, p. 271-274, 1997.

HENNESSEY, E. F. The family, the courts, and mental health professionals. *American Psychologist,* v. 44, n. 9, p. 1223-1224, set. 1989.

HESS, A. K. Accepting forensic case referrals: ethical and professional considerations. *Professional Psychology:* Research and Practice, v. 29, n. 2, p. 109-114, 1998.

HOORWITZ, A. N. The visitation dilemma in court consultation. In: *Social Casework:* The Journal of Contemporary Social Work, Abr. 1983.

JABLONSKI, B. *Até que a vida nos separe.* A crise do casamento contemporâneo. 2a. ed. revista e aum. Rio de Janeiro: Agir, 1998.

JACKSON, A. M. *et al.* Beyond the best interests of the child revisited: An approach to custody evaluations. *Journal of Divorce*, 1980, v. 3, n. 3, p. 207-223.

KARRAS, D.; BERRY, K. K. Custody evaluations: a critical review. *Professional Psychology:* Research and Practice, v. 16, p. 76-85, 1985.

KASLOW, F.; SCHWARTZ, L. *A dinâmica do divórcio.* Campinas: Psy, 1995.

KEILIN, W. G.; BLOOM, L. J. Child custody evaluation practices: a survey of experienced professionals. *Professional Psychology:* Research and Practice. v. 17, n. 4, p. 338-346, 1986.

KEITH-SPIEGEL, P.; KOOCHER, G.P. *Ethics in psychology.* New York: Random House, 1985.

KING, M.; TROWELL, J. *Children's welfare and the law.* The limits of legal intervention. London: Sage Publications, 1993.

KNAPP, S.; VANDECREEK, L. Ethical issues in personality assessment in forensic psychology. *Journal of Personality Assessment,* v. 77, n. 2, p. 242-254, 2001.

KOERNER, A. Justiça concensual e conflitos de família: algumas reflexões. In: AGOSTINHO, M. L.; SANCHES, T. M. *Família:* conflitos, reflexões e intervenções. São Paulo: Casa do Psicólogo, 2002.

______. Posições doutrinárias sobre o direito de família no pós-1988. Uma análise política. In: FUKUI, L. *Segredos de família.* São Paulo, Annablume/NEMGE/FAPESP, 2002, p. 71-105.

LANDRY, M. *O psiquiatra no tribunal.* O processo da perícia psiquiátrica em justiça penal. São Paulo: Pioneira/Edusp, 1981.

LANYON, R. Psychological assessment procedures in court-related settings. *Professional Psychology:* Research and Practice, v. 17, n. 3, p. 260-268, 1986.

LEVY, A. *Custody and access.* London: Longman, 1983.

LIEBESNY, B; ALVIM, R. C.; LEONARDI, A. I.; AOKI, M. O trabalho da Comissão de Ética na interface com o Jurídico. *Anais do III Congresso Ibero-americano de Psicologia Jurídica.* São Paulo: Universidade Presbiteriana Mackenzie, v. 1, p. 63-64, 2000.

LIMA, L. P. *O lugar da psicologia no processo judicial em Vara de Família.* 1997. 143 p. Dissertação (Mestrado). Instituto de Psicologia da Universidade de São Paulo. São Paulo.

MACCOBY, E.E.; MNOOKIN, R.H. *Dividing the child.* Social and legal dilemmas of custody. Cambridge: Harvard University Press, 1992.

MACHADO, R. Por uma genealogia do poder. In: FOUCAULT, M. *Microfísica do poder.* Rio de Janeiro: Graal, 1979.

______.; LOUREIRO, A.; LUZ, R.; MURICY, K. *Danação da norma.* Medicina social e constituição da psiquiatria no Brasil. Rio de Janeiro: Edições Graal, 1978.

MACHADO, M. C. L.; CORRÊA, Y. B. O casal em disputa pela guarda de filhos: um caso de psicopatologia da transicionalidade. *Anais do III Congresso Ibero-americano de Psicologia Jurídica.* São Paulo: Universidade Presbiteriana Mackenzie, p. 236-239, 2000.

MAGALHÃES, H. P.; MALTA, C. P. T. *Dicionário jurídico.* 7a. ed. Rio de Janeiro, 1990.

MALDONADO, M. T. *Casamento:* término e reconstrução. 3a. ed. Petrópolis: Vozes, 1987.

MALHEIROS, F. Os laços conjugais e os novos rumos da família. In: ASSOCIAÇÃO PSICANALÍTICA DE PORTO ALEGRE, *O laço conjugal.* Porto Alegre: Artes e Ofícios Editora Ltda., 1994.

MARQUES DA SILVA, E. Z. *Paternidade ativa na separação conjugal.* São Paulo: Editora Juarez de Oliveira, 1999.

______. Reflexões sobre a avaliação psicológica no âmbito do judiciário. In: CONSELHO REGIONAL DE PSICOLOGIA – 13ª REGIÃO PB/RN. *A diversidade da avaliação psicológica.* Considerações teóricas e práticas. João Pessoa: Ideia, 2001.

MARIN, I. S. K. Supervisão em Varas da Infância e Juventude. *Anais do III Congresso Ibero-americano de Psicologia Jurídica.* São Paulo: Universidade Presbiteriana Mackenzie, p. 175-177, 2000.

MARTINS, S. R. C. *Perícias psicológicas judiciais e a família:* proposta de uma avaliação sistêmica. 1999. Dissertação (Mestrado). Pontifícia Universidade Católica de São Paulo. São Paulo.

MELLO, S. L. *Psicologia e Profissão em São Paulo.* 1a. ed. São Paulo: Ática, 1978.

______. Estatuto da Criança e do Adolescente: é possível torná-lo uma realidade psicológica? *Psicologia USP.* São Paulo, v. 10, n. 2, p. 139-151, 1999.

MELTON, G. B.; WILCOX, B. L. Changes in Family Law and family life. Challenges for psychology. *American Psychologist,* v. 44, n. 9, p. 1213-1216, 1989.

MIRANDA Jr., H. C. Psicologia e justiça. A psicologia e as práticas judiciárias na construção do ideal de justiça. *Psicologia, Ciência e Profissão.* Brasília, n. 1, p. 28-37, 1998.

______. O acompanhamento de visitas nos processos judiciais em Varas de Família. *Anais do III Congresso Ibero-americano de Psicologia Jurídica.* São Paulo: Universidade Presbiteriana Mackenzie, v. 1, p. 168-171, 2000a.

______. *Uma leitura psicanalítica do abuso sexual de crianças: estudo de caso*. In: III Congresso Ibero-americano de Psicologia Jurídica. São Paulo, 2000b.

______. *A avaliação psicológica em estudos periciais*. In: Avaliação Psicológica e sua Interlocução com o Judiciário. Belo Horizonte, 2000c.

______. O "abuso sexual" como argumento e o sintoma parental: contribuições psicanalíticas. In: I Congresso Brasileiro de Psicologia. São Paulo, 2002.

MNOOKIN, R. H. Child custody adjudication: Judicial functions in the face of indeterminancy. *Law and Contemporary Problems,* n. 39, p. 226-293, 1975.

NERY, A. F. M.; BRITO, L. M. T. A prática psicológica no âmbito do direito de família. *Anais do III Congresso Ibero-americano de Psicologia Jurídica.* São Paulo: Universidade Presbiteriana Mackenzie, v. 1, p. 37-38, 2000.

OCAMPO, M. L. S. *et al. O processo psicodiagnóstico e as técnicas projetivas.* 6.ed. São Paulo: Martins Fontes, 1990.

ORTIZ, M. C. M. A perícia psicológica. *Psicologia, Ciência e Profissão,* Brasília: Conselho Federal de Psicologia, ano 6, n. 1, 1986.

PELLEGRINELLI, K. *Considerações sobre a prática do psicólogo nas Varas de Família.* Separata, 1993.

PELUZO, A. C. Separação e culpa. In: III CONGRESSO IBERO-AMERICANO DE PSICOLOGIA JURÍDICA, 1999, São Paulo. Livro de Resumos, São Paulo: Universidade Presbiteriana Mackenzie, v. 1, p. 49-52, 2000.

PEREIRA, R. C. *Direito de Família.* Uma abordagem psicanalítica. 2. ed. revista, atualizada e ampliada. Belo Horizonte: Del Rey, 1999.

______. Comunicação oral. In: PSICANÁLISE E EDUCAÇÃO. São Paulo: SBPSP-IBDFAM, 20 abr. 2002.

PERRIN, G. I.; SALES, B. D. Forensic Standards in the American Psychological Association's New Ethics Code. *Professional Psychology:* Research and Practice, v. 25, n. 4, p. 376-381, 1994.

PINCUS, L.; DARE, C. *Psicodinâmica da família*. Porto Alegre: Artes Médicas, 1981.

PINTO, A. C. G. R. O serviço social, as Varas da Família e Sucessões. In: *Manual do curso de iniciação funcional para assistentes sociais e psicólogos judiciários*. São Paulo: Tribunal de Justiça do Estado de São Paulo/Centro Brasileiro para a Infância e Adolescência, 1993. p. 125-142.

______.; SHINE, S. K. Comentários sobre a Lei 8.455 de 24/08/92. In: *Manual do curso de iniciação funcional para assistentes sociais e psicólogos judiciários*. São Paulo: Tribunal de Justiça do Estado de São Paulo/Centro Brasileiro para a Infância e Adolescência, 1993. p. 188-195.

PRATS, C. A. G.; BRUNO NETO, J. A.; CURY, M. *Curadoria de Família e Sucessões*. São Paulo: Procuradoria Geral da Justiça do Estado de São Paulo e Associação Paulista do Ministério Público, 1982.

RAMOS, M. *Introdução à terapia familiar*. São Paulo: Ática, 1990.

______. (Org.) *Terapia de casal e de família* – o lugar do terapeuta. São Paulo: Brasiliense, 1992.

______.; SHINE, S. K. A família em litígio. In: (org.) *O casal e a família como paciente*. São Paulo: Escuta, 1994. p. 95-121.

REBOUÇAS, L. G. S. *A atuação do perito psiquiatra nas Varas de Família*. São Paulo, 1987. [Mimeografado].

REVISTA DO ADVOGADO – Associação dos Advogados de São Paulo, Número especial, *Mediação e Direito de Família* – uma parceria necessária. n. 62, 2001.

REVISTA ISTO É. Quem fica com os filhos? São Paulo, n.1688, fev. 2002.

REVISTA VEJA. Os meus, os seus, os nossos. São Paulo, mar. 1999.

______. Os filhos do divórcio. São Paulo, jan. 1988.

RIBEIRO, M. L. A psicologia judiciária nos juízos que tratam do Direito de Família no Tribunal de Justiça do Distrito Federa. In: BRITO, L.M.T. (Org.) *Temas de Psicologia Jurídica*. Rio de Janeiro: Relume-Dumará, 1999. p. 161-170.

RICHARDS, M. P. M. Behind the best interest of the child. An examination of the arguments of Goldstein, Freud and Solnit concerning custody and access at divorce. *Journal of Social Welfare Law*, n. 8, p. 77-95, 1986.

RIDENTI, S. G. U. A desigualdade de gênero nas relações parentais: o exemplo da custódia de filhos. In: ARILHA, M.; RIDENTI, S. G. U.; MEDRADO, B. (Org.) *Homens e masculinidades*. Outras palavras. São Paulo: ECOS/Editora 34. s/d. p. 163-184.

RIO DE JANEIRO (Estado). Tribunal de Justiça do Estado do Rio de Janeiro. Conselho de Magistratura. *Resolução nº 01/98*. Rio de Janeiro, 1998.

ROSA, M. V. F. *Perícia judicial*. Teoria e prática. Porto Alegre: Sergio Antonio Fabris Editor, 1999.

ROVINSKI, S. L. R. A perícia psicológica. *Aletheia*, Canoas: Ed. ULBRA/ Departamento de Psicologia, n. 7, p. 55-63, jan./jun. 1998.

______. Perícia psicológica na área forense. In: CUNHA, J. A. *et al. Psicodiagnóstico,* ed. rev. e aum. Porto Alegre: Artes Médicas, 2000. v. 5. p. 183-195.

______.; ELGUES, G. Z. A avaliação psicológica na área forense: uso de técnicas e instrumentos. *Anais do III Congresso Ibero-americano de Psicologia Jurídica*. São Paulo: Universidade Presbiteriana Mackenzie, v. 1, p. 360-363, 2000.

SAKS, M. J. Expert witnesses, nonexpert witnesses, and nonwitness experts. *Law and Human Behavior,* n.14, p. 291-313, 1990.

SAMARA, E. M. Casamento e papéis familiares em São Paulo no século XIX. *Cadernos de Pesquisa*. São Paulo, n. 37, p. 17-25, 1981.

SAMPER, T. B. Dificultades de la intervención psicológica en los procedimientos matrimoniales. *Anais do I Congreso Iberoamericano de Psicologia Juridica*. Santiago: Asociacion Iberoamericana de Psicología Jurídica, p. 301-319, 1995.

SANTOS, A. *Comentários ao Código de Processo Civil*. v. IV, n. 245, p. 334, 1976.

SANTOS, E.; SILVA NETO, N. A. *A ética no uso de testes psicológicos, na informatização e na pesquisa*. São Paulo: Casa do Psicólogo, 2000.

SAUNIER, R. V. La psicologia forense en Angertina. In: BRITO, L.M.T. (Org.) *Temas de Psicologia Jurídica*. Rio de Janeiro: Relume-Dumará, 1999. p. 19-44.

______. Desafíos de la psicología forense ante el nuevo milenio. *Anais do III Congresso Ibero-americano de Psicologia Jurídica*. São Paulo: Universidade Presbiteriana Mackenzie, p. 318-323, 2000.

SCHAEFER, A. B. Forensic evaluations of children and expert witness testimony. In: WALKER, C.E.; ROBERTS, M. C. (Ed.) *Handbook of clinical child psychology.* 2a. ed. New York: John Wiley & Sons, 1992. p. 1057-1079.

SCHINDLER, R. The use of court orders as a therapeutic tool – Observations from the Israeli social services. *Family Therapy,* v. 10, n. 2, p. 157-164, 1983.

SHINE, S. K. Reflexões sobre o trabalho na Vara da Família. *Anais do II Encontro de Assistentes Sociais e Psicólogos do Tribunal de Justiça*. São Paulo: Comissão de Representantes de Assistentes Sociais e Psicólogos do Poder Judiciário, 1988.

______. Contribuição ao programa de treinamento dos técnicos do Tribunal de Justiça: o psicólogo entre a função pericial e o ideal terapêutico. In: *Manual do curso de iniciação funcional para assistentes sociais e psicólogos Judiciários.* São Paulo: Tribunal de Justiça do Estado de São Paulo/Centro Brasileiro para a Infância e Adolescência, 1993. p. 169-178.

______. Aplicações das técnicas de exame psicológico na área da justiça. *Boletim de Psicologia.* São Paulo, v. 15, n. 102, p. 63-65, 1995.

______. A ideologia da instituição judiciária. In: COHEN, C.; SEGRE, M.; FERRAZ, F. C. (Orgs.) *Saúde Mental, Crime e Justiça.* São Paulo, Edusp, 1996. p. 63-71.

______. Contribuições da psicologia para a justiça nas Varas de Família. *Aletheia.* Canoas: Ed. ULBRA/ Departamento de Psicologia, n. 7, p. 93-99, 1998.

______. O conflito familiar transformado em litígio processual. In: AGOSTINHO, M. L.; SANCHES, T. M. (Org.) *Família, conflitos, reflexões e intervenções.* São Paulo: Casa do Psicólogo, 2002. p. 63-74,

SILVA, C. V. M.; VASCONCELOS, D. M. C. J.; MAGALHÃES, F. S. Abordagem sistêmica no atendimento às famílias no judiciário. In: FERNANDES, H. M. R. (Coord.) *Psicologia, serviço social e direito:* uma interface produtiva. Recife: Ed. Universitária da UPFE, 2001a. p. 141-152.

______. A experiência do psicólogo jurídico e o desafio de uma identidade profissional nas Varas de Família. In: FERNANDES, H. M. R. (Coord.) *Psicologia, serviço social e direito:* uma interface produtiva. Recife: Ed. Universitária da UPFE, 2001b. p. 115-122.

SILVA, M. T. A. O uso dos testes psicológicos no trabalho de perícia das Varas da Família e das Sucessões do Fórum João Mendes Jr. – São Paulo – Brasil. *Boletim da Sociedade de Rorschach de São Paulo,* v. 10, n. 1, 1999/2000.

______.; COSTA, G. B. P. M. O papel dos assistentes técnicos nos processos judiciais. *Anais do III Congresso Ibero-americano de Psicologia Jurídica*, 1999, São Paulo. Livro de Resumos. São Paulo: Universidade Presbiteriana Mackenzie, v. 1, p. 257-261, 2000.

SILVA, P. N. Passo a passo, um caminhar com a psicologia jurídica. *Anais do III Congresso Ibero-americano de Psicologia Jurídica*, 1999, São Paulo. Livro de Resumos. São Paulo: Universidade Presbiteriana Mackenzie, v. 1, p. 285-287, 2000.

SINGER, J. L.; NIEVOD, A. Consulting and testifying in court. In: WEINER, I. B.; HESS, A. K. (Ed.) *The handbook of forensic psychology*. New York: Wiley, 1987. p. 529-554.

SOUZA, F. J. O campo de trabalho da psicologia jurídica. *Aletheia.* Canoa: Ed. ULBRA/Departamento de Psicologia, n. 7, p. 5-8, 1998.

SOUZA, M. C. C. C. *Crise familiar e contexto social.* São Paulo – 1890-1930. Bragança Paulista: EDUSF, 1999.

STAHL, P. M. *Complex issues in child custody evaluation.* California: Sage Publications, 1999.

SUANNES, C. A. M. Psicanálise e Instituição Judiciária: atuação em Vara de Família. *Pulsional Revista de Psicanálise.* São Paulo, n. 128-129, p. 92-96, Dez. 1999/Jan. 2000.

SZASZ, T. *Ideology of insanity*. New York, 1970.

THEODORO Jr., H. Prova pericial. In: *Curso de direito processual civil.* Teoria geral do direito processual civil e processo de conhecimento. 38a. ed. Rio de Janeiro: Editora Forense, 2002. v. I, p. 429.

TRIBUNAL DE JUSTIÇA DO ESTADO DE MINAS GERAIS; ESCOLA JUDICIAL DES. EDÉSIO FERNANDES; CONSELHO REGIONAL DE PSICOLOGIA – 4ª REGIÃO. *Avaliação psicológica e sua interlocução com o judiciário*. Minas Gerais, 2000.

TRINCA, W. O procedimento de desenhos de família com estórias (DF-E) na investigação da personalidade de crianças e adolescentes. *Boletim de Psicologia*, São Paulo, n. 39, p. 45-54, 1989.

TURKAT, I. D. Questioning the mental health expert's custody report. *American Journal of Family Law,* v. 7, p. 175-179, 1993. Disponível em: http://www.fact.on.ca/. Acesso em: 5 Mar. 2002.

VAINER, R. *Anatomia de um divórcio interminável.* O litígio como forma de vínculo. Uma abordagem interdisciplinar. São Paulo: Casa do Psicólogo, 1999.

VAISBERG, T. M. J. A. A disputa de guarda sob um olhar winnicottiano. *Anais do III Congresso Ibero-americano de Psicologia Jurídica.* São Paulo: Universidade Presbiteriana Mackenzie, p. 366-368, 2000.

VIANNA, D. Homem supera mulher na disputa por filho. *Folha de São Paulo.* São Paulo, p. C-7, 12 Ago. 2001.

VIEIRA, V. A. Psicologia, Psiquiatria e Direito: Uma contextualização histórica-cultural no Brasil. *PSIQUE.* Belo Horizonte, n. 16, 2000.

VOLGY, S. S.; EVERETT, C. A. Family assessment in child custody disputes. *Journal of Marital and Family Therapy*, v. 9, n. 4, p. 343-353, 1983.

WALLERSTEIN, J. Transference and countertransference in clinical intervention with divorcing families. *American Journal of Orthopsychiatry,* v. 60, n. 3, Jul. 1990.

______.; KELLY, J. B. *Sobrevivendo à separação.* Como pais e filhos lidam com o divórcio. Porto Alegre: Artmed, 1998.

______.; ______. *Surviving the breakup:* how children and parents cope with divorce. New York: Basic Books, 1980.

WECHSLER, S. M. Guia de procedimentos éticos para a avaliação psicológica. In: ______.; GUZZO, R. S. L. *Avaliação psicológica:* Perspectiva Internacional. São Paulo: Casa do Psicólogo, 1999.

WILLI, J. *La pareja humana:* relación y conflito. Madri: Morata, 1985.

WINNICOTT, D. W. *O brincar e a realidade.* Rio de Janeiro: Imago, 1975

______. *Privação e delinquência.* São Paulo: Martins Fontes, 1987.

WOODY, R. H. Arbitration of family disputes. In: WOLMAN, B. B.; STRICKER, G. (ed.) *Handbook of family and marital therapy.* New York: Plenum, 1983. p. 451-458.